elefante

elefante

Edição
Tadeu Breda
Luiza Brandino

Preparação
Fábio Fujita

Revisão
Eduarda Rimi

Revisão técnica
Mariana Barreiros

Capa
Gustavo Piqueira / Casa Rex

Projeto gráfico
Lívia Takemura

Diagramação
Daniela Miwa Taira

Assistência de arte
Yana Parente

Direção de arte
Bianca Oliveira

Silvia
Rivera
Cusicanqui

Sociologia da imagem

Olhares *ch'ixi* a partir da história andina

Tradução
Caroline Cotta de Mello Freitas

Qhipnayra uñtasis sarnaqapxañani
[Olhando para trás e adiante (ao futuro-passado), podemos caminhar no presente-futuro]
— AFORISMO AIMARÁ

Devemos sonhar, mas com a condição de acreditar firmemente em nossos sonhos, de comparar a realidade do dia a dia com as ideias que temos dela; de realizar meticulosamente nossa fantasia.
— V. I. LENIN

Primeira parte — Tempo e relato visual

Segunda parte — Em busca de uma episteme própria

Terceira parte — Notas metodológicas e entrevistas

Nota da autora à edição boliviana

Esta é a coedição de um livro inicialmente publicado em Buenos Aires em 2015 pela Tinta Limón. Reeditamos o livro hoje, na Bolívia, em uma aliança temporariamente autônoma entre nosso selo, Piedra Rota, e Plural Ediciones, com trajetórias diferentes e afinidades distantes, mas efetivas. Nosso afã é promover um acesso amplo a leitoras e leitores que possam fazer desta obra não apenas uma fonte bibliográfica como também um estímulo para a ação. Objetos culturais milenares como o livro impresso se encontram hoje cambaleantes entre as vibrações da desmemória e da internet — e isso nos preocupa.

A ocasião demanda uma releitura desta obra a partir de um presente embaçado pela confusão e pela perplexidade; um presente em cujas ligações com a história encontramos a inspiração para não sucumbir a um passado carregado de emblemas de poder e de cristalizações difíceis de quebrar, que bloqueiam a nossa visão dos passados relevantes, sejam eles recentes ou remotos. Foi assim que propus, na ideia aparentemente incongruente de uma "sociologia da imagem", um olhar para a história andina na perspectiva do mundo *ch'ixi*.[1] Em outros

1 Estão sublinhadas as primeiras ocorrências de termos em outros idiomas (sobretudo em aimará) cujos significados constam no glossário deste livro. [N.E.]

trabalhos,[2] e especialmente na oralidade do meu curso de sociologia da imagem, vemos como Walter Benjamin nos ajuda a repensar a história coletiva como uma "imagem dialética", na qual os passados relevantes retornam como um raio para iluminar os "momentos de perigo". Esses raios não apenas nos iluminam; também agitam as águas aparentemente calmas desta modernidade exacerbada que chamei de "efeito pós-pandemia". Todos os anos, com cada seca, com cada chuva intempestiva ou com a repressão sorrateira das reivindicações populares espontâneas, recordamos a dupla dinâmica inscrita neste paradoxo.

Contudo, além dos desequilíbrios climáticos, sentimos a estranheza e o vazio dos debates intelectuais, que vêm à tona como uma "crise de esquecimento". Não é preciso ir muito longe. Podemos recordar a seca que vivemos no Vale de Chukiyawu, Bolívia, no final de 2016, e os incêndios devastadores que destruíram a Floresta Chiquitano e as reservas de biodiversidade em todo o leste do país, em 2019. Tampouco podemos esquecer que, junto com o movimento de comoção revanchista, havia nessa época uma ditadura disfarçada de democracia, que nos (des)governou durante aquele fatídico ano de 2020. Depois vieram a pandemia de covid-19 e o confinamento social, que abriram um buraco na nossa memória e nos deixaram pouco mais que órfãos de continuidade, comunicação e pensamentos. No entanto, as pessoas comuns, os trabalhadores manuais, os artesãos e os tecelões, e sobretudo

2 Durante meu exílio mexicano em 1980, iniciei-me na leitura de Benjamin e pude materializar alguns ecos de suas ideias em outros trabalhos, como *Un mundo ch'ixi es posible: ensayos desde um presente em crisis* (Tinta Limón, 2018) [ed. bras.: *Um mundo ch'ixi é possível: ensaios de um presente em crise* (Elefante, 2024)].

as comunidades e as famílias camponesas, continuaram a nos alimentar com o seu esforço e com o cuidado amoroso das colheitas e daqueles objetos que hoje são praticamente varridos pela voracidade do hiperconsumo dos BRICS.[3] Nós, pessoas comuns, que viajamos de minibus[4] e vamos à Feira 16 de julho, em El Alto, para encontrar alguns objetos resgatados dos lixões, somos os que insistimos em unir o alimento do corpo com o alimento do *chuyma* e do *ajayu*. Combinar a alegria da colheita com o conforto da leitura parece uma utopia concreta, que pode ser comida, cheirada e tocada, para homenagear os produtos culturais que relutam à captura estatal ou ao desejo desmedido de lucro.

Tudo isso merece uma releitura de *Sociologia da imagem* com os olhos deste presente turvo e nebuloso. A chamada "polarização", hoje quase monotemática, nada mais é do que um passado mal digerido. Parecemos agarrados a uma remota assembleia francesa dos tempos jacobinos, com a alma voltada para um passado que não só é estranho como também adverso à constituição plural e entrelaçada de nossas sociedades e territorialidades. Sofremos de um infeccioso "mal de passado não digerido" no estômago das elites e aparentemente contagioso para as classes mais baixas, como uma mancha de óleo. É indigesto sentir que nos "penduramos" na França do século XVIII para continuar martelando a ideia de que ninguém pode ser mais do que "de esquerda" ou "de direita". Eu, que sou ambidestra, sinto-me como uma máquina do tempo rangendo nos corredores dos palácios de governo nacionais,

3 Assim são chamados os novos poderes transnacionais afincados no Brasil, na Rússia, na Índia, na China e na África do Sul.

4 Transporte coletivo, parecido com as vans brasileiras, de circulação muito comum na Bolívia. [N.T.]

departamentais [estaduais] ou municipais. Mas também dói saber que as populações Tsimane, Yuracare e Moxeña chamaram de "Casa Grande" o Território Indígena e Parque Nacional Isiboro Sécure (Tipnis) — o qual, dominado pela ganância predatória dos cocaleiros do Polígono Siete, hoje se tornou um nome bombástico e eufemístico a meio quarteirão da Plaza Murillo [onde fica a sede da presidência boliviana]. Ergue-se como uma torre fálica, um vigia de cimento sobre o antigo centro administrativo de Chukiyawu Marka [nome indígena de La Paz]. Dessa forma, continua em vigor o esforço megalomaníaco de encobrir o poder com emblemas expropriados, materiais baratos e maquiagens democráticas da moda.

César Calvo (1940-2000), poeta, narrador e ex-guerrilheiro de Iquitos, no Peru, autor de *Las tres mitades de Ino Moxo y otros brujos de la Amazonía*, livro republicado há duas décadas em Havana pela Casa de las Américas, nos lembra com clarividência que o tempo da "máscara e do perigo" já passou. Calvo referia-se à repressão das ditaduras latino-americanas, que dizimaram movimentos guerrilheiros nos anos 1960 e 1970, seja no Peru, na Argentina ou na Bolívia. Impiedosamente massacrados, alguns deles sobrevivem até hoje para agitar as passarelas de potências intelectuais que nem sempre nos veem como iguais.

Alertamos, portanto, que o perigo não passou, e que a máscara continua a enfeitar a face do poder, seja ele local, nacional ou transnacional. Esse rosto está disfarçado, escrevendo mensagens com o mesmo tom que, nos anos heroicos e trágicos da guerrilha, serviu para criptografar compromissos e ações clandestinas. Hoje, finalmente, nos livramos do fardo desse passado indigesto com a atitude iconoclasta de quem se sente dona da própria rebelião, traduzida no pensamento, na agricultura, na parentalidade e na escrita: a autora e caminhante que assina estas páginas.

A reedição (auto)pirateada de *Sociologia da imagem* na Bolívia busca ser relida levando em conta aquele presente contínuo, tenaz e turvo que parece acabar com a dignidade e a memória coletiva. Na primeira parte do livro, quisemos reler visualmente a história moderna da Bolívia pela mão de Melchor María Mercado, pintor chuquisaquenho [natural do departamento boliviano de Chuquisaca] do século XIX, e a partir da filmografia inicial de nosso mais premiado e emblemático cineasta, Jorge Sanjinés, prolífico intelectual da cultura de 1952. Trata-se de abordar a continuidade de dois gestos: por um lado, a caminhada e o alvoroço das gentes que alimentaram mercados, festas e rebeliões no passado; por outro, o gesto estatal de nos impor a ideia de que somos miseráveis, desprovidos, que necessitamos urgentemente de "ajuda ao desenvolvimento" e "erradicação da pobreza".

A segunda parte é a busca — inacabada — de uma "episteme própria" e contém alguns vislumbres de um trabalho em andamento. Em primeiro lugar, é a tentativa de exegese e compreensão de uma obra-prima da cultura andina: *El primer nueva corónica y buen gobierno*, de Felipe Guamán Poma de Ayala (Waman Puma). Exploramos também os contrastes metafóricos — um anacronismo revelador e pertinente — entre o impulso dos primeiros Inkas para seduzir as populações que vivem nas selvas do leste boliviano e o convite de um líder cocaleiro para "conquistar" as mulheres do Tipnis. Dessa forma, estaria cumprido o programa encoberto de devastação e desperdício que, em duas décadas, afastou populações e dizimou animais e plantas das zonas mais biodiversas da nossa Mátria, e que hoje ameaça sustentar, de mãos dadas com a "instituição tutelar da Pátria", uma espécie de "território livre" de democracia e justiça. Por fim, procuramos abordar poeticamente a experiência vivida no Mestrado em Antropologia Visual da

Faculdade Latino-Americana de Ciências Sociais (Flacso) em 2010, em Quito, Equador, para mostrar que não escrevemos motivadas apenas por urgências políticas, mas também pelo gosto e pelo sabor de nossa língua impura, manchada, embora amplamente inteligível no mundo popular, urbano e rural.

Esse salto presente-passado/passado-futuro faz parte do método *qhipnayra*, germinado no Taller de Historia Oral Andina (THOA) na década de 1980 e persistentemente renovado através de atividades como a Campaña Coca y Soberanía (2003-2007) e a Cátedra Libre del Colectiva Ch'ixi (a partir de 2010). São espaços culturais resgatados do esquecimento ou de lixões, que, assim como os alimentos saudáveis e a água pura, vêm se tornando objetos inacessíveis às pessoas comuns. O nome da nossa aventura editorial rejeita rótulos identitários, tanto do mestizo como do índio, porque acreditamos que, depois de longos séculos de dominação colonial e imperialista, nossa subjetividade é como uma Piedra Rota [pedra quebrada], impedida de regressar à sua pureza original, mas ainda assim capaz de servir como pavimentação nas estradas ou projétil nos protestos da indiada rebelde. São esses os gestos que impulsionam a aventura desta edição boliviana, revisada, que os leitores podem hoje ter nas mãos e da qual podem cheirar a tinta fresca de novos mas também antigos recursos editoriais.

Há algumas omissões em relação à primeira edição, como a de um intelectual *pä chuyma*, o infeliz assediador de mulheres Boaventura de Sousa Santos [o último capítulo da edição original trazia uma conversa da autora com o sociólogo português]. Tais omissões se devem à necessidade de reafirmar nossa independência como caminhantes da palavra, praticantes da feminilidade não sectária e portadoras de uma tendência rebelde insubordinada. Optamos por carregar um futuro nebuloso nas costas, para escapar do descontentamento e do derrotismo. Da mesma forma, nesta reedição olhamos para o passado andino a partir do sinistro presente pós-pandêmico, reapropriando-nos da jornada percorrida, para retribuir os maus-tratos com um gesto de cortesia e reciprocidade. Queremos que a nossa palavra floresça na luta contra a expropriação e na exibição das nossas dores e da nossa criatividade, para devolvê-las ao nosso corpo com a dignidade do trabalho realizado. Esperamos contribuir com uma pitada de fertilizante e tornar esta terra mais habitável e amigável para aqueles que produzem pensamentos, alimentos e atividades editoriais autogeridas. Inspira-nos o desejo de que os objetos da cultura, do pensamento e da terra não se curvem à patente unilateral dos Impérios.

Queremos que o livro seja um objeto cultural acessível e respeitado. Que sejamos apreciados por quem somos e não pelo que outras pessoas gostariam que fôssemos. Que este livro circule e seja vendido em qualquer país, território ou povo em luta ao qual possamos servir com a centelha acesa da nossa palavra insubordinada, e com o desejo de olhar e habitar os caminhos da ***Pacha*** sem arrogância e com a paciência da passagem ao nível do solo.

Prólogo

A sociologia da imagem como práxis descolonizadora

Uma longa prática de pesquisa social foi dando forma, pouco a pouco, ao trabalho que se apresenta neste livro. Muito cedo minha curiosidade pelo mundo andino se orientou para mim mesma — um tipo de angústia identitária ou, nas palavras de Denise Arnold, uma "nostalgia dos ancestrais" (Arnold & Espejo Aica, 2008) —, e por isso me dirigi aos arquivos e ao Altiplano em busca das minhas origens pelo lado materno, na *marka* Qalakutu da província de Pacajes [oeste boliviano]. Nos anos 1970, tinha caído em minhas mãos um enigmático documento dos primeiros anos da colônia[5] e que me situou no início

5 Trata-se de uma demanda de serviços gratuitos em favor de um cacique, cujo ofício mais antigo é datado de 1586. O cacique em questão alegava descender de Tikaqala, um *mallku* de Urinsaya Qalakutu, que viu a chegada dos espanhóis a Cuzco e voltou correndo para avisar os caciques de Pacajes de que os recém-chegados eram gente "forte e corajosa" e que "não convinha lhes fazer resistência". A *ulaqa* de autoridades de Pacajes determinou condená-lo por traição e matar todas as suas esposas (abrindo-lhes os ventres para acabar com seus herdeiros, segundo o documento). Dessa

de um percurso intelectual cada vez mais inclinado a buscar os nexos entre a história do passado e os dilemas do presente. Por isso, as teses e os documentos acadêmicos que resultaram daquela primeira tentativa de fazer ciência social são escassos — o mais importante foi destruído em 1980, no contexto do golpe de García Meza.[6] Interpretei essa destruição como uma mensagem do *ajayu* de Santos Marka T'ula (THOA, 1984), um extraordinário pensador e líder no ciclo de insurgência ***aimará*** da primeira metade do século XX, cuja história descobri quase sem querer, mas sobretudo sem saber que seu destino não era dar suporte a uma carreira universitária, e sim alimentar um novo ciclo de insurgência aimará. Já no contexto do trabalho conjunto com as irmãs e os irmãos[7] do THOA, passou a ser cada vez mais evidente para nós a dimensão política

matança teria escapado uma índia, Jakima, que se refugiou no vale costeiro de Lluta e deu à luz um filho de Tikaqala. Quando as autoridades étnicas de Pacajes perceberam que precisariam negociar com os espanhóis na condição de vencidos, tiveram de buscar algum sobrevivente da matança que eles mesmos haviam perpetrado, para que atuasse como "cacique de sangue" e pudesse ser legitimado pelo sistema de governo indireto das "duas repúblicas". O filho de Jakima, chamado ***Awkiwaman***, foi alçado a cacique e deu início à linhagem do que seria depois a família Cusicanqui (Rivera Cusicanqui & Platt, 1978; Rivera Cusicanqui, 2015).

6 Em minha tese de licenciatura, que modifiquei para publicar como artigo, exponho a perda de terras comunais na província com as reformas liberais do século XIX (Rivera Cusicanqui, 1978b). Na tese de mestrado, pretendia dar conta da longa história de Pacajes, desde a invasão colonial até a Guerra do Chaco (1932-1935).

7 No original, a autora faz uso de linguagem neutra colocando o "x" no lugar da vogal indicativa de gênero. Na presente edição, optamos por buscar maneiras de manter a neutralidade dos termos nos casos em que a substituição foi possível, tentando ao máximo preservar essa camada do texto. [N.T.]

e subversiva da pesquisa no âmbito multifacetado e plural da memória coletiva. Enquanto uma equipe continuava desenvolvendo as implicações *qhipnayra* desse método no mundo rural *quechumara*, fazendo um trabalho mais politizado, eu e outras companheiras seguíamos fascinadas por essa década insurgente que só pôde ser sufocada com a carnificina da Guerra do Chaco (1932-1935). Sem poder abandonar o ensino universitário e cada vez mais descrente da retórica multicultural, passei a ver na sociologia da imagem uma espécie de estufa de experimentação pedagógica que me ajudou a desenvolver algumas das ricas experiências formativas do THOA, orientando o seu uso a inquietações mais diversas e marginais, nem sempre restritas à politização das identidades ou à denúncia das mazelas do passado. A seguir, darei alguns detalhes desses processos.

GÊNESE DE UMA (IN)DISCIPLINA

As ideias que embasavam o trabalho do THOA eram um tanto heréticas, embora, para nós, fossem a consequência lógica das ausências e dos pontos cegos do saber universitário. Em meio ao burburinho, a intransigência do debate na esquerda marxista se desenrolava ignorando as comunidades aimará que, a partir dos anos 1970, começaram a sair da clandestinidade cultural e questionar os modos dominantes de encaixar os índios no debate público. O simples fato de reconhecer nas mobilizações aimará dos séculos passados uma iniciativa, uma liderança e um projeto político próprios era pouco menos que impensável para a ciência social daqueles dias.[8] A polarização

8 Exceções a essa regra são o trabalho histórico de Ramiro Condarco Morales (1965) sobre o levante do Willka Zárate; de Roberto

desse cenário será mais bem compreendida se considerarmos que a insurgência katarista[9] veio à tona não apenas com os bloqueios de estradas e listas de reivindicações mas também como um questionamento da doxa mestiza criolla,[10] que considerava as lutas dos povos e das comunidades como uma "hecatombe" ou, pelo menos, como um passivo eleitoral. A visibilidade política do katarismo incomodava profundamente esse habitual pensamento confortável que nos relegava à condição de coletividades "espasmódicas" e pré-políticas, adolescentes em autonomia e racionalidade.

A partir de uma espécie de micropolítica situada e iconoclasta, o trabalho de história oral rompia com o mito de comunidades indígenas subsumidas no isolamento e na pobreza e enclausuradas em um passado de imobilidade e penumbra cognitiva. Esse discurso foi o fundamento de uma longa cadeia de ações civilizatórias, às vezes muito violentas, que continuam vigentes sob roupagens enganadoras, como o discurso do "desenvolvimento"[11] ou da "erradicação da pobreza".

Choque (1978) sobre a rebelião de Jesús de Machaca; e de Xavier Albó (1979) sobre Achacachi, que vão a contrapelo do saber acadêmico transmitido nas universidades.

9 Inspirado em Tupaq Katari, líder de uma massiva rebelião aimará no final do século XVIII, o movimento katarista emergiu no final da década de 1960, na Bolívia, unificando setores indígenas camponeses e urbanos do Altiplano. [N.T.]

10 "Criollo" é a pessoa branca e de origem europeia nascida nas colônias espanholas na América. Durante todo o período colonial, a ideia de "criollo" manteve relação ambígua com a noção de "espanhol". O termo "mestizaje" — do qual deriva "mestizo(a)" — se refere, na Bolívia, a um processo de aculturação das populações indígenas, que passariam a adotar modos de vida brancos e europeus. [N.T.]

11 Inaugurado nos anos 1940 por influência da missão Bohan, dos Estados Unidos (ver Pruden, 2012).

Ou melhor, é evidente que as principais *markas* e ***ayllus*** participantes desse amplo movimento[12] tinham uma economia próspera: gado e comércio de longa distância no Altiplano Sul, e uma produção agrícola, têxtil e pesqueira diversificada na área *circunlacustre*.[13] De outro lado, os *caciques apoderados*[14] que encabeçaram essas lutas eram tudo, menos sedentários: percorreram milhares de quilômetros em busca de documentos que pudessem proteger tanto suas terras comunais quanto a força do seu trabalho e do seu conhecimento, ameaçados pela voracidade latifundiária que os queria ignorantes e necessitados. Seus escrivães ou ***qilqiris*** praticavam a leitura e a escrita em castelhano tanto quanto as mulheres operavam o *tejido*[15] e o ritual. E tinham grande fama de intolerantes e sanguinários. As rebeliões violentas (1921, 1927) foram momentos de intensificação e crise no contexto de uma estratégia de luta legal de longo prazo. A multiplicidade de seus vínculos e confrontos com o mundo cholo[16] e letrado das cidades desmente

12 O movimento de *caciques apoderados* chegou a englobar quatrocentas *markas* (*pueblos* ou federações duplas de *ayllus*) em cinco departamentos da república (THOA, 1984; 1986a; Mamani Condori, 1991).

13 *Circunlacustre* se refere ao espaço ao redor do Lago Titiqaqa, com altitudes que variam de 3.810 a 3.900 metros. [N.T.]

14 Rede de líderes de comunidades indígenas organizada para resistir ao leilão de suas terras pelo Estado republicano, ativa entre as últimas décadas do século XIX até a reforma agrária de 1953. [N.T.]

15 Antiga arte andina que remonta a 1500 a.C., em geral realizada em tear horizontal, que permite tecer motivos complexos (geométricos, zoomorfos, antropomorfos) em várias cores fortes e contrastantes. [N.T.]

16 Segundo Barragán (1992), cholo é uma identidade “emblemática” surgida na época colonial, que perdura até hoje, e diz respeito a indivíduos de origem indígena que abandonaram seu modo de vida tradicional, mas mantiveram muitos dos elementos de sua a imagem isolacionista e nos mostra um amplo repertório de opções político-religiosas das quais se aproximaram, sem perder o sentido de suas convicções próprias, em um gesto de independência intelectual que Waskar Ari Chachaki (2014) chamou de "política da terra".

No entanto, uma relação intercultural genuína entre o movimento de trabalhadores e o mundo dos *caciques apoderados* parece ter sido difícil. É possível que nem os setores mais radicais que deles se aproximaram tenham superado um olhar civilizador, como sugere uma pesquisa de Marcelo Maldonado (2014), embora trate do período mais tardio da Federación Agraria Departamental (1947), de inspiração anarquista. Nos anos 1980, fascinei-me ao descobrir, com Zulema Lehm, arquivos fotográficos e testemunhos da década de 1920 que tratavam da intensa e convergente mobilização antioligárquica e anticolonial em La Paz. Assim, coube-nos abrir uma brecha rumo a outro mundo silenciado: o das agremiações de trabalhadores manuais urbanos — masculinos (carpinteiros, pedreiros e alfaiates) e femininos (floristas e *qhateras*) —, que viriam a se juntar às maciças organizações anarquistas da Federación Obrera Local (FOL) e da Federación Obrera Femenina (FOF). Essas entidades desenvolviam suas ações em paralelo à resistência de *ayllus* e comunidades do Altiplano,

---

identidade. O termo "cholo", no masculino, é frequentemente usado em tom depreciativo para se referir ao trabalhador popular urbano. No feminino, não há essa interpretação negativa; "chola" pode designar a trabalhadora autônoma ou a trabalhadora doméstica, podendo também ter conotação positiva quando no diminutivo (cholita). O cholo não utiliza nenhum símbolo identitário, mas a chola é reconhecida pelos longos cabelos trançados de forma especial e pela vestimenta tradicional (*pollera*, manta bordada, *aguayo* e, a partir do século XIX, chapéu-coco). [N.T.]

e há evidências de contato entre elas.[17] Mas existiam também *gremios bisagra* [sindicatos que vinculam trabalhadores do campo e da cidade]: o de açougueiros (chamados *mañazos*, *ayllu* e *gremio urbano* ao mesmo tempo) (Barragán, 1990), os *solaperos*[18] e os pedreiros; e, entre as mulheres, as leiteiras e quem sabe quais outros ofícios que não pudemos documentar.[19]

Tínhamos deparado com dois movimentos historicamente apagados: um por obra da história oficial *movimientista*[20] das "lutas camponesas" e da "integração nacional" (Antezana Ergueta & Romero Bedregal, 1973), o outro pela esquerda, por meio da voz de um de seus intelectuais de mais destaque, Guillermo Lora (1970). A reatualização dessas duas histórias sobrepostas foi um empreendimento ao mesmo tempo intelectual e comunicacional, capaz de dialogar com as subjetividades emergentes — portadoras de concepções de mundo e

17 Em um documento de 1930, Luis Cusicanqui, da FOL, mostra sua indignação pelo assassinato de Prudencio Callisaya, um dos mais importantes *caciques apoderados* da região *circunlacustre* (Lehm & Rivera Cusicanqui, 2024, p. 44). Em um relato publicado em 1986, vários trabalhadores manuais recordaram os vínculos entre Santos Marka T'ula e Luis Cusicanqui (THOA, 1986a).

18 *Solaperos* vem de *solapa*, que é lapela (de terno); os *solaperos* faziam ternos baratos para as pessoas pobres que migravam do Altiplano, enquanto os alfaiates vestiam os homens da elite. [N.T.]

19 As trabalhadoras domésticas, organizadas na Unión Sindical de Culinarias, como as floristas, pertenciam a um estrato mais urbano e mestizo que as leiteiras, mas incluíam também grupos de trabalhadoras migrantes de comunidades indígenas. Entre elas, *don* José Clavijo nos deu um exemplo de individualismo anarquista na figura de uma aguerrida jovem "antissocial" que andava de bicicleta e se vestia como homem, a quem apelidaram de China Ratera [menina ladra]. Quantas como ela existiriam?

20 *Movimientistas* eram membros e partidários do Movimiento Nacionalista Revolucionario (MNR). [N.T.]

epistemes alternativas — que afloraram por todas as partes conforme se desenrolavam os efeitos da crise estatal boliviana nos anos 1980. O fato é que, tanto na vertente comunitária quanto na anarquista, os questionamentos do THOA — em forma de livros, pequenas brochuras ou programas de rádio — teriam repercussões na reorganização do movimento indígena e nas mobilizações populares dos anos vindouros: a história dos *caciques apoderados*, difundida em formatos como radionovela, foi uma vertente na formação das federações de *ayllus* que convergiram no Consejo Nacional de Markas y Ayllus del Qullasuyu (Conamaq); e os trabalhos sobre anarquismo seriam recuperados mais tarde, em edições piratas, por diversas comunidades e grupos de afinidade libertária. Vindo de um grupo de pesquisadores tão pequeno e com recursos tão escassos (pelo menos nos primeiros anos), essa influência se explica pela convergência entre uma ampla e difusa disponibilidade social e uma pesquisa documental mediada pela difusão de elaborações orais e visuais. Apesar dos radicalismos essencialistas hoje propagados acerca da questão indígena, arrisco-me a propor que o cerne desse pequeno ***tinku*** foi a articulação de elementos comunitários e indígenas com temas humanos de caráter planetário. Essa conjunção foi característica tanto da luta do movimento de *caciques apoderados* (dignidade, restituição, respeito à diferença) quanto da práxis intelectual e do estilo político dos sindicatos anarquistas (liberdade, autogestão, democracia federativa). Isso explica a resiliência de ambos os projetos ou reflexões ao longo do tempo, e também a proliferação de imagens e imaginários que se teceram, e ainda se tecem, ao seu redor.

VALORES DE USO E SUA CIRCULAÇÃO

A trajetória intelectual que tentei descrever surgiu de modo provisório e repleto de incertezas e conflitos. Eram esforços de comunicar, redistribuir e incitar, que terminaram por gerar um repertório de mudas — chamemos assim os formatos — que, ao serem plantadas e difundidas, nos permitiram acumular experiências, desvendar erros e ruminar criativamente os fracassos. Os contatos com um público popular heterogêneo foram fundamentais para nutrir as aprendizagens, tanto no contexto universitário — primeiro espaço de acolhida para o grupo de pesquisa oral que conduzíamos com Tomás Huanca — quanto no percurso autônomo que realizaríamos mais tarde. Em meados dos anos 1990, quando meus trajetos e os do THOA tomaram rumos diferentes, a docência/pesquisa no curso de sociologia me deu a oportunidade de continuar esse processo reflexivo, que desembocou no trabalho com imagens. Revelo aqui os detalhes, os acontecimentos e até os cálculos numéricos desse processo, para reproduzir a trajetória — o ***sarnaqawi*** — que me leva da história oral à sociologia da imagem.

No trabalho de investigar, editar e devolver os resultados às comunidades que nos haviam aberto suas portas, o THOA lançou mão de diversas formas de comunicação não escrita: performance teatral, radionovela, vídeo e exposição fotográfica. Isso nos foi pautado pelos próprios movimentos que estudamos. No âmbito urbano, durante a década de 1920, os trabalhadores manuais da FOL e os *caciques apoderados* teceram nexos bilíngues e interculturais, participando de assembleias e "noites culturais", reuniões de cunho artístico e cultural repletas de performance e visualidade. A micropolítica desses núcleos comunitários, entrelaçados entre si e com a sociedade dominante por múltiplas conexões (Gutiérrez Aguilar, 2011), era uma prática cotidiana, ancorada nos corpos e ativada ciclicamente por meio de reuniões internas, rituais, marchas e manifestações públicas. Essas multidões misturadas e heterogêneas expressavam seu conhecimento histórico em uma espécie de versão *ch'ixi* do *conatus* spinozista (Gago, 2014, p. 181 [2019, p. 209]): o *ch'amancht'aña* ou o impulso coletivo de realizar um desejo, o ato de conhecer/atualizar o passado e de imaginar outro futuro possível no caminho. Uma reatualização similar foi feita pelos intelectuais do katarismo/indianismo e pelo próprio THOA nos anos 1980 e 1990, e depois, neste século, pela Coletiva Ch'ixi, por meio de *tantachawis*, *akhullikus*, *apthapis* de pensamento, "noites culturais" e eventos públicos heterodoxos.[21]

No que concerne a nós, o trabalho sobre o mundo anarquista, publicado em dois livros (Lehm & Rivera Cusicanqui, 2024; THOA, 1986b), teve como corolário os vídeos *A Cada Noche Sigue un Alba* (com Cecilia Quiroga) e *Voces de Libertad* (com Raquel Romero e Ximena Medinaceli), divulgados em eventos abertos e na televisão, alcançando uma grande audiência popular. Em outubro de 1988, para a apresentação da primeira edição de *Los artesanos libertarios y la ética del trabajo* (Lehm & Rivera Cusicanqui, 2024), organizamos uma "noite cultural" e uma exposição de documentos, fotografias e objetos que tinham

21 O THOA apresentou peças de teatro no Altiplano e nos vales pacenhos, contando histórias comunitárias vinculadas às lutas dos anos 1920-1940. Também gravou a radionovela *Santos Marka T'ula*, em noventa capítulos, um marco na recuperação da memória indígena no Altiplano falante de aimará. Ao longo de sua trajetória, realizou outras radionovelas, além de vários vídeos documentais e de ficção, registrando os processos culturais e políticos que estão no início da formação do Conamaq.

pertencido à FOL, à FOF e à Federación Agraria Departamental (FAD). Programada para durar quinze dias, a mostra teve de se estender por um mês, pela enorme afluência de público — gente do povo, artesãos, cholas, pedreiros, muitos dos quais acompanhados de seus pais ou mães idosos, aos quais aproximavam das fotos para que se reconhecessem.

A apresentação do vídeo *Voces de Libertad* na Casa de la Cultura, em 1989, teve lotação completa, e muita gente ficou na porta querendo entrar. O mesmo tipo de público se reuniu ali: uma multidão de senhoras de *pollera*,[22] pedreiros e artesãos das ladeiras e mercados próximos. Se os dois mil exemplares de *Los artesanos libertários* teriam de esperar três décadas para esgotar, a audiência das projeções de vídeo superou em muito esse número em poucos dias.[23] Isso nos convenceu de que os meios audiovisuais tocam a sensibilidade popular mais que a palavra escrita, e essa constatação foi uma das bases para me afastar por um tempo do texto e explorar o mundo da imagem. Entre 1992 e 1994, decepcionada pela guinada ongueira e macropolítica do THOA e pelo uso e abuso de meu livro *Oprimidos pero no vencidos* nas escolas de formação de quadros dos partidos da velha esquerda, fui viver nos Yungas [região florestal no centro-noroeste da Bolívia]. Ali escrevi o roteiro de um longa-metragem que nunca chegou a ser filmado, e realizei a docuficção de vinte

22 *Pollera* é uma saia tida como a vestimenta "tradicional" das mulheres de origem indígena na Bolívia, tanto no campo quanto nas cidades. As *polleras* usadas na Bolívia pelas cholitas são compostas de, no mínimo, três saias. [N.T.]

23 O terceiro capítulo deste livro, sobre as mulheres anarquistas, serviu de base para o roteiro de *Voces de Libertad*, que elaboramos com Ximena Medinaceli e Raquel Romero.

minutos *Wut Walanti — Lo Irreparable* (1993), sobre o Massacre de Todos os Santos de 1979.[24]

Essas experiências contribuíram com minhas reflexões metodológicas e teóricas no seminário de sociologia da imagem que comecei a ministrar na Universidad Mayor de San Andrés (UMSA) em 1994. No começo, era um seminário de métodos qualitativos chamado "Artesanía y teoría", em que líamos o clássico *A imaginação sociológica*, de C. Wright Mills (2003 [1982]), e realizávamos diversos exercícios de campo. A prática desse trabalho manual começava por pensar e expressar o vivido a partir do reconhecimento de algum âmbito conhecido e familiar que pudesse ser problematizado. Alison Spedding (em comunicação pessoal) me havia dito que a antropologia é uma sociologia aplicada a uma sociedade ou um grupo estrangeiro, enquanto a sociologia é uma antropologia aplicada à nossa própria sociedade. A sociologia da imagem seria, então, muito diferente da antropologia visual, já que nesta se aplica um olhar exterior a um "outro", e naquela o observador olha a si mesmo em seu próprio entorno social. Na antropologia visual, necessitamos nos familiarizar com a cultura, a língua e o território de sociedades outras, diferentes da sociedade eurocêntrica e urbana da qual os pesquisadores geralmente são oriundos. A sociologia da imagem, pelo contrário, supõe uma desfamiliarização, uma tomada de distância do que é arquiconhecido, do imediatismo da rotina e do hábito. A antropologia visual se funda na observação participante, por meio da qual o pesquisador participa com o fim de observar. A sociologia

24 Massacre ocorrido durante o golpe militar liderado por Alberto Natusch Busch, em 1º de novembro de 1979. Mais de duzentas pessoas morreram, 125 desapareceram e outras centenas ficaram feridas. [N.T.]

da imagem, por sua vez, observa algo de que já participa; a participação não é um instrumento a serviço da observação, mas seu pressuposto, embora se faça necessário problematizar seu colonialismo/elitismo inconsciente.

Outra diferença entre sociologia da imagem e antropologia visual é que a última se orienta sobretudo ao registro (fotográfico, em vídeo) das sociedades que estuda para mostrá-las a um público urbano e acadêmico — ou seja, é, mais que qualquer outra coisa, uma prática de representação. Já a sociologia da imagem enfoca todas as práticas de representação; dirige-se à totalidade do mundo visual, da publicidade ao fotojornalismo, do arquivo de imagens à arte pictórica, do desenho ao *tejido*, além de outras representações mais coletivas, como a estrutura do espaço urbano e as marcas históricas nele visíveis (Halbwachs, 1997 [2006]). Por exemplo, seria possível fazer sociologia da imagem observando a "política visual" de motoristas e ajudantes de veículos de transporte urbano em La Paz, assim como abordar a memória visual dos antigos *tambos*[25] em uma rua hoje cheia de hotéis e turistas, temas que dificilmente seriam apropriados para antropologia visual — pelo menos do modo como a conhecemos na Bolívia.[26]

Como disse antes, a crise de sentido que vivi nos duros anos do neoliberalismo me fez abandonar a escrita acadêmica para explorar mais a fundo o mundo da imagem. Sem entrar em detalhes sobre os vídeos e o filme que roteirizei e dirigi (1989,

25 Paradas em caminhos pré-hispânicos onde os viajantes descansavam e trocavam produtos e conhecimentos. Em La Paz, os *tambos* eram construções grandes, que serviam como hospedagem e mercado para as comunidades andinas que levavam seus produtos às cidades. [N.T.]

26 Uma notável exceção são os trabalhos de Violeta Montellano (2008; 2011).

1993, 2000, 2003, 2010), neles está presente uma prática da sociologia da imagem como narrativa, como sintaxe entre imagem e texto e como modo de contar e comunicar o vivido. A partir de dois exercícios que costumo realizar no seminário, será possível compreender melhor essa ênfase na narrativa e na conexão entre visualidade e texto escrito. Visualizar não é o mesmo que descrever com palavras o que foi visualizado. Mas, ao mesmo tempo, a fim de se comunicar, o olhar muitas vezes exige um trânsito pela palavra e pela escrita.

Os dois exercícios eram práticas que deviam ser realizadas em um tempo curto. O primeiro consistia em visualizar uma primeira lembrança da infância, a mais remota. O segundo, em visualizar um sonho, algum que os estudantes recordassem bem. A visualização remete a uma forma de memória que condensa outros sentidos. Contudo, a mediação da linguagem e a superinterpretação dos dados que o olhar traz fazem com que os outros sentidos — tato, olfato, paladar, audição, movimento — sejam atenuados ou apagados da memória. A descolonização do olhar consistiria em libertar a visualização das amarras da linguagem e reatualizar a memória da experiência como um todo indissolúvel, em que os sentidos corporais e mentais se fundem. Seria, então, uma espécie de memória do fazer, que, como diria Heidegger (1951 [2018]), é, antes de tudo, um habitar. A totalidade da experiência do habitar seria uma das (ambiciosas) metas da visualização.

Os exercícios que me foram apresentados eram breves, esquemáticos, alguns escritos à mão, em minha aula ou em outra. Mas era possível detectar neles vários traços comuns, assim como diferenças de "estilo" e de estratégia narrativa. Classifiquei-os em três grupos. No primeiro, predominava a estratégia da trama: a narração de ações com componentes afetivos, majoritariamente centrados no âmbito familiar.

No segundo, a ênfase era metonímica: predominavam as imagens visuais, as cores e os percursos por uma série de "cenários" que se seguiam. O terceiro se centrava nas sensações perceptivas do corpo: olfativas, gustativas, sinestésicas, de vertigem ou terror. Nenhum dos exercícios alcançou a estratégia da sequência, que trabalha no plano interpretativo, isto é, no plano do sentido.[27] Seus registros são a metáfora e a alegoria.

A alegoria é apresentada por Walter Benjamin (1916 [1984]) como um "espírito", uma "tendência", uma atitude vital cujo impulso está centrado em captar/narrar a experiência de um sentido situado e autoconsciente da existência social. Como experiência perceptiva e ato de conhecimento, a alegoria benjaminiana é, para mim, uma espécie de ***taypi*** no qual se encontram o pensamento e a ação, a teoria e a experiência vivida. Nesse sentido, a narração que se apoia nessa estratégia incorpora e justapõe todas as outras maneiras de narrar. Contém um enredo de ações e personagens, mas também um universo visual e olfativo, sinestésico e tátil, que se desenrola em um ritmo determinado. Ao contrário do enredo, a sequência é o meio de expressão que permite narrar a experiência metaforicamente e, ao fazê-lo, entrelaçar as metáforas em uma única alegoria. Em sua forma visual, a sequência é uma espécie de *story board* que incorpora as dimensões da atmosfera e da metonímia visual e as move conforme um ritmo e uma respiração. Tem algo da polifonia da música. Porém, longe de ser apenas uma cadência ou respiração individual, emanada do talento

27 Refiro-me a algo como "o sentido existencial da vida", e não simplesmente ao significado das coisas. Essa espécie de compromisso vital chegou a ser expressa por meio de estratégias de tipo alegórico em vários dos ensaios visuais que foram apresentados como trabalhos de conclusão de curso.

narrativo de uma só pessoa, a alegoria molda também um fato coletivo, um "modo de ver" (Berger, 1975 [1999]) entrelaçado de versões e narrativas individuais que convergem em estilos culturais, em ações políticas, em atmosferas discursivas e tipos gestuais. A interpretação da realidade proposta pela sociologia da imagem deve, por isso, estar atenta às conexões do imediatamente vivido com o que C. Wright Mills chamava de "os grandes problemas da época". Essa consciência ou sensibilidade permite extrair dos microespaços da vida cotidiana, das histórias acontecidas e que acontecem neste instante, aquelas metáforas e alegorias que conectam o nosso olhar sobre os fatos com os olhares das outras pessoas e coletividades, para construir essa alegoria coletiva que talvez seja a ação política.

Como ideal de conhecimento e autoconhecimento, a alegoria nos permite compreender o caráter — nosso caráter — como conjunção do destino com a culpa (Benjamin, 2007 [2011]). Compreendidos o destino e a culpa como articulação histórica da experiência individual e coletiva, a alegoria nos ajuda a vislumbrar de que modo a imagem pode se desprender de clichês e obviedades, a forma possível de descolonizar o oculocentrismo cartesiano e de reintegrar o olhar ao corpo — e este ao fluxo do habitar o espaço-tempo, o que alguns chamam de história. A narrativa dessa experiência pode dar lugar à ação política e também à obra de arte ou de conhecimento capaz de "acender essa faísca no passado", nos termos de Benjamin, que é o que os conflitos e as crises do presente exigem de nós.

A narração como sequência é entendida, sobretudo, como um assunto de estrutura e de ritmo, que conecta os fragmentos em um desenvolvimento alegórico, em uma história vivida/significada. É por isso que a sociologia da imagem, como experiência pedagógica, teve como resultado o incremento da capacidade de escrita. Efetivamente, ao estudante da universidade pública pacenha [de La Paz] não faltam informação nem teoria; o que lhe falta é voz própria, um critério de seleção da literatura em busca dos conceitos que mais se aproximem do que observa e pesquisa, que mais ressoem em sua vida e possam ser reapropriados ou modificados por um enquadramento próprio. Sem dúvida, o apoio da imagem nos ensaios visuais de conclusão de curso consiste em um impulso na direção dessa narrativa, e não mais como ilustração de ideias prévias; é o texto que explicita e ilustra o conteúdo e os modos de ser da imagem, a qual, por sua vez, traça seu próprio desdobramento na página ou na parede. No entanto, como a tese de sociologia não permite muitas transgressões quanto aos formatos de escrita e apresentação, o estudante pode, inclusive, prescindir de imagens e apenas escrever, mas tendo incorporado seu olhar e suas experiências de coparticipação no espaço-tempo em diálogo com seus sujeitos de estudo. Desse modo, enfrenta a tarefa de traduzir esse olhar e essas experiências em palavras e pode fazer uma "descrição densa" de acontecimentos e situações sociais (Geertz, 2003 [1981]), dialogando, a partir de um espaço situado, com os contextos de referência e/ou autores que tenha escolhido.

GENEALOGIA DE UMA PRÁXIS

Ao ser convidada para dar aulas em uma universidade do norte global em 2007, deparei casualmente com a compilação sobre *visual cultures* realizada por Jessica Evans e Stuart Hall (2005). Depois, consegui o clássico organizado por Hall, *Representation: Cultural Representation and Signifying Practices*, em que ele mobiliza uma longa prática pedagógica com seus estudantes em torno da cultura da imagem e das práticas de representação nas sociedades norte-atlânticas modernas. Como sabemos, Stuart Hall é um dos principais artífices da corrente dos estudos culturais, que se enraizou de forma profunda na academia norte-americana e indicou problemáticas que foram retomadas posteriormente pelos estudos subalternos e os estudos pós-coloniais. O que me surpreendeu nesse primeiro encontro foi o paralelismo entre os trabalhos de Hall e minhas próprias reflexões. Em ambos os livros, o referencial teórico era (quase) a mesma bibliografia do meu curso de sociologia da imagem. Será que o que eu tentava fazer já teria sido feito, e a sociologia da imagem seria apenas uma variação dos "estudos culturais"? Ou será que eu poderia aspirar a fundar uma corrente de pensamento autônoma, uma (in)disciplina própria?

Para a análise dessa questão, vale destacar algumas diferenças entre o enfoque que proponho e os trabalhos de Stuart Hall sobre representação. Em primeiro lugar, no meu caso, é notória a ausência da linguística estrutural e a renúncia ao seu uso como ferramenta para a compreensão da imagem. Sem pretender fazer uma crítica erudita, tenho a suspeita de que o estruturalismo não é capaz de dar conta das dimensões históricas e políticas das práticas de representação, nem de considerar a fundo o tema do colonialismo como estrutura social diferenciadora e, ao mesmo tempo, inibidora de um discurso próprio.[28] Embora Roland Barthes — um dos autores centrais em meu seminário — seja adepto da corrente semiótica da linguística, eu o considero, em sua sensibilidade pessoal, em suas intuições sociológicas e na beleza de sua redação, um

28 É o caso do trabalho de Mercedes López-Baralt (1988) sobre Waman Puma, cuja leitura das estratégias políticas do autor me parece muito formalista.

inspirador da sociologia da imagem em outro sentido. Mais que sua análise estrutural, o trabalho de Barthes me inspira a intenção de que a sociologia da imagem seja uma espécie de "arte do fazer" (Certeau, 1996 [2014]), uma prática teórica, estética e ética que não reconhece fronteiras entre a criação artística e a reflexão conceitual e política. O fato de Barthes ser um eixo de minha abordagem teórica não o converte em uma fonte privilegiada. Existe um enigmático paralelismo entre seu pensamento e as ideias (desenhadas) de Felipe Guamán Poma de Ayala (Waman Puma), autor que sintetiza essa conjunção de saberes na imagem de seu "índio poeta".

Contudo, o ponto central em meu afastamento com relação a Stuart Hall é que, em sua obra, o tema do colonialismo permanece implícito e não é levado às últimas consequências. Embora Michel Foucault tampouco aborde esse assunto capital, seu trabalho nos fornece linhas para distinguir as perspectivas conforme a disposição dos sujeitos nos diversos degraus de uma estrutura piramidal de dominação. Essa disposição confere poderes diferenciais para nomear e representar o real e, em termos sociológicos, outorga à perspectiva dos "de cima" o poder de nomear, classificar e administrar os "de baixo". De acordo com Foucault, a perspectiva burocrática, própria da sociedade moderna, disseca, classifica e hierarquiza os corpos em um esquema racional totalizante mas, ao mesmo tempo, individualizado, que o autor associa com a metáfora da peste. A metáfora da lepra, por outro lado, alude a um tipo de dominação que segrega e enclausura as populações, sem distinguir suas individualidades (1989, p. 199-200 [1999, p. 164-5]). A evocação de uma situação colonial é perceptível, mas Foucault não a menciona — sua atenção está direcionada a outras populações enclausuradas: as pessoas loucas, delinquentes etc. Além disso, acredito que, em situações de colonialismo interno, a disciplina burocrática está inextricavelmente ligada à segregação colonial, e esta situação sobreposta cria formas de violência que condensam outros horizontes do passado, formas arcaicas e modernas de dominação. Sinto que é aqui que minha proposta se distancia tanto de Hall quanto de Foucault: a dominação colonial não equivale à dominação racial, embora ambas se sobreponham. Se a dominação racial existe, é como resultado do "fato colonial", e não o inverso. A crítica às formas de representação racial domina as análises de Hall, e não parece existir ambiguidade sobre quem são os que a sofrem e os que a infligem. Isso obscurece os efeitos da dominação colonial internalizada. Parece-me, além disso, que ele vê o colonialismo como uma fase na história das representações raciais — um antecedente histórico que não afeta o núcleo da diferenciação. Ainda que na parte dedicada aos museus se aborde mais diretamente uma situação colonial, ambas as formas de representação do "outro" — a imagem do corpo negro e a imagem de uma cultura colonizada em um museu — não se integram em uma reflexão que as articule conceitualmente como produtos orgânicos do fato colonial. A possibilidade de um pensamento situado nas entranhas do colonialismo exige que nos posicionemos ora mais além, ora mais aquém da raça e do racismo como temas para a crítica e as ferramentas de compreensão sobre a dominação social.

TRAJETOS PERCORRIDOS NO LIVRO

Como será possível ver no conjunto dos trabalhos que compõem este livro, adotei como profissão de fé que a descolonização só pode ser realizada na prática — mas uma prática reflexiva e comunicativa, fundada no desejo de recuperar memória e corporalidade próprias. Consequentemente, essa memória não seria apenas ação, mas também criação, imaginação e pensamento (amuyt'aña). Seguindo essa lógica, o *amuyt'aña*, enquanto expressão coletiva, permitiria uma reatualização/reinvenção da memória coletiva em certos espaços-tempos do ciclo histórico nos quais se percebe a chegada de uma mudança ou agitação social. Várias vezes afirmei que essas ideias se nutrem do aforismo aimará "Qhipnayra uñtasis sarnaqapxañani" [Olhando para trás e adiante (ao futuro-passado), podemos caminhar no presente-futuro].[29]

O espaço-tempo em que se situa o nosso discernimento (amuya) se desenrola em uma paisagem específica: a Cordilheira dos Andes, na América do Sul, com suas encostas oriental e ocidental. No nível mais estreito, localizamo-nos na área *circunlacustre* (em torno ao Lago Titiqaqa), onde se encontram as anacrônicas fronteiras entre o sul do Peru e o oeste da Bolívia. Esse cenário produziu ao longo da história um conjunto de práticas de representação e escrita. Nós nos reconhecemos nele e, a partir de seu enquadramento, elaboramos uma espécie de genealogia intelectual própria. Acredito que Waman Puma no século XVII, Melchor María Mercado no século XIX e Jorge Sanjinés no século XX sejam personagens centrais na genealogia proposta por este livro. Nela, "enxertamos o mundo" por meio de diversos autores do norte e de outros lugares, com os quais dialogamos de igual para igual, às vezes com irreverência e sempre com autonomia. A partir dessa conversa em vários níveis, tentei produzir a ideia de uma "episteme própria" — projeto em construção e, por isso mesmo, fragmentado. Este livro reúne todos os fragmentos em uma ordem cronológica e se divide em três partes.

29 Esse aforismo foi resgatado pelo THOA nos anos 1980.

Na primeira, centramo-nos no tempo como narração articuladora de um espaço: aquele que esteve contido nos mapas da era republicana. A República Boliviana, nomeada insistentemente nas aquarelas do pintor chuquisaquenho Melchor María Mercado, não passava de uma hipótese na primeira metade do século XIX, e suas ambivalências saltam aos olhos. Na série de igrejas desenhadas por ele, intercalam-se algumas em cujas torres tremulam enormes bandeiras do Peru. Mas a ambivalência estatal das igrejas se vê interrompida por aquarelas que mostram os picos mais importantes das cordilheiras; uma vez mais, o autor insere o vulcão Tacora, situado no Peru, como se a cadeia montanhosa andina tivesse uma força além do poder religioso e da própria nação para unir essas coletividades frágeis, que, como países, estavam sempre ameaçadas por conflitos fronteiriços. A instabilidade nacional se resolverá, aparentemente, em meados do século XX com a Revolução Nacional de 1952,[30] cujo projeto de centralização estatal buscará unir a diversidade dos cenários indígenas e cholos e, ao mesmo tempo, as regiões leste e oeste da Bolívia em uma só rede de estradas e sob um único manto mestizo unificador. Os dois textos sobre o *Álbum de la revolución* abordam, por ângulos diferentes, o primeiro desses problemas não resolvidos: a subordinação de índios e mulheres ao porvir populista e a fragilidade de uma soberania baseada na negação e na autonegação. O tema da relação entre terras altas e terras baixas será abordado quase ao fim do livro, recorrendo novamente a Waman Puma.

30 Em resposta à anulação das eleições de 1951, vencidas pelo candidato do MNR, setores populares tomaram as ruas e centros de mineração, derrotaram o Exército e conduziram ao poder o vencedor do pleito, Víctor Paz Estenssoro. [N.T.]

O itinerário cronológico da segunda parte percorre buscas e tentativas do que chamo de uma episteme própria: uma sintaxe que possa conjugar/conjurar o ***double bind** pä chuyma* que caracteriza a nossa presente reflexividade, de tal maneira que possam ser abertas zonas de autonomia e emancipação em/com nossas práticas pessoais e coletivas.[31] A leitura *qhipnayra* de Waman Puma me permitiu reunir fragmentos de reflexão crítica sobre o colonialismo, desfiando os sintagmas justapostos que entrelaçam sua subjetividade de colonizado com um discurso (visual, textual) ao mesmo tempo autônomo e sagaz. Descobri que, com esse método, é possível escutar, em um texto arcaico, uma viva interpelação dos assuntos do presente. Devo acrescentar que meu encontro sistemático e fiel com o andarilho/autor foi chave para o descobrimento de uma epistemologia *ch'ixi*, um conhecimento articulador de contradições, que revira o tempo do existente com as sutis "armas" do paradoxo, do escondido e do esquecido, do antigo e do pequeno. Por isso, incluí aqui dois fragmentos de experimentação linguística e visual ("Amo a montanha" e um pedacinho de *Principio Potosí Reverso*), a meio caminho entre a historiografia e o texto poético, como homenagem a personagens que escreveram, desenharam ou filmaram não apenas para compreender ou transformar a realidade, mas também por puro prazer.

Fragmentos de reflexão e experimentação pedagógica, além de uma entrevista, fecham a compilação, lembrando-nos de que o pensamento é também uma circulação de energias cognitivas entre multiplicidades de pessoas e coletividades

31 Algo assim foi proposto por Homi Bhabha (1990) com a ideia de que os sujeitos de países como o seu formulam uma série de "narrativas divididas" para sobreviver às aporias da modernidade colonial.

e que floresce por meio do encontro com interlocutores concretos. Quero agradecer à equipe da revista *Jícara*, de Bogotá, pela entrevista; também a meus filhos da Bolívia e meus ex-estudantes do Equador pelos trabalhos de imagem que me permitiram incorporar aqui. Um agradecimento especial à equipe editorial pelo trabalho de composição e pela interlocução, que acompanhou todo o processo. E, principalmente, a meus irmãos/compas — ***awkis*** e ***taykas*** do THOA, ***waynas*** e ***tawaqus*** da Coletiva Ch'ixi —, agradeço desde o *chuyma* pelos longos tempos de experiências e reflexões compartilhadas, que são a verdadeira origem e razão de ser deste livro.

Primeira parte

Tempo e relato visual

Sequências iconográficas em Melchor María Mercado (1841-1869)

Devemos ao cuidadoso olhar de *don* Gunnar Mendoza (1991) a bela edição do *Álbum de paisajes, tipos humanos y costumbres de Bolivia (1841-1869)*, com aquarelas de Melchor María Mercado, e um prólogo rico em referências a possíveis caminhos de pesquisa sobre a obra, descoberta entre as joias da Biblioteca Nacional da Bolívia e guardada por ele até sua morte. Optei por seguir um desses caminhos: a análise de algumas sequências iconográficas do livro, de acordo com ritmos e leituras que poderiam ser chamados de associativos, nos quais o intuito é destacar não só o conteúdo de cada aquarela mas também sua relação com outras aquarelas e com a ordem em que aparecem no conjunto da obra. Propus essa forma de leitura do *Álbum* em virtude da importância que o autor parece ter dado ao ordenamento das aquarelas — o qual modificou mais de uma vez —, como se tivesse buscado alcançar um efeito específico, proveniente da associação entre umas e outras (algo que a percepção contemporânea poderia chamar de efeito de montagem). Nas séries cronológicas, o efeito se refere ao próprio momento de execução das obras, a partir do qual se ordenam o pensamento e a reconstrução retrospectiva que lhes dão forma.

As reflexões de Gunnar Mendoza sobre a vida e a obra do artista podem nos ajudar a apresentar o propósito deste trabalho. Ele optou por pensar em Mercado não apenas como artista, mas também como uma espécie de "destino" boliviano por excelência: marcado pela frustração, pela falta de oportunidades e por uma inevitável descontinuidade, ocasionada pelas vicissitudes de sua intensa vida política. Mendoza considerou decisivo na formação de Mercado o fato de ter sido, desde tenra idade, vítima de uma série de dramas históricos nacionais, em particular do canibalismo político. Seus sistemáticos confinamentos e sua única temporada de trabalho remunerado em um cargo público de província lhe concederam a oportunidade única de observar grupos humanos, costumes e paisagens que poucos membros das elites ilustradas da época teriam conhecido em primeira mão.

Graças ao seu cuidadoso estudo genealógico, Mendoza (1991, p. 22-5) nos permite compreender também, na trajetória de Mercado, uma série de padrões do "mestizaje colonial andino" surgidos ao longo do período colonial e consolidados por meio de uma série de práticas e instituições no período republicano. Seu próprio *Álbum* não é outra coisa senão uma demonstração eloquente desses processos de *cholificación* [tornar-se cholo] que viriam a contribuir não para a homogeneização da sociedade, mas para a multiplicação de seus estratos discriminados e excluídos (Rivera Cusicanqui, 1993a).

A situação comercial e social da Bolívia só começaria a mudar a partir da década de 1870, em cujo primeiro ano, precisamente, faleceu Melchor María Mercado. O estudo introdutório de Mendoza nos permite imaginar o que teria sido essa lenta crise do colonialismo para uma pessoa como ele. Filho de um homem *expuesto* ou *expósito*,[32] essa mácula hereditária o impediria de ser cidadão boliviano pleno, embora contasse com a proteção de um "tio" padre. Sua história é apenas uma entre as muitíssimas nas quais se desenrolou uma torrente de entrecruzamentos, formando os *abigarrados*,[33] tipos humanos cholo-mestizos[34] que Mercado retrata com riqueza de detalhes nas aquarelas dedicadas às festas e aos trajetos comerciais pelas principais estradas e cidades andinas. Habitantes do ambiente social e cultural do autor, esses tipos humanos plurais, embora fortemente hierarquizados, talvez tenham ajudado Mercado a formular uma imagem de pertença "boliviana", com a qual pudessem se identificar aqueles que vissem suas pinturas.

Mas é possível também que seu *Álbum* e seu modesto "museu", em outro sentido, ainda cumprissem a função de estimular o imaginário nacionalista das elites da república nascente, ao lhes ajudar a conceber o território pátrio como um patrimônio que deveriam catalogar, descobrir, enumerar. Benedict Anderson atribui semelhante função criadora da "comunidade imaginada" das Filipinas ao clássico da literatura nacionalista desse país: o romance *Noli me tangere*, de José Rizal.[35] Segundo o autor, isso se deveu ao fato de a "empresa

32 Criança abandonada recém-nascida. [N.T.]

33 A palavra *abigarrado* se refere a uma combinação de elementos desigual, heterogênea, sem harmonia, conforme conceito cunhado pelo sociólogo boliviano René Zavaleta Mercado. [N.T.]

34 Com a expressão "cholo-mestizos", a autora se refere aos tipos mestizos de diferentes estratos sociais, que podem se vestir à maneira indígena ou não, mas que, em geral, vivem nas cidades. [N.T.]

35 Romance publicado em 1887, durante a colonização das Filipinas pela Espanha, para descrever as desigualdades perpetradas pelos frades católicos espanhóis e pelo governo no poder. [N.T.]

capitalista de imprensa" (por meio de jornais, pasquins e romances que circularam nas etapas iniciais de formação nacional) ter instaurado uma nova percepção de espaço-tempo histórico: aquele que se desenrolava em simultaneidade ou sincronia. Esse espaço-tempo simultâneo, ao qual contribuiu tão decisivamente a formação do mercado interno da língua impressa e da cultura em geral, inauguraria um tipo de contemporaneidade condizente à ideia de nação como comunidade imaginada (Anderson, 1991, p. 26 ss. [2008, p. 55 ss.]). No caso boliviano, dada a exígua circulação de textos impressos, o papel de viajante ou explorador — assim como de preso político — poderia ter cumprido função análoga, ao brindar uma narrativa capaz de povoar de imagens humanas esse vasto e desconhecido território recém-fundado como lugar no mapa e que poucos podiam imaginar em suas reais densidade e complexidade topográficas e humanas.

Melchor María Mercado revelou em suas pinturas a complexidade dos espaços bolivianos por meio de dois grandes conjuntos: por um lado, o circuito missionário oriental [do leste] e, por outro, o espaço andino, em particular as rotas comerciais costa-Altiplano-vales-minas. Certamente deve ter desenhado muitas aquarelas mais (quantas teriam se perdido?) e descrito e narrado infinitas vezes o que viu em suas muitas viagens pelo vasto território daquela pátria incógnita que havia recebido o nome de Bolívia quando ele tinha nove anos. Ao mesmo tempo, a limitação de sua audiência e o fato de que esse *Álbum* — diferentemente das obras de d'Orbigny[36] — teve de esperar 120 anos para vir a público de modo impresso atestam

36 Alcide d'Orbigny (1802-1857) foi um viajante, naturalista e pintor de origem francesa que percorreu quase toda a Bolívia, tendo passado tempo considerável no país. [N.T.]

as dificuldades objetivas para que tais imagens pudessem se tornar uma noção compartilhada de comunidade nacional.

Mercado passou metade da vida exilado. No final de seus dias, exerceu, por um breve período, um cargo como autoridade provincial no governo de Melgarejo.[37] Essas circunstâncias, conforme sugere Mendoza, tiveram uma influência decisiva na motivação e na realização de sua dupla vocação artístico-científica, pois lhe permitiram percorrer um espaço ainda mais vasto que os confins do mapa em que se inscreveria o nome da nova nação e construir de fato aquilo que já tinham construído anteriormente os caciques, viajantes e funcionários *a lomo de mula* [em lombo de mulas] coloniais: a consciência de uma pertença e contemporaneidade que lhes permitiriam ser concebidos como "compatriotas". Isso não necessariamente queria dizer "cidadãos bolivianos". Como demonstra Rossana Barragán (1990), personagens como os retratados por Mercado não passavam, na realidade, de servos de uma república que lhes impunha pesadas cobranças de impostos (entre eles, a responsabilidade de sustentar o tesouro público) sem lhes reconhecer qualquer direito cidadão. A própria coetaneidade de seus personagens pode ser colocada em dúvida, e, nesse sentido, justamente a criação de um tempo "linear e vazio", no qual seja possível a simultaneidade, é o que a sua narrativa pictórica contesta, a contrapelo de Anderson e do próprio Rizal.

Apesar disso, são os personagens que fazem com que seu relato seja diferente. Eles povoam seu imaginário com

37 Manuel Mariano Melgarejo Valencia (1820-1871) foi presidente da Bolívia entre 1864 e 1871. Chegou ao poder por meio de um golpe de Estado e governou ditatorialmente, perseguindo opositores e despojando indígenas de suas terras. [N.T.]

preocupações intimamente ligadas a sua noção sobre o que era o país. A natureza desse construto — a "República Boliviana" — é o que chama profundamente a atenção. Assim, por exemplo, nos registros de hábitos e atividades dos habitantes andinos, Mercado não deixa de exibir uma espécie de empatia com o destino dessas populações marginalizadas. Em seu percurso da costa à selva através dos cenários do antigo caminho, chegou a Tacna e Arica pelo Pacífico, percorreu *rutas de arriería*[38] entre os vales e minas de Oruro e Potosí, explorou "armazéns de grãos" da rede urbano-mineira e chegou ao mundo missionário das planícies amazônicas. Também pintou inúmeras festas indo-mestizas que constituíam uma expressão ainda mais mesclada e heterogênea da composição humana e cultural do país.

As sequências etnográficas da obra nos mostram um sagaz estudo cultural, sensível à "compleição, à atitude, ao gestual, ao vestuário, aos hábitos" (Mendoza, 1991, p. 42) de seus personagens, em sua maioria índias e índios, cholas e cholos, mestizas e mestizos, além de uma ou outra "senhora".[39] Em toda essa primeira parte de sua obra, a intenção não é tanto artística quanto documental: um resgate de tudo o que ele considerava interno à "República Boliviana", além de tudo aquilo que se encontrava, por assim dizer, em suas "margens", em suas indefinidas e inóspitas fronteiras, povoadas por nativos que tinham a reputação de "selvagens" — mulheres fumando,

38 As *rutas de arriería* eram percorridas por pessoas no lombo de mulas ou lhamas. Até hoje, também se usa o termo *ruta de herradura* para identificar essas estradas e caminhos. [N.T.]

39 A autora considera que atualmente o termo cholo/chola refere-se a pessoas mais próximas do polo "índio", enquanto mestizo/mestiza é quase sinônimo de "branquitude". Por outro lado, a noção de "senhora" refere-se a pessoas com poder social e/ou econômico. [N.T.]

grupos de mulheres em cenas de banho coletivo, homens despidos e bem arrumados —, que seguramente estimulariam muito seu olhar de pintor. Mas essa república, que tinha estendido seus braços até a distante Amazônia, era ainda demasiado remota para o olhar centrado no âmbito andino: o do mercado, das perambulações e do trabalho semiforçado de seus habitantes falantes de aimará ou quéchua. Toda a primeira parte da obra, com exceção de uma alegoria sobre o governo (Imagem 14), corresponde a esse estilo, digamos, etnográfico, próprio de exploradores e viajantes, gênero não só científico como também literário, muito característico do período entre o final do século XVIII e o começo do XIX.[40] Também em Mercado reuniam-se os olhares científico e artístico, o registro preciso e o questionamento estético e alegórico. Isso lhe permitiu combinar imagens sequenciadas por meio de metáforas, similaridades, rupturas e transições, que se traduzem tanto no estilo quanto no conteúdo de seus quadros.

Talvez os 55 anos que Melchor María Mercado viveu e que hoje nos parecem breves não o seriam no contexto de realidades tão diferentes das atuais, como as dos nossos bisavôs no século XIX. Daí seu *Álbum* expressar a completude de uma trajetória múltipla, variada, que se realiza em um discurso plástico maduro e ainda hoje repleto de significados. A ingênua alegoria do Marechal de Ayacucho,[41] com a qual Mercado

40 A fusão entre ciência e arte já estava, além do mais, presente na tradição andina: o "Índio astrólogo poeta que sabe da volta do Sol e da movimentação das estrelas e das estações" [capítulo 5, Imagem 98] retratado por Waman Puma faz pensar em um *kallawaya* [médico] de hoje (Guamán Poma de Ayala, 1988, p. 829).

41 Antonio José de Sucre (1795-1830), o Marechal de Ayacucho, lutou pela independência de diferentes países hispano-americanos e foi o segundo presidente da Bolívia entre 1825 e 1828. [N.T.]

inicia o *Álbum*, parece dar lugar, no final de sua vida, a uma visão mais amarga, embora não menos lúcida, dos múltiplos entraves que ainda conspiravam contra a realização dessa hipótese que era a República Boliviana entre 1841 e 1869.

Nas próximas páginas, analiso três sequências do *Álbum*: a primeira é composta por tipos andinos em uma atitude de "trânsito" em direção a duas cidades-mercado: Potosí e La Paz. A segunda é uma longa sequência de igrejas-barcos-montanhas, com a qual se inicia sua fase de Sorata.[42] Finalmente, encerro o texto com a análise das últimas paisagens e alegorias pintadas em Sorata, em que o etnógrafo e o explorador dão lugar ao artista, que pinta seu entorno e reconstrói cenas retrospectivamente, já distante de qualquer intenção de produzir documentos.

OS HORIZONTES PROFUNDOS: O MERCADO INTERIOR MINEIRO

Falar da Bolívia em termos demográficos e humanos no século XIX equivalia a descrever os tipos humanos forjados no século XVIII sob o calor do mercado interior potosino, a *mit'a*[43] e o efervescente cenário ritual urbano ou interiorano. Aliás, os tipos humanos orientais [do leste do país], retratados por Mercado com a mesma prolixidade, correspondem a um circuito desse espaço central: não esqueçamos que as

42 Pequena cidade no departamento de La Paz, aos pés da Cordilheira Real. [N.T.]

43 Sistema inca de recrutamento de mão de obra para infraestrutura, plantios coletivos ou empreendimentos militares. Inspirou a *mita* colonial espanhola, que impôs aos índios um regime de trabalho forçado nas minas de prata de Potosí. [N.T.]

missões jesuíticas de Moxos[44] alimentaram o mercado interno do eixo La Plata-Buenos Aires desde antes da expulsão dessa ordem religiosa, em 1767, até um período já muito avançado do século XIX (René Moreno, 1973).

No espaço andino, destaca-se a coexistência "pluriétnica" de tipos mestizos, cholos e índios nas aquarelas dedicadas ao mercado, ao deslocamento comercial e à feira. Mas, além disso, quase todas estão reunidas em uma única sequência. Com a exceção de uma alegoria ao governo intitulada "Mundo ao revés" [Imagem 14], a sequência apresenta tipos de comerciantes que orbitam Potosí e La Paz.

A série se inicia imediatamente depois de outra, dedicada ao vasto tema da festa. A Imagem 1 descreve uma típica barraca de comida, com uma vendedora indígena atendendo um homem e duas mulheres de aspecto cholo ou mestizo. Na feira, era possível encontrar também os personagens do quadro seguinte (Imagem 2), em que se retrata um *q'ipiri*,[45] um inválido montado nas costas de um cego e uma vendedora de algum tipo de bebida alcoólica. A Imagem 3 retrata jogadores de roleta em um espaço evidentemente ferial, e, finalmente, na Imagem 4, uma mulher mestiza é vista comandando um grupo de indígenas que transporta *chicha*.[46] Essas imagens confluem no "Serro mineral" [montanha de minério] de Potosí (Imagem 5).

44 Conjunto de missões jesuíticas fundadas a partir de 1692, dando início a contínuos contatos e relações comerciais entre a população Moxo e a sociedade boliviana. [N.T.]

45 Carregadores indígenas (tanto homens quanto mulheres) de longa distância que transportavam produtos de ultramar. No caso da Imagem 2, trata-se ainda de uma relação de colaboração excepcional entre o carregador com deficiência visual e o carregado com deficiência motora. [N.T.]

46 Bebida tradicional feita de milho fermentado. [N.T.]

A centralidade do Cerro Rico[47] no conjunto cria no observador contemporâneo um "efeito de montagem" que nos permite vislumbrar uma longa história de entrecruzamentos e segregações que se estende desde o século XVI, pelo menos. Para Mercado, as distinções se baseiam principalmente no vestuário (regional, étnico, ocupacional), por meio do qual se emblematizam hierarquias sociais e de poder.

Os quadros dedicados à cidade de La Paz mostram semelhante disposição das figuras convergindo em direção à cidade andina, eixo de um circuito muito amplo, que Mercado retrataria posteriormente em seus confins até Arica e Tacna [ambas atualmente no Peru]. Em conjunto, esses circuitos articulados comercialmente sobre o mesmo mapa que outrora seguiram os "caminhos" potosinos ainda atraíam, em meados do século XIX, empresárias cochabambinas de *chicha*, *llameros*[48] de comunidades ou de *ayllus*, comerciantes indígenas especializados e uma imensa variedade de tipos urbanos, incluindo um *qhuya runa* (trabalhador mineiro). A historiografia do período colonial já nos permitiu imaginar essas cenas nos espaços urbanos, ou em inúmeros *tambos* e estradas internas que cobriam o vasto espaço do circuito ou o mercado interno mineiro (Tandeter, 1992; Glave, 1989).

Em cada aquarela, Mercado também se mostra interessado em destacar as diferenças de poder, riqueza ou hierarquia social. Em sua representação do *qhuya runa* potosino, por meio da justaposição do mineiro com uma "mestiza" e vários

47 Montanha localizada em Potosí, na Cordilheira dos Andes. Começou a ser explorada pelos espanhóis em 1545. [N.T.]

48 Carregadores indígenas, como os *q'ipiri*, mas que viajavam entre as cidades com auxílio de lhamas para o abastecimento alimentar da população majoritária dos espaços urbanos e suburbanos. [N.T.]

"índios" do local, ele nos mostra esse caminho específico de *cholificación* urbana que foi o trabalho nas minas desde fins do século XVIII (Imagem 7). O mesmo contraste oferecem as "cholas y mestizas" de Cochabamba (Imagem 8), que parecem uma confirmação *ex-ante* das hipóteses lançadas tanto por Larson, nos anos 1970, quanto por Rodríguez e Solares, nos anos 1980, a respeito do papel decisivo das unidades domésticas comandadas por mulheres para a articulação comercial entre vales, minas e cidades (Larson, 1992; Rodríguez & Solares, 1990). Ainda assim, a ideia sugerida por Rossana Barragán (1992) acerca dos fenômenos que deram lugar ao surgimento do mundo "cholo" como uma espécie de "terceira república" aparece singularmente ilustrada na Imagem 12. O pintor destaca uma notável semelhança (e até maior proximidade física e gestual) entre a mulher "índia" e a mulher "mestiza" de La Paz: suas roupas são quase idênticas (com exceção das pregas que a segunda tem na *pollera*). Significativamente, além dos sapatos, o que mais distingue a mulher mestiza é a ostentação de uma grande chave pendurada por uma corrente na cintura, como se enfatizasse que a ascensão ao mestizaje foi também econômica e levou à obtenção de certas formas de propriedade privada e riqueza pessoal. Além disso, os homens dão as costas entre si: o mestizo está acima do quadro, caminhando para a direita (esquerda pictórica), enquanto o índio está abaixo e vai em sentido oposto. A separação é reforçada ainda pelo modo radicalmente diferente com que se vestem. Quando essa situação se deu? Como é que os homens passaram a ser a síntese da aculturação e da mudança autoimposta, enquanto as mulheres — em especial, as cholas urbanas — se converteram em emblema de uma etnicidade marginalizada?

A primeira parte do *Álbum* permite também indicar vazios e ausências no conhecimento do passado boliviano. Seria muito útil uma historiografia das festas para compreender a série dedicada a estas — uma historiografia que questionasse suas múltiplas conexões com o fenômeno comercial e social nos períodos colonial e republicano. Tal como a retrata Melchor María Mercado, a festa é uma temática absolutamente afim e contígua ao mercado: não só seus personagens se misturam com os transeuntes a caminho de suas obrigações como nela se observa o mesmo *abigarramiento* étnico, as hierarquias sociais e as direções divergentes tomadas pelos personagens. Tudo isso remete àquela progressiva e contraditória transformação cultural a que o mercado dá origem, ao mesmo tempo reforçando as identidades segregadas herdadas e lhes concedendo novos cenários de autotransformação. As festas retratadas por Mercado têm uma marca católica e mestiza, mas os personagens e a simbologia indígenas estão sempre presentes, seja dominando o grupo de dança (bailarinos, *waka tuquris*), seja participando dela como uma figura a mais. Embora muitos desses personagens tenham desaparecido, hoje, assim como no século XIX, a festa proporciona a oportunidade de subverter os rígidos papéis estamentais observados na vida cotidiana. Paradoxalmente, são as fantasias que possibilitam uma convivência entre castas, bloqueada cotidianamente por fronteiras de vestuário, fala e gestual que costumam ser quase impossíveis de atravessar.

O elemento articulador da sequência pode ser uma visão histórica e regional do espaço como cenário de trajetos comerciais, povoações humanas e paisagens conhecidas há séculos. É curioso notar que Mercado não tenha incluído Sucre — sua cidade natal — no *Álbum*, preferindo discorrer sobre o circuito que deu força ao eixo La Paz-Oruro e suas ramificações até a costa e o *hinterland* [interior] mineiro. A própria forma de mostrar as cidades de Potosí e La Paz (imagens 5 e 11) é imbuída de certo misticismo: por um lado, há a imagem imponente e triangular do Sumaq Urqu [Cerro Rico de Potosí] que se estende sobre a cidade mineira; por outro, uma vista espetacular do Illimani [montanha de La Paz], embora tenuamente marcada a partir da Alameda. O conjunto nos remete a uma espécie de Arcadia colonial, que Mercado enfatiza sutilmente. No entanto, também faz troça de toda essa construção em sua alegoria do "Mundo ao revés", em que mostra um arado puxado por dois homens e conduzido por um boi ao som de uma música indígena (Imagem 14). Uma imagem muito pacenha, com a qual ridiculariza o poder político regional na república nascente.[49]

49 Aqui discordo de *don* Gunnar, para quem esta aquarela seria uma sátira aos latifundiários. O tom da série dá a entender que, em La Paz, a fonte do poder parecia estar "ao revés", uma estrutura colonial montada ou imposta sobre uma frágil estrutura republicana. Nesse sentido, não poderia ser mais expressivo o contraste entre a aquarela que antecede e a que sucede a alegoria (imagens 13 e 15).

Imagem 1 — Vendedora e outros tipos populares (Potosí).

Imagem 2 — Cego e inválido e outros tipos populares (Potosí).

Imagem 3 — A roleta.

Imagem 4 — Transporte de *chicha*.

Imagem 5 — “República Boliviana. Potosí. Serro Mineral.”

Imagem 6 — “República Boliviana. Potosí. Índios de Porco e Chayanta. Chola.” [Porco é um município e Chayanta, uma província de Potosí. — N.T.]

Imagem 7 — "República Boliviana. Potosí. Qhuya runas. Mestizos e índios." (Cópia de Alcide d'Orbigny.)

Imagem 8 — "República Boliviana. Cochabamba. Cholas e mestizas."

Imagem 9 — "República Boliviana. Oruro. Challapateños [naturais de Challapata]."

Imagem 10 — "República Boliviana. Oruro. Aguadero. Solilunita. Senhora." [Solilunita é um personagem do folclore de Oruro. — N.T.]

Imagem 11 – “República Boliviana. La Paz. Illimani.”

Imagem 12 – “República Boliviana. La Paz. Índios. Mestizos.”

Imagem 13 – “República Boliviana. La Paz. Fonte da praça.”

Imagem 14 – “República Boliviana. La Paz. Mundo ao revés.”

Imagem 15 — "República Boliviana. La Paz. Caricari. Callaguayos. De misa de niño."

Imagem 16 — "República Boliviana. La Paz. Senhoras. Cholas." (Cópia parcial de Alcide d'Orbigny.)

SIMBOLOGIA E ICONOGRAFIA DO PODER

Além do bem e do mal, solitárias e incólumes em sua brancura, representações de igrejas, barcos a vela e montanhas se sucedem em série, dando início à "fase de Sorata" de Melchor María Mercado. O que caracteriza quase todas as aquarelas dessa fase é a ausência de figuras humanas. Toda a série é datada do período entre 2 e 19 de outubro de 1868, no que talvez constitua a sua etapa de trabalho mais intensa. Doze desses quadros representam igrejas da Bolívia e do Peru; três, ***apachitas*** de ambos os países; duas são cenas marinhas; e uma é dedicada à construção de prédios públicos em Tacna.

A ordem interior da sequência segue uma lógica de associações que parece orientada pela intenção de representar, de várias maneiras, a simbologia do poder político no cenário regional compartilhado pelas três nações: Bolívia, Peru e Chile. Em algumas aquarelas (imagens 20, 23, 26), os quadros estão pouco trabalhados na parte inferior; na Imagem 20 — em que a torre está desenhada com precisão —, o pórtico de entrada flutua no vazio, pois o autor deixou de desenhar a fachada principal do edifício.

Se observarmos a sequência completa, perceberemos que, em geral, a linha do horizonte superior lhe interessa especialmente. Isso se dá tanto com as igrejas quanto com as montanhas, e inclusive com o coreto de Tacna. Além disso, nas três aquarelas arquitetônicas, tremulam bandeiras peruanas no alto das edificações. Nas aquarelas com temas marinhos, também encontramos bandeiras, embora retratadas de modo mais realista. Tudo isso permite transpor diferentes símbolos entre as séries interiores que compõem a sequência. A própria unidade de todo o exercício é dada por seu início e seu fim: no começo, as igrejas de Ayo Ayo e Sica Sica, e, ao final, as de Calamarca e Viacha. Parece que a digressão sobre o mar e os poderes relativos do Peru e da Bolívia foi feita com base em um "coração" produtivo e social: a estrada central La Paz-Oruro, ladeada por uma sucessão espetacular de igrejas e montanhas.

O nexo simbólico entre igrejas e montanhas talvez não pareça estranho a um observador andino: é sabido que, no norte de Potosí e Oruro, as torres das igrejas (torre Mallku) são explicitamente associadas aos cumes das principais montanhas veneradas na região, e ambas são cenário de rituais, libações e embandeiramentos. Nessas aquarelas, no entanto, acontece uma radical transposição de sentido. Existe um tom nacionalista e conservador no conjunto, que se destaca por meio de bandeiras, principalmente peruanas. Em toda a sequência, Bolívia e Peru parecem fazer parte de uma unidade maior, articulada pela mesma cordilheira e por séculos de história colonial compartilhada. A visão das *apachitas* da cordilheira como emblemas nacionais e símbolos de autoridade e poder político se insere, assim, em uma imagem nacional que só é possível por meio das funções autocráticas da igreja e do estado,[50] cuja fonte de poder estaria, então, para além da história. A reflexão não é alheia a uma longa tradição oligárquica ilustrada de telurismo que procurou converter os ***achachilas*** andinos em fontes de poder republicano.

A sequência se desdobra então em séries: torres-bandeiras, veleiros-montanhas. Parece que Melchor María Mercado buscava compartilhar com o público uma reflexão sobre as fontes de soberania e de poder nas três jovens nações. A Imagem 25 retrata barcos em proporções realistas, mas o barco a vela peruano é menor e mais antigo que sua contraparte, um barco

50 No texto original, a autora se refere ao "Estado" com letra minúscula em diferentes passagens. O mesmo se aplica a outros vocábulos como "Exército", "Segunda Guerra Mundial", "Coroa" etc. [N.E.]

a vapor de bandeira chilena. Essa parece ser a real dimensão dos poderes que ameaçam se enfrentar. De outro lado, representações das montanhas aparecem com uma paupérrima imagem da presença boliviana no Pacífico: na Imagem 28, sob o enigmático título "Barca de quinoa. Creta", uns casebres e uma precária armação de madeira sobre barris mostram o poder naval mais exíguo de todos, em contraste com a magnificência das imagens das montanhas. A centralidade da Imagem 25, em que os barcos do Chile e do Peru aparecem entre múltiplos barcos a vela, é enfatizada pela presença contígua de duas igrejas-sentinelas embandeiradas, a de Tacna e a de Arica.[51] Parece que, dez anos antes da Guerra do Pacífico (1879-1883), Mercado imaginou Bolívia e Peru sob a ameaça de um conflito latente, que pairava sobre as paisagens e populações retratadas em seu *Álbum*. A estereotipada representação das bandeiras peruanas (imagens 19, 24, 26) e o exagero em suas dimensões veiculam uma ideia obsessiva de soberania, ou o anseio por algum poder protetor que permitisse ao Peru manter a integridade de seu território. As imagens das montanhas cumprem uma função semelhante no que diz respeito à Bolívia: emblema protetor de uma herança ameaçada; razão de ser da comunidade imaginada da Bolívia, inscrita em um passado anterior à história.

O efeito de montagem não pode ser esquecido aqui. Não apenas a ordem dos desenhos mas também a semelhança no tratamento e no manejo do traço e das linhas nos leva a outros

51 A perda de ambas as províncias, anexadas ao Chile, afetou tanto o Peru quanto a Bolívia, segundo Mercado. (Posteriormente, Tacna seria reincorporada ao Peru.) Além da derrota da Confederação Peru-Boliviana, em 1839, o exército boliviano também sairia perdedor da Guerra do Pacífico, em 1881. [N.T.]

significados, imperceptíveis se observarmos os quadros individualmente. Se tivéssemos de nomear esse significado, poderíamos falar — como no filme *Kagemusha, a Sombra do Samurai* (1980), de Akira Kurosawa — de uma simbologia e uma iconografia do poder (lá imperial, aqui republicano) que traduzem não apenas as percepções e os desejos do autor, mas também a tensão simbólica e as desigualdades de poder naval e terrestre entre três países que, uma década depois, entrariam em guerra para (re)definir os limites de seus respectivos territórios. Melchor María Mercado expressa esses conflitos em seu imaginário da nação boliviana. A precariedade do poder republicano, do mesmo modo que a não coetaneidade de seus tipos humanos (que não parecem viver em um mesmo tempo) e a não continuidade entre o mercado interno do país e suas fronteiras administrativas serão entraves contundentes a seu anseio de imaginar uma comunidade viável e contínua — em tempo e em espaço — nesse lugar do mapa chamado Bolívia. Paradoxalmente, isso acabaria distanciando, de modo radical, a postura de Mercado daquela que, segundo Anderson, caracterizará narrativas como a de Rizal — ou de Fernández de Lizardi em *El periquillo sarniento*.[52]

Voltemos uma última vez ao tema do poder político. Talvez a sequência igrejas-barcos-montanhas ofereça também o percurso por uma espécie de "coluna vertebral" da Bolívia, cenário em que tais continuidades seriam possíveis como ancoragens de uma imagem viável de nação. A evidente inclinação do pintor em retratar o circuito pacenho costa-Altiplano-minas

52 Tido como o primeiro romance hispano-americano, é considerado a obra-prima do escritor mexicano José Joaquín Fernández de Lizardi, publicado em 1816, durante a Guerra da Independência do México. [N.T.]

anuncia, de modo muito estranho, a resolução que viria a ter uma guerra ainda mais distante para ele que a do Pacífico: a contenda entre liberais pacenhos e conservadores chuquisaquenhos de 1899. E aqui podemos perceber um novo paradoxo em Melchor María Mercado. Diferentemente da sequência anterior, sua leitura das fontes do poder republicano tem uma base conservadora: o poder estatal aparece indissoluvelmente vinculado ao poder da igreja, a tal ponto que, no caso de Arica e Tacna, este representa a soberania daquele. A inclusão da série de montanhas projeta esses significados nas deidades andinas e as dota de uma aura representacional igualmente conservadora e poderosa. Um século depois, já no interior de uma mudança de pensamento marcadamente progressista, Jaime Mendoza viria a propor "El macizo boliviano"[53] como a coluna vertebral e a razão de ser profunda e integradora dessa entidade tantas vezes desmembrada chamada Bolívia. Nessa linha de pensamento, o paradoxo que Mercado viveu entre uma visão conservadora do poder político e uma visão progressista da economia e das relações comerciais parecia ter sido resolvido, enfim, em uma espécie de programa, pelo qual as elites bolivianas — entre a Guerra do Chaco[54] e a Revolução de 1952 — imaginariam a nação como um conjunto homogêneo de populações coetâneas, unidas por cordilheiras, estradas e mercados.

53 Ensaio publicado em 1935 por Jaime Mendoza, adepto do determinismo geográfico. Segundo sua interpretação, o fator de coesão da Bolívia como país seria o imponente maciço dos Andes. [N.T.]

54 Disputa entre Bolívia e Paraguai pelos territórios do Chaco Boreal, ocorrida entre 1932 e 1935. A derrota boliviana resultou em mais de cinquenta mil mortes, a maioria de soldados indígenas. [N.T.]

Imagem 17 — Igreja de Ayo Ayo.

Imagem 18 — Igreja de Sica Sica.

Imagem 19 – "Rotatória do Prado de Tacna. Ponte de uma peça de id. Assento de id. id. Guarita."

Imagem 20 – Igreja sem nome. Vila de Esquivel. Sorata (?).

Imagem 21 — “Popo.”

Imagem 22 — Vila de Esquivel. Sorata (?).

Imagem 23 — Vila de Esquivel. Sorata (?).

Imagem 24 — "Peru. Igrejas de Arica."

Imagem 25 — “Peru. Cais de Arica.”

Imagem 26 — “Igreja de Tacna.”

Imagem 27 — "Igreja de Tacna."

Imagem 28 — "Barca de quinoa. Creta."

Imagem 29 — “Tunari visto do terraço do Palácio de Cochabamba.” [Tunari é uma montanha de Cochabamba. — N.T.]

Imagem 30 — Sajama. *Apachitas.* [Sajama é o pico mais alto da Bolívia, na Cordilheira dos Andes. — N.T.]

Imagem 31 — “Peru. Tacora.”

Imagem 32 — “Calamarca.”

Imagem 33 — Igreja sem nome. Vila de Esquivel. Sorata (?).

Imagem 34 — "Viacha."

UMA REFLEXÃO SOBRE A FELICIDADE E A RAIVA: OS ÚLTIMOS QUADROS DE SORATA

A sequência de igrejas-*apachitas* é sucedida por uma série etnográfica, de traço mais conciso e estilizado, em que aparecem personagens próprios do percurso e do mercado vale-*puna*,[55] mas em conjuntos humanos muito mais homogêneos (imagens 35-9). É possível dizer que, a partir daqui, seu estilo deixa de ser *naïf* e se torna mais moderno e expressivo, mas ainda sem abandonar a intenção descritiva. Por fim, a etapa de Sorata culmina em uma série de paisagens da própria localidade, que se entreveem com a representação de uma dança autóctone e duas cenas de tipo alegórico (imagens 43-5).

A série de paisagens dedicada a Sorata (imagens 40-2, 46-7) conclui o giro estilístico e de motivações experimentado por Mercado ao longo de sua vida. Se nas sequências de festas, mercado interno e igrejas-montanhas o autor teve a atitude de descrever e documentar, ao se aproximar do fim da vida passa a se dedicar à exploração de paisagens mais íntimas, pelas quais expressava também imagens éticas e estéticas do nacional. Nessas aquarelas, o olhar de Mercado começa a povoar o solo que habita com a representação de rios, árvores, pontes, *chacos*, plantações. As casas e igrejas se integram, entre si e com a paisagem circundante, amparadas por dois cumes espetaculares: o Illampu e o Ancoma.[56] Mas, diferentemente das *apachitas* retratadas no início de sua estadia em

55 *Puna* é planalto de alta montanha, típico da área central da Cordilheira dos Andes. Nesse caso, pode ser traduzido como "vale-planalto". [N.T.]

56 Localizados na porção setentrional da Cordilheira Real, a leste do Lago Titiqaqa. [N.T.]

Sorata, nessa ocasião a montanha integra uma paisagem dominantemente humana e produtiva, onde nem sequer está presente a igreja (Imagem 40), ou onde esta se encontra de modo discreto (Imagem 42). Assim, Sorata, que poderia ter lhe proporcionado a confirmação mais vívida do poder iconográfico de montanhas e igrejas, acabou lhe permitindo a reconstrução de uma paisagem integrada, presente apenas excepcionalmente em seu trabalho anterior.

A sensação de ordem e prosperidade que emana desses quadros talvez se deva ao modesto bem-estar experimentado por Melchor María Mercado na etapa de Sorata, onde viveu durante um breve intervalo, atuando como funcionário público. Dos escassos dados de sua história, assim como dessas paisagens, depreende-se sua fundamental conformidade com a ordem senhorial das coisas. No entanto, mais que prosperidade material, as paisagens de Sorata retratam uma paz e um bem-estar interiores que remetem ao amadurecimento de sua obra e de sua trajetória.

Que mistérios se escondem na vida desse homem, para que a série de paisagens idílicas de Sorata se veja brutalmente interrompida por duas alegorias sobre os pecados capitais (imagens 44-5), em que parece despejar toda a amargura inconsciente sobre sua própria origem e identidade, possível vítima de vilezas materiais, ou amigo contumaz do álcool?

Ainda é possível imaginarmos Mercado como um *p'ajpaku*[57] itinerante, que ia de bar em bar contando suas histórias e expondo as curiosidades que conhecia. Sabendo que, no final das contas, a pátria é apenas um punhado de imagens queridas, o artista parecia ter encontrado em Sorata um lugar

57 Termo coloquial pacenho para se referir ao vendedor ambulante que oferece produtos de curas milagrosas e duvidosas. [N.T.]

de repouso, que lhe permitia dar liberdade a sua imaginação e trabalhar intensamente em uma espécie de nomadismo retrospectivo. Esse trajeto se transforma narrativamente no eixo do conflito, integrando os mesmos motivos pictóricos em campos de significado totalmente diferentes. Assim, as igrejas e montanhas pintadas em outubro de 1868 se erguem autoritárias, por cima do artifício humano, e se comparam abertamente com uma sucessão de montanhas das cordilheiras. Um mês depois, as igrejas foram integradas à paisagem do povoado tradicional, no sopé do Illampu. Talvez esse gesto de retorno à sua íntima sensibilidade como pintor lhe tenha permitido finalmente resolver conflitos e tensões que acompanharam as suas reflexões iniciais sobre o poder político na Bolívia. Pessoas, paisagem e arquitetura se fundem, por fim, em um todo orgânico, em uma ordem social imaginada, que inaugura uma comunidade de seres coetâneos.

O fato de a série ser interrompida por amargas visões alegóricas de advogados e padres remete possivelmente à instabilidade de tais aspirações. Essas alegorias cruéis permitem conjecturar quão precária e carregada de conflitos era a sua imaginação da Bolívia, e quão paradoxal era a função do *Álbum* enquanto narrativa capaz de suscitar, em seus contemporâneos, a imagem compartilhada de pertencimento a uma (mesma) nação.

Imagem 35 – “Llameros.”

Imagem 36 – “Ilacata. Índios.”

Imagem 37 — "***Pongo***. Mitani. Ilacata."

Imagem 38 — "Índia da puna. Alcalde. Cholita de segunda."

Imagem 39 — "Chatripule. Chuncho. Caricari."

Imagem 40 — "Zorata."

Imagem 41 – “Sorata.”

Imagem 42 – “Sorata.”

Imagem 43 — “Sicuri. Guacatocora.”

Imagem 44 — “Os pecados capitais.”

Imagem 45 – “Os pecados capitais.”

Imagem 46 – “Ponte.”

Imagem 47 — "Sorata."

Histórias alternativas: um ensaio sobre dois "sociólogos da imagem"[58]

O primeiro fundamento metodológico da ideia de "histórias alternativas" é que sua simples enunciação nos remete à pluralidade de significados que a história pode ter, conforme os sujeitos que a "fazem", a narram ou a sofrem. Na cultura boliviana moderna, essa pluralidade se manifestou em diversos formatos não escritos, incluindo o relato oral, o desenho, a pintura, a fotografia e o cinema. Em uma sociedade colonial e *abigarrada* como a boliviana — com uma porcentagem de população indígena superior a 60% e uma grande parcela de falantes de quéchua, aimará, guarani ou besiro,[59] entre muitas

58 Este capítulo é uma versão atualizada e corrigida de uma comunicação apresentada no Seminario Historias Alternativas y Fuentes No Escritas, evento sul-sul que aconteceu em La Paz em 1997, com promoção conjunta de South-South Exchange Programme for Research on the History of Development (SEPHIS) e THOA, organizado por Silvia Rivera Cusicanqui e Ana Rebeca Prada.

59 Besiro é uma língua do leste da Bolívia e do oeste do Brasil, falada por diversas comunidades conhecidas pelo nome genérico de chiquitos ou chiquitanos. [N.T.]

outras línguas —, as imagens têm tido papel determinante na comunicação intercultural: são uma linguagem multiplicadora de códigos e mensagens tácitas que se desdobram em múltiplos sentidos, sem formar um trajeto retilíneo e unidimensional. Um exemplo entre muitos é o das pinturas coloniais do barroco andino, criadas pela igreja durante a contrarreforma como um meio de converter os índios ao catolicismo, mas que, ao se integrarem aos rituais agrícolas e às festas patronais, foram reinterpretadas de um modo autônomo e até subversivo (Rivera Cusicanqui & El Colectivo 2, 2010). De fato, existe nos Andes uma longa tradição de teatro social, assim como de pintura, *tejido* e outros modos de comunicação visual que configuram um cenário comunicativo ao qual a academia deu pouca atenção. Da mesma forma, as leituras da obra do cronista Felipe Guamán Poma de Ayala (Waman Puma), falante de quéchua, se centraram em valorizar suas contribuições à etno-história ou à semiótica do mundo andino, sem se deter no esforço do autor em traduzir, comunicar e se fazer entender. Afinal, *El primer nueva corónica y buen gobierno* é, sobretudo, uma carta ao rei da Espanha, documento de mais de mil páginas e centenas de desenhos, com o qual espera abrir os olhos do soberano às penúrias impostas às sociedades andinas pelo mau governo de vice-reis, *corregidores*[60] e doutrinadores, que Waman Puma percebe como um "mundo ao revés" (Guamán Poma de Ayala, 1988).

Neste ensaio, proponho uma análise retrospectiva do uso de meios visuais nos séculos XIX e XX, através de filmes e pinturas de dois autores: o cineasta Jorge Sanjinés e o pintor-explorador e político Melchor María Mercado, procurando

60 Funcionário colonial que governava a população das cidades e províncias rurais. [N.T.]

compreender seus complexos modos de narração e representação, os quais, por sua vez, foram marcados pela história social de sua época. Sugiro entender o trabalho de ambos como uma "sociologia da imagem", dado que não são simplesmente uma cópia ou *analogon* da realidade (Barthes, 1995 [1990]), mas uma interpretação da sociedade da época em que viveram, em suas dimensões *abigarradas* e conflitivas. Embora esses autores estejam separados por quase um século, suas obras consistem em representações ou "leituras" visuais das realidades sociais que testemunharam, em que os gestos e palavras das pessoas falam da natureza não coetânea da sociedade e dos diversos horizontes de memória e identidade que seus atos revelam. Tanto Sanjinés quanto Mercado se nutriram de fontes orais e realizaram formas não convencionais de pesquisa etnográfica. Mas, enquanto Sanjinés trabalhou em plena "era da reprodutibilidade técnica" (Benjamin, 1978b [1985]) e seus filmes contaram com ampla circulação nacional e internacional, a única obra de Mercado que chegou até nós, o *Álbum de paisajes, tipos humanos y costumbres de Bolivia (1841-1869)*, sequer foi publicado em vida pelo autor: veio à luz apenas em 1991, graças ao trabalho diligente de *don* Gunnar Mendoza. Pareceria fora de lugar qualquer tentativa de comparação entre essas obras no que se refere ao impacto comunicativo que tiveram sobre seus contemporâneos. Mas é relevante tratá-las de um ponto de vista sociológico, na medida em que a etnografia, a imaginação e a oralidade foram integradas tanto nos filmes de Sanjinés como nas pinturas de Mercado, percorrendo caminhos paralelos de interpretação e compreensão da sociedade, em um gesto que segue válido para iluminar o nosso presente.

Ambos os autores são membros da elite letrada mestizo-criolla: Mercado nasceu na cidade de Sucre (que, no século XIX, era a capital da República) e Sanjinés, no século XX, em La Paz (sede dos poderes executivo e legislativo), onde vive atualmente. O discurso iconográfico de ambos dá ênfase especial à iniciativa cultural e à ação coletiva das populações indígenas e cholas, que são as principais protagonistas de seus trabalhos. Nos filmes de Sanjinés, é possível observar a marca de uma "observação participante" altamente politizada e comprometida com a luta contra as ditaduras dos anos 1960-1980.[61] É também notável o uso de formatos de pesquisa preparatória — relatos orais, fotografia, filmes, documentários — como ferramentas de reconstrução e teorização da sociedade boliviana, percebida como um espaço onde proliferam formas coloniais de dominação e organização da sociabilidade cotidiana. Essas ideias seriam apresentadas de modo mais elaborado alguns anos mais tarde, no filme *A Nação Clandestina* (1989).

No *Álbum* de Melchor María Mercado, a experiência de prisão e banimento para fronteiras distantes da Bolívia o fez se converter à força em um sagaz "observador participante", e assim pôde expressar um olhar sobre o país que teria sido inacessível para a míope elite letrada que vivia nas cidades. Em suas alegorias, Mercado reflete sobre a natureza frágil e ilegítima do poder político na jovem república, que continuava fundado na hipocrisia e na segregação social, e na qual uma minoria letrada detinha a propriedade, o poder e a autoridade, enquanto a maioria da população era obrigada a trabalhar e obedecer.

61 É o caso do ciclo que vai de *A Coragem do Povo* (1971) até *As Bandeiras do Amanhecer* (1983).

O CICLO DE TESTEMUNHO NOS FILMES DE JORGE SANJINÉS

Nosso interesse pelas fontes não escritas começa nos anos 1970, quando vivíamos uma espécie de silêncio coletivo durante a ditadura do coronel Hugo Banzer (1971-1978). Em La Paz, só se podia falar publicamente com alguma liberdade por meio de formas codificadas e metafóricas do aimará. Assim, a oralidade tornou-se um meio crucial para confrontar as distorções informativas e a censura impostas pelo governo. Nesses anos, vieram à luz dois livros de grande impacto político: a pesquisa documental *La Masacre del Valle*[62] e a autobiografia de Domitila Chungara,[63] *Si me permiten hablar*, assinada por Moema Viezzer. Ambos circularam amplamente e contribuíram para a consciência pública sobre as ações repressivas do governo e suas profundas consequências políticas (Comisión de Justicia y Paz, 1975; Viezzer & Barrios de Chungara, 1976). Apesar da mediação autoral em ambos os livros, neles é possível ouvir de modo direto o sentido de realidade das vozes subalternas, que foram testemunhas e protagonistas de um momento crítico da história boliviana. Trata-se de vozes particulares, enraizadas

62 O livro versa sobre o episódio conhecido como Massacre do Vale. Em 29 de janeiro de 1974, revoltados com as medidas econômicas de Banzer, que afetavam o preço de artigos de primeira necessidade, camponeses de Cochabamba mobilizaram diversos pontos de bloqueio ao longo do departamento, sob o lema "Morir a bala antes que de hambre". O Exército foi enviado para "conter" a insurgência camponesa e executou inúmeros manifestantes, que estavam desarmados. [N.T.]

63 Domitila Barrios de Chungara (1937-2012) foi uma importante liderança popular boliviana. Uma das fundadoras do Comitê de Armas de Casa, Domitila foi ativista também em prol dos direitos dos mineiros e da luta contra o imperialismo de modo geral. [N.E.]

em experiências locais e circunscritas. O relato de Domitila revela o ponto de vista de uma dona de casa que vive no coração da economia capitalista estatal — as minas nacionalizadas em 1952 —, enquanto a documentação sobre o Massacre do Vale de 1974 nos fala a partir dos corpos feridos e mutilados de suas vítimas. Um conjunto de fotografias e documentos escritos e orais revela o que as fontes oficiais procuravam calar: o governo só reconheceu 13 mortos, 10 feridos e 21 detidos, aos quais acusou de serem "extremistas estrangeiros". A Comissão de Justiça e Paz, um organismo de direitos humanos vinculado à igreja católica, calculou que foram, pelo menos, 80 mortos e mais de 100 feridos, todos camponeses falantes de quéchua das comunidades de Tolata, Epizana e Melga, que receberam o impacto das balas disparadas dos tanques e caminhões enviados pelo governo para "dialogar" com os manifestantes e "pacificar" o protesto (Rivera Cusicanqui, 2003c).

Domitila Chungara e muitos outros dirigentes populares, assim como os camponeses mortos no Vale de Cochabamba, reaparecem em alguns filmes de Jorge Sanjinés. Uma das fotografias que ilustraram o relatório sobre *La Masacre del Valle* pode ser vista como encenação ficcional em uma das primeiras sequências de *A Nação Clandestina*. A cena nos transmite esse sentimento de horror e impotência que exala a história das ditaduras em nosso país ao mostrar o corpo de um homem resgatado do tiroteio, carregado em um cobertor por seus companheiros. A solidariedade desse gesto poderia ser interpretada como uma disputa sobre a verdade histórica: ao terem seus corpos recuperados, as vítimas de um massacre podiam não apenas ser veladas e enterradas por familiares como também registradas pelas comunidades e organizações de direitos humanos. No caso de Domitila, o filme *A Coragem do Povo* (1971) se baseia na reconstrução de seus depoimentos sobre a situação vivida nas minas de estanho nacionalizadas durante a ditadura do general René Barrientos (1964-1965 e 1966-1969) e ganha a forma de um drama social em que o Massacre de San Juan (24 de junho de 1965) é encenado pelos sobreviventes e familiares das vítimas. Diante das câmeras, eles revivem a brutal repressão sofrida durante a trágica noite do Dia de São João e os episódios subsequentes de violência estatal e resistência de trabalhadores, o que culminou no apoio de algumas parcelas do sindicalismo mineiro às ações guerrilheiras de Che Guevara em Ñancahuazú, em 1967. Mas Domitila e as dirigentes do Comité de Amas de Casa também desafiam, por meio de suas vozes e ações, a visão masculina da identidade social mineira, imprimindo uma marca de humanidade e dignidade a sua luta por sobrevivência física e cultural. A versão iconográfica de Sanjinés é então uma reconstrução — mediada por sua voz autoral — da memória coletiva de diversos segmentos das populações mineiras, tal como forjada pela oposição às ditaduras de Barrientos e Banzer. Os significados plurais da história são recriados por meio de um contraponto entre vozes de homens e mulheres, operários e camponeses, trabalhadores formais e informais, que, longe de se integrar em uma visão linear e progressiva da história, permanecem como fios soltos de um tecido incompleto, que será terminado de tecer pelo espectador.

Em *As Bandeiras do Amanhecer* (1983), um longa-metragem documental, Sanjinés convoca novas vozes oriundas dessa "nação clandestina", sobre a qual refletirá posteriormente no filme de mesmo nome. Trata-se de uma espécie de "épico da democracia", que articula conflitivamente o passado em uma variedade de versões, construindo um mapa cognitivo complexo que desafia a inevitabilidade da morte. A valentia das multidões que aparecem em *As Bandeiras do Amanhecer* dá continuidade ao ciclo histórico iniciado com *A Coragem do Povo*. Os temas da morte e da prisão do passado retornam de modo mais evidente em *A Nação Clandestina*, um filme de ficção que reflete de forma aguda sobre a natureza do tempo histórico. Nesse trabalho, Sanjinés nos oferece uma leitura do passado, "não como algo morto e desprovido de funções de renovação", mas como um tempo "reversível", isto é, um "passado que pode ser futuro" (Mamani Condori, 1992). Através do percurso do personagem principal, Sebastián Mamani — que retorna à sua pequena comunidade depois de ter tentado por anos construir uma vida na cidade grande —, o filme narra, em uma trama paralela, a recuperação da memória e a dor do exílio. Boa parte do tempo narrativo mostra Sebastián caminhando entre a cidade e sua comunidade no Altiplano, levando nas costas uma enorme máscara de Danzante, que sugestivamente olha para trás (*qhipha*), ou seja, para o futuro. Essa máscara lhe servirá para realizar o Danzante, uma dança ritual da morte, com a qual espera se reconciliar com sua comunidade, de onde fora expulso devido à traição e aos atos imorais que cometeu na cidade. Durante a viagem, o protagonista transita da atmosfera caótica e violenta de um bairro suburbano até sua família e sua comunidade. Por meio de sucessivos flashbacks, Sanjinés reconstrói os fatos passados que levaram o protagonista a tomar a decisão de morrer dançando. Nesse cenário, a memória não consiste em um ato de nostalgia, mas em uma libertação e um despertar da vida alienada na cidade, onde, por muito tempo, renegou suas origens aimará, mudando até mesmo o seu sobrenome. O provérbio aimará "Qhipnayra uñtasis sarnaqapxañani" [Olhando para trás e adiante (ao futuro-passado), podemos caminhar no presente-futuro] expressa essa percepção radicalmente diferente do tempo histórico, pela qual a imagem de Sebastián, caminhando com uma máscara que olha para trás a fim de se encontrar consigo mesmo no futuro de sua própria morte, condensa o aforismo de forma eloquente e precisa. A recuperação da consciência e o renascimento que experimenta no processo de retorno à comunidade terminarão com uma frenética dança, na qual morrerá, em uma espécie de autossacrifício humano que permite reordenar o tempo e restaurar o ciclo da vida coletiva. A interpretação sociológica de Sanjinés sobre o tempo histórico nos Andes possibilita, então, questionar a ideia de progresso encarnada na história oficial, tanto em sua versão oligárquica quanto nacionalista (René Moreno, 1973; Fellman Velarde, 1970). Ao filmar a experiência descentrada das comunidades indígenas na Bolívia contemporânea, Jorge Sanjinés revela as marcas de um passado colonial não digerido e os "momentos de perigo" vividos por essas sociedades, que lutam para validar suas tradições ancestrais como caminhos viáveis rumo a um futuro livre de opressão. Esse desejo se vê permanentemente ameaçado pelo olhar oficial e pela repressão estatal, que as condenam à morte e ao apagamento da história (Benjamin, 1978a [1985]).

Para Recibir el Canto de los Pájaros (1995) pertence ao gênero alegórico, que não tem sido muito visitado na filmografia boliviana contemporânea. É bastante típico dos dramas (autos sacramentais, espetáculos de caráter religioso) e peças de teatro-dança que ainda são encenados em muitas comunidades e povoados do país. Nesse sentido, trata-se de um filme muito original, que provocou uma série de críticas e controvérsias, talvez porque se proponha a refletir sobre as formas sutis de endorracismo que imprimem sua marca na vida cotidiana da intelectualidade criollo-mestiza. O filme pinta o cruel retrato da dupla moral de uma equipe de cineastas que trabalha em uma comunidade de Charazani [capital da província de Bautista Saavedra, no departamento de La Paz] — a terra dos famosos curandeiros itinerantes Kallawaya —, onde estão filmando um roteiro de ficção que reconstrói o épico da conquista espanhola e a derrota e morte do Inka [imperador]. Nesse processo, a equipe de cineastas acaba se comportando como os conquistadores, manifestando os mesmos preconceitos, violência simbólica e racismo internalizado que seu trabalho de ficção pretendia criticar.

Esse tratamento alegórico do enredo também esteve presente em *A Nação Clandestina*, especialmente em uma trama secundária em que um estudante, fugindo da polícia, tenta encontrar refúgio no campo, na casa de uma família falante de aimará. Incapaz de se comunicar com eles, o estudante esquerdista, que supostamente luta pela libertação do povo, por fim é alcançado pelas balas, pouco depois de expressar sua raiva e frustração com uma frase tipicamente racista: "Índios ignorantes, estúpidos". O fato de vestir uma camisa branca esfarrapada e pedir roupa emprestada para se proteger de seus perseguidores acrescenta matizes à alegoria, já que a palavra aimará com a qual se designa a minoria opressora branco-mestiza é ***q'ara***, literalmente, "nu". A irrealidade da cena é indicativa do tratamento alegórico: na vida real, a nenhuma pessoa de classe média e esquerdista ocorreria fugir da repressão buscando refúgio no Altiplano aimará.

Em *Para Recibir el Canto de los Pájaros*, a alegoria vai além, ao longo de uma série de tramas secundárias que refletem a desconfiança e a segregação interna à equipe de cineastas — um grupo aparentemente homogêneo — e seus preconceitos e atitudes racistas em relação aos membros da comunidade indígena que trabalham como figurantes ou lhes concedem hospitalidade em sua terra. A disparidade perceptiva e ideológica entre sujeito e objeto, ficção e realidade, masculino e feminino, habitantes urbanos e camponeses indígenas, assim como o confronto mais sutil entre cineastas cholos e blancones,[64] é tratada como uma espécie de jogo de espelhos, em que cada situação se dá em paralelo e metaforiza as outras, construindo uma poderosa descrição de conjunto do enredo colonial que faz da surdez cultural uma marca-chave no cenário comunicacional. Como em um drama ritual do século XVIII, em *Muerte de Atawallpa*[65] boa parte da ação se desenvolve através de um diálogo em dois idiomas mutuamente incompreensíveis; a total ausência de comunicação e a natureza deformadora da tradução consistem em uma chave para compreender os filmes de Sanjinés, assim como um traço duradouro do tecido social na Bolívia colonial-moderna. A originalidade de *Para Recibir el Canto de los Pájaros* reside em abordar o tema como autocrítica ao comentar o ato invasor de fazer cinema, refletindo sobre as disparidades culturais e tecnológicas entre os cineastas, seus personagens e o cenário social no qual interagem. Ao fazê-lo, o filme renuncia à habitual visão idílica e deliberada de cooperação mútua e compromisso com metas comuns, que faz parte da retórica da intelectualidade progressista ao se referir à população

64 Pessoas mestizas de pele clara. [N.T.]

65 Atawallpa foi o último Inka, ou seja, governante do Tawantinsuyu. *Muerte de Atawallpa* é um auto sacramental ou drama pedagógico que as autoridades eclesiásticas coloniais encenaram para "ensinar aos índios" o respeito pela religião católica. No final do século XVIII, as comunidades que preservaram os roteiros desta obra de teatro-dança começaram a reinterpretar o texto colonial, personificando o Inka Atawallpa como vítima sacrificial da crueldade espanhola. [N.T.]

indígena que procura representar.[66] O enredo entrelaça dois momentos históricos: um imaginário, no qual se reatualiza o drama da conquista, e outro "real", o tempo vivido pelos cineastas, em sua tentativa de explorar as paisagens espetaculares e a indianidade emblemática da comunidade que escolheram como locação para o filme. Por meio dessa mistura de temporalidades, os cineastas se veem confrontados com a própria incapacidade de administrar suas relações com a comunidade e compreender seus valores culturais, o que permite a Sanjinés evidenciar uma brecha cultural típica da situação colonial. O frágil espelho da cidadania e da modernidade se rompe em pedaços.

Sanjinés desenvolve esse tema em suas arestas menos visíveis, mostrando a internalização do mal-entendido cultural no senso comum da elite mestiza, que se volta contra si mesma e termina paralisando as próprias ações. Assim, a longa história de incomunicação colonial acaba sendo reforçada, impedindo a possibilidade de uma relação de confiança e convivialidade entre diferentes. Em um momento de crise, o Outro indígena se converte — aos olhos dos cineastas — em um inimigo potencialmente perigoso, um fantasma que espreita em silêncio e impede a possibilidade de toda ação criativa, seja filmar, seja simplesmente escutar o canto dos pássaros. Essa acaba sendo uma poderosa metáfora da natureza alienante da dominação cultural eurocêntrica sobre o território da comunidade indígena e sobre seus modos de se comunicar com a natureza; mas também é uma metáfora da crítica cultural que a comunidade exerce sobre a ordem social colonial, tão vigente e dominante na Bolívia moderna. Sua

66 Essa visão está presente na filmografia de Sanjinés; ver, por exemplo, *O Inimigo Principal* (1974) e *¡Fuera de Aquí!* (*Lluqsiy Kaymanta*) (1977).

visão pessimista da vida contemporânea se conecta, então, com uma longa tradição de escritores e artistas que foram capazes de perceber a dolorosa fratura psíquica que a experiência colonial introduz, sob a forma de silêncio social.

MELCHOR MARÍA MERCADO, OU A NARRATIVA DE UMA NAÇÃO POSSÍVEL

Será preciso retroceder um século para abordar outro dos nossos "sociólogos da imagem", Melchor María Mercado, a partir de sua única obra conhecida, o *Álbum de paisajes, tipos humanos y costumbres de Bolivia (1841-1869)*, publicado apenas em 1991. Mercado pinta suas aquarelas no decorrer de prolongados exílios, como prisioneiro político, em rincões longínquos do território. A Bolívia alcançara a condição de país independente havia pouco, em 1825, quando ele era ainda um estudante do ensino básico, e as instituições republicanas, assim como a vida social coletiva, continuavam moldadas pelo sistema administrativo da Audiência de Charcas.[67]

Suas aquarelas revelam uma sensibilidade especial com relação à estratificação colonial da nova república — com suas rígidas fronteiras étnicas representadas pela vestimenta —, retratando os diferentes estratos da população, em sua circulação pelas rotas do mercado interno e fronteiriço. A maioria indígena era, na época, a única que pagava impostos (situação que se manteve por um tempo ainda no século XX), pois o legado do sistema tributário colonial tinha

67 A Audiência e Chancelaria Real da Prata dos Charcas, ou Audiência de Charcas, era o mais alto tribunal da Coroa espanhola na zona conhecida como Alto Peru (atualmente Bolívia). [N.T.]

permanecido intacto. A historiografia tradicional nos mostra o século XIX como uma época de crise, depressão econômica e degradação da população indígena, que só seria superada com o crescimento da economia exportadora de minérios no fim século. No entanto, Mercado retrata uma sociedade vivamente interconectada por meio de rotas de comércio e relações econômicas e simbólicas forjadas por homens e mulheres de estratos populares, assumindo o papel de empreendedores, comerciantes de *chicha* e alimentos, que realizam uma série de intercâmbios rural-urbanos. As pesquisas historiográficas recentes sobre o século XIX confirmam que o triunfo da economia exportadora foi, na realidade, um momento de intensificação da opressão das populações indígenas, enquanto as décadas anteriores de "depressão" e crise na economia mineira criaram, na verdade, uma ampla gama de oportunidades para o comércio interno, crescimento dos mercados regionais e proliferação de acordos e contratos por parte das populações indígenas e cholas da região andina (Mitre, 1986). Esses processos são representados no *Álbum* de Mercado com detalhes minuciosos e um sagaz senso interpretativo. Ainda assim, enquanto as fontes escritas tendem a considerar unicamente os homens como sujeitos economicamente ativos (trabalhadores, comerciantes ou pagantes de impostos), os cenários e as rotas comerciais que Mercado retrata são repletos de mulheres, inclusive liderando grupos de comerciantes, e não apenas como vendedoras ambulantes ou acompanhantes de seus pares masculinos.

No século XIX, tanto quanto no período colonial, as principais rotas comerciais estiveram conectadas com os centros mineiros de La Paz, Oruro e Potosí. Os historiadores contemporâneos têm enfatizado a organização espacial dos mercados de longa distância, percebendo a centralidade das minas como o coração de um vasto sistema de trocas que se forjou desde o início da dominação colonial (Larson, 1992; Tandeter, 1992; Mitre, 1986). Mas a iconografia de Mercado vai além da economia mineira como força motriz da organização do comércio regional. Ao retratar esses "centros", ele se nutre das ideias de poder, centralidade e sacralidade próprias ao mundo andino: La Paz e Potosí aparecem como cidades regidas por poderosas montanhas (Illimani e Sumaq Urqu [Cerro Rico], respectivamente) e são concebidas, conforme a visão indígena, como repositórios de riqueza mineral e, ao mesmo tempo, santuários naturais: as montanhas organizam o espaço e a vida de seus habitantes, constituindo-se como nós centrais de um intenso e *abigarrado* tecido de rotas comerciais e percursos de peregrinação religiosa.

Os gestos corporais e as roupas dos "tipos humanos" retratados no *Álbum* nos fornecem uma rica informação sobre a etiqueta e as fronteiras étnicas, e sobre a proliferação de tipos mestizos que cruzam essas fronteiras em suas trocas comerciais. Os mercados podem ser vistos como espaços *abigarrados* e heterogêneos onde se encontram diferentes estratos sociais. Mas distinções também podem ser observadas: de poder, riqueza e categoria social. O circuito comercial de La Paz, mais oligárquico e racialmente segmentado, é demarcado por convenções de vestuário e outros emblemas de hierarquia social que parecem regular a extensão e o rumo das trocas sociais e comerciais. Além disso, as mulheres cruzam as fronteiras étnicas com maior facilidade que os homens; estes estão rigidamente fixados em categorias representadas por códigos de vestuário obrigatórios, que permitiam distinguir os "índios" dos "cholos", dos "mestizos" e dos "caballeros", que se viam — conforme seu status social — obrigados ou eximidos de fazer contribuições ao estado. Essas distinções e etiquetas também se aplicavam às mulheres, mas, no caso delas, as semelhanças da indumentária e o comportamento imitativo são evidentes. Estudos contemporâneos sobre o vestuário e sua influência no que Rossana Barragán (1992) denomina "a emergência da terceira república" (a república mestiza, situada entre a "república de índios" e a "república de espanhóis"[68] da legislação colonial inicial) nos fornecem evidências de que as mulheres, em seu trânsito pelos centros urbanos e rotas comerciais do século XIX, cruzam fronteiras étnicas com mais facilidade. Essa situação parece ter se invertido em algum momento posterior, uma vez que a *pollera* e a *manta*, emblemas da identidade chola, são usadas pelas mulheres quéchua e aimará dos Andes como marca de uma diferença cultural emblemática, enquanto os homens costumam vestir o terno e o chapéu europeus, que se tornaram hegemônicos em todas as partes do mundo no século XIX (Berger, 1980). Nesse sentido, as aquarelas de Mercado constituem um valioso registro interpretativo para a compreensão da vida cotidiana nos espaços rurais e urbanos da Bolívia, revelando-nos sutis distinções que dificilmente podem ser rastreadas na documentação escrita.

Como no caso de Jorge Sanjinés, Mercado utiliza o gênero alegórico para representar conceitos mais abstratos e criticar as realidades que observa. Se, em suas séries mais etnográficas, a atividade comercial é cenário do pluralismo e da autonomia cultural dos estratos populares, em sua série de igrejas do oeste boliviano-peruano a sociedade política se mostra com traços autoritários e androcêntricos. De fato, esse

68 A autora refere-se a um sistema regulatório espanhol, conhecido como "Leis das Índias", que tentava manter as comunidades indígenas separadas das cidades e vilas onde viviam os espanhóis e os setores das castas intermediárias. [N.T.]

contraste se sintetiza na alegoria "Mundo ao revés" (capítulo 1, Imagem 14), na qual um boi manipula um arado, que é puxado por dois homens. A ideia do "mundo ao revés", como já assinalado, evoca *El primer nueva corónica y buen gobierno* de Waman Puma e tem múltiplas ressonâncias nas culturas populares de várias partes do mundo. Para Mercado, é uma imagem que parece condensar a experiência catastrófica de conquista e colonização, com as fraturas e aporias vividas no século XIX republicano.

O *Álbum* retrata uma variedade de temas e regiões sobre as quais não nos deteremos aqui, que abrangem desde a etnografia do comércio e dos mercados até a diversidade de festividades e rituais populares, incluindo a vida nas missões da região amazônica e uma longa série de aquarelas dedicadas à arquitetura e às igrejas rurais, finalizando com um par de alegorias que interpretam criticamente a corrupção e a dupla moral da igreja e do judiciário, encarnando os pecados capitais. Poderíamos arriscar a interpretação de que o conjunto do *Álbum* seja uma tentativa de representar os fundamentos materiais e culturais de uma nação possível, junto aos limites que foram impostos a esse projeto pelo legado colonial e as instituições jurídicas e políticas que moldam e organizam a vida republicana. Nesse sentido, Mercado trabalha a contrapelo da historiografia tradicional, para a qual o século XIX foi uma época de retrocesso e estagnação, apenas superada pela ação progressista das "raças superiores". Esse é o ponto de vista de Gabriel René Moreno (1973), historiador do século XIX para quem a população indígena do país era o maior obstáculo no caminho rumo ao progresso e à civilização. Tal perspectiva, por mais anacrônica que possa parecer, foi retomada e atualizada pelos historiadores nacionalistas de 1952, como José Fellman Velarde, para quem, na história boliviana, os protagonistas são um aglomerado de identidades essencializadas em termos de raça e classe, que, sob a liderança de uma "classe média" metafísica, enfim deixariam para trás a pré-história para se transformar em uma sociedade moderna e eurocêntrica, apagando, desse modo, toda marca da herança indígena, sinônimo de um passado de barbárie e estagnação. Essas interpretações foram questionadas antecipadamente na obra de Mercado por meio da sátira e da alegoria, evidenciando os paradoxos de uma sociedade colonial na qual o sistema jurídico contradiz as realidades econômicas que alimentam a vida coletiva.

As alegorias de Melchor María Mercado, tão obscuras quanto as de Jorge Sanjinés, refletem um ponto de vista pessimista sobre a sociedade boliviana e seus estratos dominantes: a igreja como ninho de corrupção; o judiciário marcado por ambição e dupla moral; um mundo em que os papéis dos trabalhadores e dos bois de carga estão invertidos (capítulo 1, Imagem 14). Trata-se, ao mesmo tempo, de um diagnóstico lúcido das disparidades entre as normas que regulam a relação entre dominantes e dominados, baseadas em ideais republicanos de igualdade e liberdade, e aquelas práticas sociais que reproduzem a desigualdade, o autoritarismo e a injustiça de modo cotidiano. Deliberadamente, Mercado introduz um "efeito de montagem" para nos mostrar contrastes agudos entre diferentes sequências e temáticas. O "país político" e o "país real", como foram definidos pelo líder populista colombiano Jorge Eliécer Gaitán (Rivera Cusicanqui, 1982), estão separados por um abismo: o primeiro é excludente, patriarcal e parasitário; o segundo, um espaço heterogêneo em que florescem as trocas entre diferentes, dando lugar a *abigarradas* justaposições culturais que se expressam em uma constante criatividade produtiva e festiva.

O POTENCIAL EPISTEMOLÓGICO DAS FONTES ORAIS E ICONOGRÁFICAS

Neste ensaio, procurei abordar o que Homi Bhabha (1990) denomina de "narrativas fragmentadas da nação". Em uma sociedade colonial, como a boliviana, a imagem de uma nação moderna possível e desejável está atravessada por forças divisionistas como a identidade étnica e a dominação colonial, que escorrem por baixo da aparente igualdade promovida pelo mercado, o modelo cidadão e a democracia. As classes subalternas — renegadas pelas elites dominantes, ou reconhecidas apenas como ornamentos culturalistas em um modelo hegemônico de sociedade moderna — vêm à superfície com toda nitidez quando representadas em seus próprios termos. O cinema e a pintura são, nesse sentido, meios mais adequados para cruzar a superfície dessas ideias consoladoras, uma vez que expressam momentos e segmentos de um passado não conquistado, que permaneceu rebelde ao discurso integrador e totalizante da ciência social e suas grandes narrativas. Em vez de ver nelas somente fontes de apoio, que se limitam a ilustrar as interpretações mais gerais da sociedade — como as que tipicamente formulam os intelectuais liberais, nacionalistas ou marxistas —, proponho compreendê-las como peças hermenêuticas em (e por) si mesmas, atravessadas por vozes de autor que não só descrevem ou reproduzem uma dada realidade como a interpretam, teorizam e refletem sobre ela, proporcionando-nos um olhar sociológico sobre a organização, os valores e as forças morais que moldam a sociedade. Enquanto os textos escritos representativos do pensamento social boliviano tendem a domesticar o passado — tornando-o transparente e inteligível —, as fontes orais e iconográficas apontam a irredutibilidade da experiência humana, as fissuras e fraturas do âmbito normativo, mostrando como as coisas são, em vez de apresentá-las do modo como deveriam ser. Enquanto os textos escritos e os marcos conceituais da ciência social tendem a obliterar as vozes subalternas ou a integrá-las em uma narrativa monológica de progresso de modernização, a imagem pictórica ou audiovisual reatualiza as forças que dão forma à sociedade, organizando o que aparece como *abigarrado* e caótico em um conjunto de descrições "densas" e iluminadoras. Mais que ornamentos, interferências ou ruídos, na obra de Sanjinés e Mercado os setores subalternos indígenas, trabalhadores e camponeses ocupam um lugar central e exercem uma crítica prática às forças subjacentes do colonialismo, do racismo e da opressão patriarcal, inclusive desde muito antes de esses conceitos terem sido adotados pela ciência social contemporânea.

Após a Revolução de 1952, quando se tornou dominante o ideal de uma sociedade homogênea à europeia ou gringa, a palavra *indio* foi purgada da linguagem oficial, sendo substituída por *campesino* [camponês]. Desse modo, as palavras foram usadas para encobrir a realidade em vez de designá-la, o que permitiu desconhecer — e apagar do debate público, da ciência social e da imprensa — a persistência do problema colonial e do racismo. Não foi um praticante de ciência social, mas sim um cineasta (Jorge Sanjinés) um dos primeiros a expor a persistência do racismo na sociedade boliviana pós-1952, mostrando-nos, em seus filmes *Ukamau* (1966) e *Yawar Mallku — O Sangue do Condor* (1969), que os índios existiam e que o colonialismo seguia vigorando, apesar dos efeitos democratizantes e redistributivos da reforma agrária, do voto universal e da reforma educativa.[69] Esse desvelamento da natureza colonial

69 Em outro registro, mais político e de denúncia, a obra de Fausto Reinaga vai além; mas, embora anteceda Sanjinés, seu impacto

da sociedade boliviana moderna coincidiu com a eclosão de novos sujeitos sociais, antes silenciados, que começaram a falar, revelando-nos um passado não superado, alheio ao discurso integrador e totalizante do estado. As vozes críticas e conflitivas dos sujeitos subalternos indígenas tinham sido apagadas do senso comum dominante, e a ciência social não fora capaz de superar essa surdez. A imagem que surge desta última se plasma em uma visão linear e evolucionista da história, própria da racionalidade eurocêntrica, na qual essas vozes são percebidas como anacronismos, obstáculos ou interferências ao ideal de uma sociedade homogênea, moderna e ocidentalizada. Assim, as sociedades indígenas têm sido vistas como alheias ao comércio, estáticas e imutáveis, apegadas a tradições irracionais que consistem em repetições mecânicas de um passado inacessível. Como é possível ver nas aquarelas de Mercado, a iniciativa histórica e cultural das populações indígenas incluiu uma ativa participação nos circuitos comerciais internos, que se estagnaram apenas quando se tornou dominante o modelo oligárquico de uma economia exportadora de matérias-primas.

Por sua vez, a voz no relato testemunhal de Domitila Chungara e as fotografias do massacre de 1974, reconstruídas nos filmes de Jorge Sanjinés, revelam a existência de uma pluralidade de sujeitos que se nutrem da cultura aimará-quéchua e encarnam concepções diferentes do tempo histórico e da ordem social. Embora a interpretação dos dois autores seja radicalmente pessimista, mostrando a impossibilidade de uma mudança oriunda do interior das elites mestizo-criollas, ambos conseguem articular e evidenciar as bases de uma outra nação

---

público foi mais restrito, devido à própria surdez da cultura criolla dominante.

possível, mais autêntica e plural, e de outra modernidade, que, no caso da Índia, Partha Chatterjee (1997) chamou de "nossa modernidade". O "aqui e agora" de Sanjinés e Mercado está intensamente comprometido com a história e a política, por meio das interações sociais que observam no cenário andino: uma paisagem que não pode ser facilmente domesticada ou controlada senão pela paciente e centenária ação humana de abertura de espaços produtivos, caminhos e lugares cerimoniais. Esse legado não é exotizado, mas integrado à arena social através da metáfora da caminhada coletiva, que transita por amplos espaços abertos — uma imagem recorrente tanto no *Álbum* de Mercado quanto nos filmes de Sanjinés.

É o observador dessas obras que encontrará nelas as bases de um novo sentido de pertença a uma nação possível, plural e aberta, na qual a heterogeneidade social seja percebida não como obstáculo, mas como fonte enriquecedora de uma outra modernidade que, na diferença, seja capaz de superar as derrotas e frustrações coletivas que a historiografia tradicional expõe reiteradamente. O imediatismo e a força de suas imagens e alegorias, bem como o sentido metafórico da composição e a montagem, formam parte de um jogo de interpretações sobre o passado, que não é algo dado, acabado e morto, mas um passado-como-futuro: uma fonte de renovação e de crítica moral frente à opressão e à dominação como resultados inevitáveis do progresso e da modernização.

Em sociedades coloniais, como a boliviana, a questão das fontes tem profundas implicações teóricas e políticas. De maneira inédita, está em curso uma severa crítica à historiografia oficial e à sociologia liberal. Questiona-se a possibilidade de um conhecimento "objetivo" em uma sociedade pluriétnica como a nossa, na qual fontes oficiais são escritas em castelhano, embora grande parte da população fale idiomas não europeus e se comporte de acordo com valores culturais radicalmente diferentes. Essa crítica permitiu questionar o pretensioso princípio da objetividade nas ciências sociais, dando margem a uma série de visões fragmentadas da sociedade, que ainda não foram articuladas em uma única leitura alternativa da história social do país. Mas é precisamente em sua pluralidade e diversidade que reside o potencial epistemológico das fontes não escritas, para desvelar a tessitura dos desejos coletivos, as ações e as relações sociais que se entretecem em uma sociedade não coetânea, como a boliviana (Bloch, 1971).

Nesta reflexão em torno das fontes orais e visuais, propus analisar o trabalho de dois sociólogos da imagem que representaram e teorizaram a natureza e as contradições da sociedade boliviana do ponto de vista de sua população indígena e trabalhadora, recriando um passado ainda vivo e resistente às forças homogeneizadoras da modernização eurocêntrica. O tipo de conhecimento produzido por esses autores permite cruzar a fronteira entre arte e ciências sociais, e exige um enfoque transdisciplinar que possibilite explorar as contradições e os vieses da modernização, assim como sua natureza inconclusa e fragmentária. Esse enfoque permitirá não apenas compreender melhor o passado como também "imaginar uma comunidade-nação" (Anderson, 1991 [2008]) capaz de superar o anonimato coletivo imposto à maioria da população pelas ciências sociais liberais, nacionalistas e marxistas, e por suas elites ventríloquas.

O mito do pertencimento da Bolívia ao "mundo ocidental": réquiem para um nacionalismo

A PERTINÊNCIA DO PASSADO

Este texto busca propor uma compreensão das contradições culturais e políticas do projeto de reformas estatais levado a cabo pelo Movimiento Nacionalista Revolucionario (MNR) a partir da insurreição popular de 9 de abril de 1952, que o conduziu ao poder na Bolívia. Inicialmente, no entanto, devo enfatizar que as inquietações analíticas sobre as reformas de 1952 provêm do horizonte da crise presente e dos avatares identitários da chamada "nação boliviana", que supostamente foi fundada, em sua versão moderna, nesses momentos épicos ocorridos em meados do século XX. Analisemos esses problemas de identidade e de identificação dos quais padecem as elites na Bolívia, para compreender a pertinência desse olhar em direção ao passado.

Em outro texto (Rivera Cusicanqui, 1993a), formulei a hipótese de um *mestizaje colonial andino* para explicar essa estrutura ideológica de longa duração, que se manifesta como uma prática profunda e internalizada de autodepreciação, reproduzida por séculos na personalidade colonizada e que atravessa todos os estratos da sociedade. Eu comparava muitos *q'aras* e mestizos de elite que vi no metrô de Paris ou de Nova York com os migrantes da província de Camacho ou do norte de Potosí, que exacerbam sua alteridade a fim de conquistar a filantropia do estranho ou a atenção daquele que consideram superior em qualquer ordem de hierarquias (civilizatória, estamental, de classe ou etnia ou relacionada ao acesso ao poder). Nesses momentos, eu era acometida de um sentimento confuso, um constrangimento, mas também uma raiva profunda — raiva porque esses mesmos barbudos depois viriam para cá, para manipular a retórica da identidade com a finalidade de seguir mandando, autoritária ou paternalisticamente, "neste país de índios"; constrangimento porque mostravam a verdadeira cara como colonizados inconscientes, uma vez que seria por meio de uma viagem ao exterior que descobririam que não são totalmente "ocidentais", embora nunca chegassem a assumir as consequências práticas de tal descoberta.

O mecanismo central que permitiu a reprodução encoberta dessa disjunção identitária foi o discurso do mestizaje. Em suas versões iniciais dos anos 1950, o mestizaje era visto como um "híbrido", uma planta "nova" e homogeneizada, a partir de um conjunto de "raízes" diversas, todas subsumidas em um só tronco hierarquizado: a pirâmide identitária eurocêntrica e colonial. Defini mestizaje como um ideologema[70]

70 Tomei esse conceito de Luis H. Antezana (1983), que seguramente o incorporou a partir da semiótica francesa. [De modo geral, um

que permitiu plasmar a "cidadanização forçada" das populações indígenas por meio de violência física e simbólica (por exemplo, em quartéis e escolas rurais), combinada com uma visão telúrica e ornamental do índio no discurso oficial e na esfera pública estatal. O objetivo último dessa tática articulada era apagar a memória do índio e trancafiar seus resquícios nos museus, como "raiz" arcaica de um passado remoto, que se reatualizava às margens do público por meio da emblemática do folclore.

Na década de 1950, nas esferas da velha e da nova classe abastada de La Paz ou Cochabamba, quando a revista *Life* e a Radio de las Américas adentravam suas casas junto com a câmera fotográfica, a urgência de teatralizar a própria identidade e reinventar o passado também obedecia a um intenso complexo cultural em relação ao europeu ou ao gringo norte-americano, cujas políticas comerciais expansivas, que iam desde a divulgação da Coca-Cola até a difusão do rock e do cinema hollywoodiano, eram vistas como o ápice da modernidade e da racionalidade triunfantes. Essa imagem, surgida das trincheiras da segunda guerra europeia, estende-se por meio de uma política cultural imperialista, com sua asa hegemônica minuciosamente projetada sobre o mundo no contexto da chamada guerra fria (Wagnleitner, 1994; Pendergast, 1993).

Para os *movimientistas* de 1952, parentes pobres da oligarquia e ansiosos por serem reconhecidos como "ocidentais", existia, portanto, uma tarefa prioritária: apagar os índios da memória e, ao mesmo tempo, submetê-los a uma transformação até no mais íntimo de suas condutas domésticas. Essa

---

ideologema seria a menor unidade inteligível de uma ideologia; assim, o conceito é entendido como uma função intertextual que garante a ligação histórica e social entre textos, por exemplo. — N.T.]

tarefa foi assumida pela intelligentsia nacionalista a partir da própria estrutura do aparato estatal herdado. Salvo pela desorganização momentânea do exército, o aparato estatal oligárquico, colonizado internamente pela "ajuda americana" nos anos 1940, foi transferido intacto para a nova burocracia do estado. De fato, os programas da embaixada estadunidense (construção de infraestrutura, reforma educacional, assistência técnica e desenvolvimento) continuaram ativos e compartilhavam o espírito "progressista" segundo o qual era preciso transformar os índios em "mestizos sem identidade", isto é, em camponeses (CSUTCB, 1984). Além disso, esse discurso foi potencializado imensamente pelo efeito combinado da escola, do serviço militar no exército reorganizado e da ampliação da migração e da comercialização da força de trabalho indígena, o que mostra os impactos iniciais da reforma educacional de 1955 (Soria Choque, 1992). Finalmente, o novo estado assumiu a tarefa de "reinventar a história", o que lhe permitiu modelar a imagem do novo cidadão valendo-se de poderosos "meios de reprodutibilidade técnica", como a imprensa e a fotografia (Benjamin, 1978b [1985]). Desse modo, parafraseando Zavaleta Mercado (1977), a elite *movimientista* acabou colocando os recursos e o aparato do novo (e do velho) estado a serviço da recomposição de uma casta *encomendera*, ou oligarquia colonial republicana, que percebia a si mesma como portadora de uma missão heroica de longo alcance.

Mas como os *movimientistas* conseguiram tal escamoteamento das demandas das massas insurgentes? A hipótese aqui explorada se baseia na ideia de uma pedagogia nacional-colonial, a pedagogia da revolução, com sua produção de materiais impressos, cerimônias e atos performativos, cujo objetivo fundamental foi concluir "a tarefa de cidadanização mestiza iniciada pelo liberalismo" (Rivera Cusicanqui, 1993b,

p. 80).[71] Essa tarefa consistia basicamente na supressão dos oprimidos e explorados do campo e da cidade como sujeitos da própria historicidade, com a qual corroboraria, no plano simbólico, a tarefa mais difícil de reprimir e neutralizar as demandas autônomas de rebelião cacical e indígena das décadas anteriores, assim como as atitudes libertárias dos trabalhadores manuais anarquistas e socialistas das cidades e das minas. Essas organizações de tipo novo combinavam uma racionalidade indígena com a ideia inédita de que os direitos à igualdade perante a lei e à livre expressão e associação também eram fundamentais, embora a dupla moral oligárquica só os reconhecesse da boca para fora. Tornar arcaicas e emblemáticas essas demandas e essas lutas era então uma tarefa prioritária para as elites *movimientistas* que chegaram ao poder em 1952, possivelmente porque o passado que buscavam obliterar estava demasiado visível e presente na consciência e nos lares dos reformadores.

Na esfera falante de castelhano das elites urbanas, a retórica republicana permitiu, assim, construir a imagem do "mestizo" no discurso público, impondo-a como a única identidade legítima da nação boliviana moderna. Mas em que consistia essa imagem e como foi construída? Com base nos próprios documentos produzidos pelo MNR, propomos que o mestizaje era o recurso ideológico que permitia imaginar um país masculino, "ocidental" e cristão — isto é, branco, "decente", homogêneo e individualista, fundado no modelo da família patriarcal e nuclear moderna. Como essas noções da identidade baseadas no ideologema do mestizaje se tornaram hegemônicas?

71 A ideia de "pedagogia nacional-colonial" me ocorreu a partir da leitura do trabalho pioneiro de Brooke Larson (2002), que analisarei adiante.

Não resta dúvida de que essas perguntas só podem ser feitas a partir da crise política do presente, quando vivemos um longo processo de erosão das ofertas falaciosas de igualdade e cidadania advindas dessa noção de "modernidade" e "progresso" tão furiosamente perseguida pelas elites bolivianas desde a década de 1950. Interessaria verificar também, no presente, o impacto da pedagogia nacional-colonial do MNR sobre o aprofundamento (e a internalização) do colonialismo na Bolívia, explorando os traços atuais do mito oficial do "pertencimento da Bolívia ao mundo ocidental". Mas esta segunda tarefa terá de ser deixada para uma pesquisa futura. Este ensaio dedica-se fundamentalmente a traçar a arqueologia contemporânea do ideologema nacionalista do mestizaje por meio da análise de três documentos básicos: o decreto de "revisão da história", de 27 de abril de 1954; o *Álbum de la revolución* (1954); e o *Memorándum sobre política exterior boliviana* (1967). Esses três documentos estão unidos pelo fio condutor de um único personagem: José Fellman Velarde, o intelectual do MNR que esteve à frente da tarefa de reinvenção da história no contexto da proposta civilizatória do estado de 1952.

POLÍTICAS DO CORPO

Carentes de uma "memória de longa duração" e ignorando que a desmercantilização rural tinha sido, na verdade, produto da recente expansão latifundiária desencadeada pelas reformas liberais do final do século XIX, os *movimientistas* se sentiram missionários da "boa-nova" do mercado como fato civilizatório. Imaginaram um novo cidadão mestizo (e sem memória) como resultado de processos de mudança estrutural:

a reforma agrária gradual, a educação universal e monolíngue e o voto universal. Na realidade, como mostrou Brooke Larson (2002), não fizeram mais que continuar, de modo mais eficiente e profundo, as reformas culturais oligárquicas dos anos 1940, cuja vertente mais reacionária se manifestou na ingerência direta do Departamento de Estado dos Estados Unidos na formação do Servicio Cooperativo Interamericano de Educación (SCIDE) (Soria Choque, 1992; Larson, 2002, p. 22).

Os trabalhos reunidos por Roberto Choque em 1992 lançam luz sobre fontes inéditas do período 1900-1950, nas quais se apresentam os debates culturais e políticos da oligarquia sobre o "problema do índio", ao mesmo tempo que se documentam as práticas jurídicas e repressivas do estado oligárquico. As propostas do indigenismo em torno de uma reforma cultural são objeto de intenso debate em esferas urbanas e letradas, enquanto no campo e nos subúrbios urbanos se desenvolve a luta legal dos *caciques apoderados*, que tinham proposto e exercido sua exigência por escola e igualdade cidadã, mas como meio para recuperar as terras usurpadas nas quatro décadas anteriores, fazendo valer tanto a legislação colonial (Títulos de Composición y Venta, Leyes Índias) quanto os aspectos igualitários do direito republicano liberal.[72] O paradoxo que trazia à tona a luta cacical, entre a face falsamente igualitária das leis e a violência das agressões latifundiárias, se baseia em uma questão de princípio:

72 O movimento de *caciques apoderados* liderado por Santos Marka T'ula chegou a reunir quatrocentas *markas* (com seus respectivos *ayllus*) em cinco departamentos bolivianos: La Paz, Oruro, Potosí, Cochabamba e Chuquisaca. As *markas* de então corresponderiam vagamente ao que são hoje as *secciones municipales* (Rivera Cusicanqui, 1984; THOA, 1984; Choque *et al.*, 1992; Arias, 1994).

> a inflexibilidade das leis só existe quando a solicitam os nossos inimigos. Essa desigualdade tem origem no fato de se ter legislado de maneira idêntica para os brancos e para os índios. Não sabemos ler nem conhecemos a língua em que está escrita a legislação pátria, e, no entanto, devemos nos sujeitar a ela. Legalmente, consideram-se abolidos os nossos costumes, cacicados etc., e, no entanto, eles se mantêm entre nós. (THOA, 1984, p. 14-5)

A dupla moral criolla se baseia na estreita noção de "cidadania" que o estado oferece aos índios: reconhece-lhes o direito de propriedade somente quando possam exercê-lo vendendo suas terras. A expropriação assume aparências legais (falsos procuradores, alienações coercitivas, artimanhas jurídicas) e, por isso, os caciques devem incorporar *qilqiris* e *tinterillos*[73] indígenas para responder nos tribunais. Daí a importância da escola e da alfabetização em castelhano, para que essa camada letrada das próprias comunidades possa criar uma estratégia legal exitosa (Condori & Ticona, 1992). Os *escribanos*[74] que o movimento de *caciques apoderados* contratou eram também vítimas da expropriação latifundiária (como é o caso de Leandro Condori Chura) ou parentes dos *caciques apoderados* (como Julián Tanqara, *escribano* e neto do cacique de Qalakutu, ou Avelino Siñani, irmão do cacique de Warisata) e imprimiram à luta por escolas o sentido específico de recuperar a terra usurpada utilizando a própria legislação liberal, que eximia do registro fundiário de 1881 as terras compradas em Composición y Venta durante o período colonial (lei de 23 de novembro de 1883).

73 Espécie de rábula, advogado sem formação acadêmica. [N.T.]

74 Funcionário autorizado a registrar e dar fé a um testemunho, algo próximo ao escrevente de cartório no Brasil. [N.T.]

Brooke Larson destacou a convergência entre esse movimento "de baixo para cima" a favor da escola indígena e os projetos de reforma cultural de diversos setores das elites e camadas médias ilustradas que buscavam a "redenção do índio" por meio da escola. Esse encontro determinou uma espécie de ambiguidade constitutiva dos projetos de educação indígena, incluindo os mais bem-sucedidos deles (como o da localidade de Warisata, em Omasuyos [província do departamento de La Paz]). Os "núcleos escolares" eram a base do esquema organizativo em Warisata, onde a escola, ao se basear na estrutura organizativa indígena, estava em sintonia com as autoridades étnicas locais (o Conselho de *Amawt'as*) e contava com a ativa participação da sociedade indígena local no quadro das ações educacionais. Na década de 1930, "floresceram dezesseis núcleos escolares como resultado tangível das 'escolas-coloniais' propostas em 1919 pelo ministro de Instrucción" (Larson, 2002, p. 11). Colonizados pelo estado na década de 1940, esses dezesseis núcleos escolares não conseguiram deter o movimento de criação de escolas empreendido pelas próprias comunidades. Até 1949, existiam 898 escolas indígenas majoritariamente autônomas, sustentadas e financiadas por comunidades e *gremios*[75] aimará rurais e urbanos, em um movimento que Larson (2002, p. 12) considera "semiclandestino".

Retrospectivamente, podemos destacar que o florescimento de organismos da sociedade civil que interpelavam

75 Organizações muito comuns e importantes na Bolívia até hoje, os *gremios* e as *asociaciones gremiales* reúnem pessoas (físicas, jurídicas ou ambas) que se dedicam a uma mesma atividade em uma comunidade específica, para tentar assegurar melhores condições de trabalho. [N.T.]

o estado oligárquico deu lugar, até fins da década de 1920, a uma ampla frente anticolonial de *caciques apoderados* indígenas, *gremios* de trabalhadores urbanos de filiação anarquista (a FOL e a FOF) e uma ampla gama de setores médios (professores, estudantes, *tinterillos*, músicos) que buscavam reformular e estender a noção de cidadania, que até então os tinha sistematicamente excluído da vida política do país. A beligerância dessa insurgência combinada de massas urbanas e rurais chegou a ser tão intensa que o estado apressou a Guerra do Chaco (1932-1935) com o Paraguai, a fim de acelerar a "guerra interna" de extermínio de índios (Mamani Condori, 1991). Com a derrota da Bolívia, a um custo de pelo menos cinquenta mil mortos, o movimento adquiriu novos argumentos de legitimidade: se os índios tinham sido cidadãos na hora de morrer na guerra, por que não podiam ser cidadãos na hora de recuperar suas terras usurpadas, de reclamar por justiça e igualdade perante a lei? Com esse argumento, o movimento de educação indígena floresceu após a Guerra do Chaco, no contexto político renovado do "socialismo militar", com suas propostas de *gremialización* universal das classes subalternas. Nesse panorama, "os novos núcleos escolares tomaram forma e se converteram em espaços de mediação para uma grande diversidade de grupos com ideias sindicalistas, nativistas e esquerdistas, que se espalhou pelo território boliviano em meados da década de 1930" (Larson, 2002, p. 12).

Sem dúvida, o ativismo político que antecedeu o conflito com o Paraguai e a própria experiência da Guerra do Chaco abriram inusitados canais de comunicação e debate interétnico, o que se traduziu em um fluxo crescente de intercâmbios linguísticos, simbólicos e performativos entre o campo e a cidade. Assim, por exemplo, os indígenas das paróquias de San Pedro, El Rosario e San Sebastián se vincularam à luta pela escola ao mesmo tempo que resistiam, em seus *gremios* de açougueiros, *talabarteros*,[76] leiteiras, alfaiates etc., à servidão tributária e a outras extorsões que a república modernizante lhes impunha (Soria Choque, 1992, p. 63). *Caciques apoderados* como Celedonio Luna, Feliciano Arukipa, Francisco Montes e Uskamayta se vincularam simultaneamente ao movimento de *caciques apoderados* de Santos Marka T'ula e ao movimento sindical anarquista da FOL (THOA, 1989; Mamani Condori, 1991).

A experiência de Warisata atravessa toda essa trajetória histórica. A escola *ayllu*, fundada em 2 de agosto de 1931, foi resultado do contato entre duas correntes educacionais: uma reformista, associada ao professor Elizardo Pérez; outra nativista, associada ao movimento de *caciques apoderados* (Choque *et al.*, 1992). Esta última tinha uma longa história (THOA, 1984; 1986c; Mamani Condori, 1991; Choque *et al.*, 1992), que se refere às escolas indígenas privadas fundadas por Avelino Siñani a partir de 1909 em toda a região de Warisata (Siñani de Willka, 1992). Avelino Siñani era irmão do cacique Fernando Siñani, que fez parte da rede de Marka T'ula desde essa época e se encontrava intimamente associado à defesa das terras de *ayllu* em escala regional e nacional. Uma das demandas do movimento de *caciques apoderados* era a escola, vista como um meio para fazer cumprir as leis criollas escritas em castelhano. Para tanto, não vacilaram em abrir as comunidades ao avanço educacional de seitas religiosas (como os adventistas na *marka* Qalakutu de Pacajes) e grupos civis de todo tipo, que os apoiaram direta ou indiretamente na resistência

76 *Talabartero* é quem trabalha com couro, em especial produzindo selas e demais apetrechos para montaria. [N.T.]

à dominação dos vizinhos de povoações coloniais e do aparato estatal oligárquico.

A "guerra interna" dos proprietários de terras e *corregidores* contra Warisata, somada à intervenção estatal e à posterior cooptação da experiência da escola *ayllu* pelo SCIDE, encarna vivamente os mecanismos civilizatórios da oligarquia e o ambíguo papel da mediação mestiza ilustrada, mesmo a mais "progressista". O próprio Elizardo Pérez destacava como objetivo da escola a "transformação do lar indígena e de sua economia, por meio de novos sistemas de trabalho, higiene, moralidade, educação cívica e solidariedade" (Pérez, 1962, p. 124, *apud* Larson, 2002, p. 13), ao mesmo tempo que propunha a defesa dos direitos indígenas e a participação ativa das comunidades organizadas na vida escolar.

Com a restauração oligárquica de 1940 e o "Pacto de Concordância",[77] a intervenção estatal no lar indígena foi assu-

77 O Pacto de Concordância foi assinado nas eleições bolivianas de 1940 entre o Partido Liberal e o Partido Republicano para frear o avanço das forças comunistas, populistas e anarquistas no campo e nas cidades. O governo do presidente Enrique Peñaranda (1940-1943), eleito como resultado desse pacto, adotou uma política externa servil às imposições norte-americanas em relação ao preço do estanho e reprimiu as manifestações populares, mas, simultaneamente, abriu as portas para as ilusões ianques de reforma estatal através das missões Bohan e Magruder e da Organização Internacional do Trabalho (OIT) (Larson, 2002, p. 19). Em 1942, com o massacre de mineiros em Catavi [departamento de Potosí] nos campos de María Barzola [uma das primeiras mineiras a ser assassinada no episódio, justamente por encabeçar a resistência; em sua homenagem foi batizado o lugar onde morreu], o regime demonstrou que estava colonizado pela política de guerra dos Estados Unidos, à qual fará resistência o núcleo nacionalista que tinha se aninhado no exército após a Guerra do Chaco, com a formação do partido Razón de Patria

mida como função prioritária da escola rural, sendo eliminado todo o treinamento em técnicas industriais (mecânica, marcenaria), com o objetivo de fixar o índio em seu destino de produtor rural de alimentos baratos para as cidades e minas. O ministro da Educação do presidente Enrique Peñaranda (1940-1943), Vicente Donoso Torres, em um texto que resume sua gestão, publicado em 1946 e analisado por Larson, propõe como metas fundamentais da escola indígena a transformação dos índios em agricultores integrados ao mercado, e dos lares camponeses em um modelo de higiene e modos de vida modernos (Larson, 2002, p. 22).

O tópico da higiene, já presente na proposta de Elizardo Pérez, adquiriu novas ressonâncias depois da Guerra do Chaco, com a difusão de rumores e temores em relação à malária e outras epidemias, dando lugar a políticas de saúde que transferiam forte carga cultural modernizante aos corpos das classes subalternas. A escola e as políticas de saúde pública promoveram práticas domésticas que, a título de "profilaxia", difundiam e promoviam o "modo de vida americano". Nesse modelo, a família nuclear, encabeçada pelo marido produtivo, confinava a esposa à multiplicação de tarefas domésticas associadas com a "higienização" de seu entorno, de seu corpo e de sua prole. Tudo isso era ensinado na escola, a partir de onde o estado penetrava nos lares e nas famílias e começava a diagnosticar costumes e práticas tradicionais (produzir *chicha* ou ***akhullikar*** coca, por exemplo) como "anti-higiênicas" e as comunidades indígenas como afetadas por uma série de patologias sociais. A solução pragmática e

(Radepa) e o golpe de Gualberto Villarroel em 1943, que governaria o país até 1946. Ver, a esse respeito, *El presidente colgado*, de Augusto Céspedes (1966).

minimalista era a higiene, como propõe Donoso (1946 *apud* Larson, 2002): "As novas escolas devem ser abastecidas de remédios, DDT [um tipo de inseticida] e sabão, porque a questão educacional com relação aos camponeses deve primeiro enfrentar a eliminação de piolhos e da sujeira". Mas todos esses produtos vinham também no pacote dos Estados Unidos, abrindo um mercado cativo para a indústria da higiene e do sanitarismo, em expansão nesse país. A concessão de bolsas a médicos bolivianos[78] para estudar saúde pública em universidades norte-americanas completou esse processo de adoção, por parte do estado e das elites bolivianas, de uma leitura pragmática, ocidentalista e higienista dos problemas sociais da Bolívia.

As políticas do corpo alimentadas pelo SCIDE tiveram em Ernst Maes, anteriormente vinculado ao Bureau of the American Indian, um experiente praticante. De acordo com o mencionado texto de Larson, a marca desse funcionário se imprime no desenho das linhas mestras da reforma educacional oligárquica dos anos 1940:

> (a) mantém-se a separação entre escola rural e urbana; (b) é adotado o sistema de "núcleos escolares camponeses", com suas *escuelas seccionales*[79] afiliadas, como marco organizativo do sistema rural,

78 Meu pai recebeu uma dessas bolsas em 1952, para estudar saúde pública na Universidade Johns Hopkins, em Baltimore. Embora posteriormente tenha se afastado do enfoque sanitarista e se vinculado ao ramo da cirurgia em proctologia, o relato de seus anos nos Estados Unidos me fez perceber o esforço norte-americano em influenciar as políticas sociais de nossos países por meio de um viés de saúde pública higienista, dependente dos insumos e da tecnologia farmacêutica desse país.

79 *Escuelas seccionales* era o nome dado às escolas rurais. [N.T.]

> centralizando-o burocraticamente; (c) consolida-se a unidade ideológica do sistema educacional, com a adoção da linguagem classista da camponesização; (d) treina-se e coopta-se o professorado rural, consolidando uma visão hegemônica do índio como "degradado", envolto em sujeira e vício; (e) aplica-se um currículo ocidentalizante, vinculado ao desenvolvimento rural, à higiene e à elevação do padrão de vida. (Larson, 2002, p. 23)

Além disso, centraliza-se o sistema no nível regional andino (Bolívia, Peru e Equador) e são lançadas campanhas regionais de propaganda com a finalidade de influenciar a opinião pública em prol dos modelos políticos e econômicos dos Estados Unidos e do *American way of life*.

O nexo entre o colonialismo externo e o colonialismo interno se evidencia na total concordância da proposta educacional de Ernst Maes com o ponto de vista do ministro da Educação do governo Peñaranda, Vicente Donoso Torres. Ambos formulam pela primeira vez o ideologema do mestizaje como uma forma desejável e possível de eliminação do índio e modernização do país. Nas palavras de Donoso Torres, "o que necessitamos fazer é incorporar os elementos da civilização universal na vida do índio, para o beneficiar em seu próprio meio [...], porque o produto final do índio boliviano tem de ser o mestizaje" (Donoso, 1946 *apud* Larson, 2002, p. 18).

O fornecimento de livros de texto e o abastecimento das escolas com DDT, sabão e detergentes industriais, tão em voga nos lares norte-americanos, constituem um espectro de influências ideológicas e coações práticas que impactou profundamente a conduta e a autopercepção das famílias falantes de aimará e quéchua expostas à pedagogia colonial da escola reformada. No entanto, não sabemos quão eficazes foram essas medidas em um contexto de incontrolável convulsão rural, indígena e urbana: a formação de sindicatos clandestinos desde 1936, as greves de braços cruzados e congressos indígenas do início dos anos 1940, o Congreso Nacional Indigenal de 1945, a rebelião geral de 1947, a guerra civil de 1949, as eleições de 1951 e, finalmente, a insurreição de 1952. O certo é que um programa tão ambicioso e profundo de transformação do índio em camponês só poderia se concretizar com plenitude depois da revolução.

De modo paradoxal ou talvez lógico, o MNR teve de encobrir com um discurso de ruptura radical aquilo que, na realidade, era abertamente uma continuidade das práticas civilizatórias da oligarquia. Um dos esforços mais notáveis para articular essa versão de ruptura como história oficial da nação é precisamente o *Álbum de la revolución* (1954), analisado adiante. Os manuais para professores, os livros didáticos e outros meios de propaganda, junto com os recursos e todo o aparato burocrático do SCIDE, passaram às mãos dos ideólogos da Revolução Nacional e se encaixaram perfeitamente à sua retórica classista e camponesista, que se observa tanto no *Álbum* quanto no currículo das escolas castelhanizantes e repressivas que se universalizaram com a reforma educacional de 1955. Nessas escolas, a ênfase nos "trabalhos domésticos" e no treinamento das mulheres para serem donas de casa modernas, consumidoras e reprodutoras, revela o núcleo patriarcal de todo o programa educacional, que já estava presente nas escolas do SCIDE (Stephenson, 1999). Longe de uma ruptura, a lei da reforma educacional de 1955 marcou uma perfeita continuidade intelectual e material com a reforma empreendida pelo estado oligárquico nos anos 1940, no contexto da guerra fria e da intervenção do Departamento de Estado dos Estados Unidos nos assuntos culturais e políticos internos.

Essa continuidade da política educacional oligárquica se traduz na extensão e na difusão do ideologema do mestizaje e na ocidentalização forçada dos hábitos corporais da estudantada indígena. A ideia de que o mestizaje era um processo de "universalização" da identidade boliviana e, sobretudo, o mito de que o único caminho para essa condição era a aculturação forçada da população repercutiram intensamente na autopercepção dos atores populares e na transformação da opinião pública letrada. No entanto, efetivamente, a cidadanização mestiza dos índios se fez realidade por vias diferentes das que vislumbraram Maes e Donoso: o caminho seguido pela população indígena andina, depois de 1952, não foi a tecnicização e a modernização do agro, mas um implacável fluxo migratório rural-urbano. A eficiência do sindicato e da escola em erradicar as autoridades étnicas e desqualificar as práticas tradicionais de ritualismo e as formas comunais de organização do trabalho acabaram promovendo o abandono da agricultura e o início de um périplo migratório de longa distância (incluindo a migração internacional) que levaria a população indígena a diversos destinos urbanos, em busca da enganosa cidadania ocidental. Tudo isso, em última instância, teve um resultado contrário aos anseios dos reformadores oligárquicos e seus assessores estadunidenses, que buscavam mais especificamente fixar o índio em seu habitat rural e convertê-lo em eficiente produtor mercantil de alimentos baratos para as cidades. Mas o mais duradouro aspecto da reforma oligárquica foi a influência da visão higienista norte-americana como prática simbólica colonial que atravessava o âmbito privado e invadia os corpos e os lares dos colonizados, como tão bem analisou Brooke Larson. A "higienização" do índio permaneceu uma prática cotidiana nas escolas e também foi assumida pelo estado de 1952 como relação simbólica com a sociedade dominada, ainda em âmbitos públicos e estatais. Liber Forti[80] me contou que o "dirigente máximo do campesinato" (secretário-executivo da Confederación Nacional de Trabajadores Campesinos de Bolivia [CNTCB]), o oligarca crucenho [de Santa Cruz de la Sierra] Ñuflo Chávez Ortiz, fazia aspergir DDT em índios, dirigentes sindicais como ele, antes de com eles se sentar nos grandes conclaves do sindicalismo paraestatal, nos quais se definiam a ocupação de grandes propriedades e a aplicação da reforma agrária. O trabalho de Larson nos mostrou quão determinante foi essa substância, junto com o sabão e outros artigos de limpeza, para exercer sobre os índios uma opressão cultural infame, penetrando nos corpos, nos lares e nas famílias indígenas com seus modelos de boa vida burguesa.

A REINVENÇÃO DA HISTÓRIA

Como contexto ideológico geral de todas essas práticas, é essencial analisar o trabalho imaginário e pedagógico realizado pela intelligentsia *movimientista* no campo da historiografia, compreendendo como surge e se constrói uma "história oficial" da revolução. Dias depois do segundo aniversário da insurreição, o estado assume a tarefa revisionista da história através do decreto de 27 de abril de 1954,[81] por meio do qual se cria

80 Anarquista argentino vinculado à FOL e posteriormente assessor cultural dos mineiros na Central Obrera Boliviana (COB), falecido em 2015.

81 Nesse ano, Armando Arce, embaixador da Bolívia na Colômbia, convidou seu colega, o diplomata colombiano Daniel Valois, para participar dos festejos de abril. Uma década depois, Valois publicaria um pequeno livreto, *Bolivia, realidad y destino* (1965), em uma Comisión de Historia del Pueblo Boliviano ou Comisión Histórica Nacional para "reconstruir a verdadeira história da Bolívia", supostamente falseada ou adulterada pela historiografia oligárquica "segundo os interesses das classes que dominaram a Bolívia até 9 de abril de 1952" (Valois, 1965). Essa releitura seria feita a partir da revisão das fontes (primárias) documentais existentes em arquivos estatais, municipais ou privados, assim como da "tradição" (oral?), para reconstruir integralmente a evolução histórica do país, redirecionando a interpretação negativa que dela fizeram os historiadores do passado[82] para "as expressões positivas da Bolívia".

Na parte das resoluções, a norma enuncia de antemão qual seria o resultado da tarefa hermenêutica da comissão: "Compilar a documentação completa das lutas do povo boliviano por emancipação política e econômica, particularmente da que culminou na Revolução de 9 de abril de 1952". Ou seja, antes de agir no sentido de "pesquisar" e consultar fontes primárias, o estado já tinha reinterpretado o sentido da história: uma trajetória linear de "lutas" que chega ao ápice com a própria revolução.

Assinado por Federico Álvarez Plata, ministro da Educação do primeiro governo de Víctor Paz Estenssoro (1952-1956), o decreto conclui propondo a alocação de orçamento e determinando que seja facilitado à comissão o acesso ilimitado aos

---

que transcreve os decretos de reforma agrária, de reforma educacional e de criação da Comisión Histórica Nacional. Uma cópia desse livreto se encontra na coleção boliviana da Universidade de Pittsburg, a que tivemos acesso graças a Eduardo Lozano.

82 Certamente existe aqui uma referência velada ao livro *Pueblo enfermo* (1909), de Alcides Arguedas, o historiador oligárquico que melhor expressa o niilismo das elites urbanas com relação à viabilidade histórica da Bolívia.

repositórios nacionais, municipais e privados. Anuncia também a publicação periódica dos resultados do trabalho de pesquisa da Comisión Histórica Nacional em anais (Valois, 1965). Nossa intuição é de que o responsável máximo da comissão tenha sido José Fellman Velarde, ministro da Presidência, Informação e Cultura, pela obstinação com que persegue o programa cultural do MNR e pela concepção linear da história que apresenta em todos os seus textos. Além disso, suspeitamos que esses anais nunca foram publicados. Assim como muitos esforços estatais proporcionados pelo MNR, os resultados do trabalho da Comisión Histórica Nacional parecem ter sido objeto de uma apropriação individual. Com efeito, mais de quinze anos depois, foi publicada, em três tomos, a monumental *Historia de Bolivia*, de José Fellman Velarde (1970), que abarca quatro séculos de história "boliviana" dividida em etapas, culminando com a revolução de abril e as reformas do estado de 1952. Essa interpretação, já implícita no decreto de 27 de abril, delata Fellman como seu autor e revela a consolidação hegemônica da história oficial da Bolívia, uma versão "autêntica", "verdadeira" (portanto, indiscutível) do devir histórico boliviano desde fins do período colonial. Na década de 1970, a *Historia de Bolivia* de Fellman foi distribuída em todo o sistema educacional boliviano e, ainda que parecesse uma homenagem póstuma a uma "revolução" derrotada fazia tempo, algumas de suas premissas — por exemplo, a análise classista das lutas sociais na Bolívia — penetrariam tão fundo no senso comum das camadas ilustradas da população que só recentemente começaram a se desmantelar.

Mas voltemos aos primeiros anos da revolução, quando essa visão hegemônica estava começando a ser construída. No mesmo ano da promulgação do decreto de revisão da história, a Subsecretaria de Imprensa, Informações e Cultura do MNR publica o *Álbum de la revolución*, um volumoso livro tamanho tabloide, "planejado e dirigido pelo companheiro José Fellman Velarde", que plasma em uma poderosa apresentação visual essa "reinvenção da história" que já se anunciava no decreto de 27 de abril. Segundo relatos, foram distribuídos vinte mil exemplares desse livro, e várias de suas fotografias se converteram em ícones da revolução de 1952 e de seus principais líderes. Sem dúvida, todas as bibliotecas municipais, nacionais e provinciais teriam um exemplar do *Álbum*, assim como os colégios, as universidades, as bibliotecas particulares da elite ilustrada do país e as representações diplomáticas estrangeiras.

O *Álbum de la revolución* contém 159 fotografias sem numeração nem referência de autoria e, na maioria dos casos, sem data nem identificação dos sujeitos fotografados. Um problema adicional que dificulta a análise do livro é a ausência de numeração nas páginas: trata-se de vastas sequências separadas em capítulos ou partes, intercaladas por páginas de título. A publicação é luxuosa, em papel couché de alta gramatura, capa dura e devidamente encadernada. A generosidade de espaço na apresentação das fotografias e dos textos mostra um grande esbanjamento, que, sem dúvida, encareceu o custo da edição. Tudo isso revela a urgência com que se empreendeu o esforço estatal, mediado pelo MNR, em elaborar uma visão coerente e duradoura do processo histórico que acabavam de protagonizar.

As fotografias se sucedem uma a uma, ou em pares ou trios, e até com a disposição de cinco fotos por página, enquadradas por legendas. Os comentários e contextualizações são apresentados em página oposta, e seu autor organiza os textos (e, portanto, as imagens) de um modo estritamente cronológico. Na narrativa, também são inseridas gravuras e reproduções de retratos (pinturas), além de uma fotografia da primeira página do periódico chileno *Ercilla*. Finalmente, quatro documentos são distribuídos ao longo do texto, completando os diversos níveis de uma narrativa complexa, que opera como uma sintaxe através da edição, da "conotação ideológica" (Barthes, 1995 [1990]) introduzida pelos textos e pela seleção e organização da história em partes ou capítulos separados. As conotações se introduzem também pela justaposição e sequência das fotografias como contraponto entre os personagens coletivos da luta social e os indivíduos da elite: caudilhos e líderes que "fazem a história". A profundidade histórica da narrativa de Fellman deve enfrentar, no entanto, o problema da contemporaneidade do material fotográfico com o qual trabalha. O autor resolve a questão por meio de dois recursos de representação: o uso de reproduções de pinturas a óleo, desenhos e gravuras de personagens do passado (Murillo, Bolívar, Sucre e Belzu, do lado "positivo", e Pando e Montes, do lado "negativo")[83] e o uso do presente como passado, ou seja, a ilustração da narrativa histórica dos textos utilizando fotografias contemporâneas que funcionam como metonímias dos tempos de outrora.

A exposição da história do presente (ou melhor, do passado imediato) se distancia, por sua vez, dessa estratégia metonímica

83 Pedro Domingo Murillo (1757-1810), líder de um levante contra a Espanha em 1809, é considerado um dos precursores da independência da Bolívia. Simón Bolívar (1783-1830) e Antonio José de Sucre (1795-1830) dirigiram a bem-sucedida campanha militar que resultou na independência dos territórios hoje conhecidos como Venezuela, Colômbia, Equador, Bolívia e Peru. Manuel Isidoro Belzu (1808-1865) foi presidente da Bolívia entre 1848 e 1855; ficou conhecido por apoiar a indústria nacional e foi assassinado no palácio de governo após retornar de um exílio de dez anos. José Manuel Pando (1849-1917) foi o presidente da Bolívia que cedeu ao Brasil o território do Acre. Ismael Montes Gamboa (1861-1933) foi presidente da Bolívia duas vezes, em governos marcados pelas maiores expropriações de terras comunais no Altiplano *circunlacustre*. [N.T.]

e simbólica, para adotar um tom realista e documental. Assim, o grosso do *Álbum de la revolución* e, sem dúvida, suas fotografias mais notáveis se concentram na narração meticulosa de uma história recente: desde a destituição de Villarroel, os seis anos pontuados por massacres e repressão, a guerra civil de 1949, o massacre de Villa Victoria em 1950, as eleições gerais em 1951 e o processo insurrecional de 9 a 11 de abril de 1952. A partir desse ponto, o *Álbum* documenta o processo de reformas estatais que culmina com a assinatura, em 31 de outubro de 1952, do Decreto de Nacionalização das Minas, apresentado como a "segunda independência" (ou independência econômica) da Bolívia. Um epílogo conclui a jornada da história coletiva com a adoração de um único personagem: Víctor Paz Estenssoro, cujo retrato em primeiro plano herda a carga semântica das imagens introdutórias: Murillo, Bolívar, Sucre são a trilogia de rostos que giram, de um ângulo de três quartos à esquerda (direita pictórica) até um ângulo de três quartos à direita (esquerda pictórica), em que Sucre — a independência ilustrada e reformista do primeiro liberalismo — parece reencarnar em Paz Estenssoro, compartilhando a mesma pose de três quartos do perfil. Mas, enquanto Sucre olha para baixo em um gesto paternalista, Paz Estenssoro olha para cima, em uma atitude que remete ao sentido progressista da história e ao triunfo de uma "visão positiva da Bolívia".[84] Essa homologia e o simultâneo contraste de posições e ângulos do corpo permitem dotar a narrativa escatológica da "segunda independência" de um encerramento simbólico poderoso, que traduz toda uma ideologia e um programa cultural implícitos.

84 Ver "Decreto Supremo n. 3.708 del 27 de abril de 1954", *Gaceta Oficial de Bolivia*, 27 abr. 1954.

De fato, a força hegemônica e a naturalização da imagem de Paz Estenssoro como herói cultural se alimentam de uma autopercepção messiânica dos líderes da revolução. Eles se sentiam portadores de uma missão civilizadora, que racionalizam como "segunda independência", em uma vaga alusão ao contexto mundial imperialista no qual se desenvolve a Bolívia. Mas uma espécie de agenda oculta também é visível nessa construção de si mesmos como caudilhos de uma mudança histórica transcendental: o MNR está cumprindo a missão de entregar aos índios o pacote completo da cidadania ilustrada e moderna. Embora tivessem de tolerar, por um tempo, o incômodo envoltório de uma retórica populista e o uso instrumental da caótica mobilização armada dos índios, a dinâmica de mercado, a educação pública obrigatória e a massificação do "voto camponês", subsumidas nas ramificações clientelistas do sistema político, vão se encarregar de domesticar as multidões insurgentes conforme as disciplinas de uma cidadania de segunda classe.

Vejamos como se consolida esse programa ideológico no *Álbum de la revolución*. Uma lista dos capítulos do livro permite precisar como funciona a cronologia do *Álbum* enquanto escatologia da história: "128 años de lucha por la independencia de Bolivia (de 1809 a la Guerra del Chaco)"; "El despertar (1935-1940)"; "El Movimiento Nacionalista Revolucionario (1941-1945)"; "Fuero sindical/Retiro voluntario/Creación de FSTMB"; "El 21 de julio de 1946"; "La Guerra de la Segunda Independencia de Bolivia (1946-1952)"; "La Guerra Civil de 1949"; "Villa Victoria heroica (Mayo 18, 1950)"; "La Convención de 1951"; "Las elecciones generales de 1951"; "Mayo 1951: elecciones presidenciales"; "El mamertazo[85] (16 de mayo, 1951)";

85 Referência ao autogolpe do presidente Mamerto Urriolagoitia, ligado à oligarquia do sul da Bolívia, que governou entre 1949 e 1951. [N.T.]

"Día de la lealtad (6 de agosto de 1952)"; "La nacionalización de las minas"; e "Víctor Paz Estenssoro".

Duas coisas chamam a atenção nessa lista: a dupla menção às eleições de 1951 e a ausência do 9 de abril de 1952 como título de capítulo. Existe um precipitado histórico, um fluxo incontrolável de acontecimentos e imagens, desde o *mamertazo* até o 11 de abril, que parece impensável interromper com uma página de título. Mas, além disso, o ato culminante não é a revolução de abril, mas a assinatura do Decreto de Nacionalização das Minas, que se constrói como segunda independência da Bolívia e como obra de um só homem. Vejamos agora como se entrelaçam nessa narrativa escatológica a iconografia e os textos escritos.

"128 años de lucha por la independencia de Bolivia" é uma espécie de pré-história que começa com o retrato de Pedro Domingo Murillo e a legenda: "... a brasa que deixo acesa, ninguém poderá apagar". Na página oposta: "Iniciador do movimento de libertação nacional; por isso, foi enforcado há 127 anos". Bolívar e Sucre completam a trilogia desse processo de "quinze anos de heroísmo e sacrifício" que fez da Bolívia uma "nação politicamente livre". Segue-se uma gravura de Manuel Isidoro Belzu, em cuja página oposta há um texto que analisa a estrutura de classes do país: "Um grande mal tinha subsistido à Independência. Nas terras dos primeiros donos, repartidas entre os conquistadores, os netos destes mantinham um despótico sistema feudal que fazia escravos três milhões de bolivianos. Belzu foi o primeiro a lutar contra essa injustiça". Na página seguinte é apresentada a primeira fotografia do *Álbum* [capítulo 4, Imagem 58]: um mercado urbano em alguma cidade andina, mulheres vendedoras no chão, um índio carregando um pesado volume e outro seguindo uma menina ilustram o governo de Mariano Melgarejo: "uma longa noite negra desceu sobre a Bolívia". Com ela começa uma série de doze fotografias, intercaladas com um documento, dois desenhos a tinta e uma gravura, em que a imagem contemporânea é utilizada como metonímia do passado.

A série continua com a foto de um acampamento mineiro andino: "Em fins do século passado, a política de esquecimento dos interesses nacionais facilitou a sutil penetração do imperialismo inglês". Logo é apresentado um ermo campo nas alturas da Cordilheira dos Andes, "... e, pela primeira vez, a Bolívia se vê obrigada a importar seus alimentos". Finalmente, outro acampamento mineiro: "A aliança da grande mineração e do feudalismo apoiada no imperialismo britânico faz da Bolívia, durante trinta anos, um grande acampamento mineiro, e dos bolivianos, escravos baratos e resignados" (capítulo 4, imagens 59-60). A fotografia seguinte é uma notável alegoria do "progresso" liberal no cenário do Altiplano boliviano e talvez a primeira em que a imagem fale por si em vez de ilustrar o texto (Imagem 48). Na parte superior, na página oposta, em direta referência à imagem da linha de trem que vai em direção à direita pictórica (esquerda do observador), lê-se: "Constroem-se ferrovias que são apenas caminhos por onde fogem as riquezas bolivianas...". E, na parte inferior, comentando a figura de uma mulher em luto que caminha ladeira acima: "... enquanto ao 'Índio' resta apenas o caminho da angústia, da dor e da miséria".[86]

A estratégia narrativa das últimas fotos dessa série consiste em apresentar, em pares, as oposições culturais e de classe

86 Na realidade, essa imagem é uma montagem que combina duas fotografias: a da ferrovia e a da estrada de terra por onde transita a mulher. Anos depois, Álvaro Pinaya, que foi meu aluno no Seminario de Sociología de la Imagen, obteve a foto inferior completa: Fellman tinha recortado a imagem da cidade de La Paz, para onde se dirigia a mulher, a fim de encaixar seu texto. Essa foto foi tirada de um álbum impresso, assinado pelo fotógrafo Gustavo Thorlichen (comunicação pessoal).

inerentes à Bolívia dominada pelo "imperialismo ianque" dos anos 1920: "luxuosos palacetes" na parte superior, e, abaixo, "choças miseráveis" [capítulo 4, Imagem 61]; debaixo de "cidades de opulência artificial", "aldeias paupérrimas aprisionadas pela imensidão desolada" [capítulo 4, Imagem 62]; "a degeneração e a ruína da classe exploradora" frente à "robusta constituição de uma raça forjada na luta pela vida e um porvir melhor" [Imagem 49]. Aqui a narrativa parece orientada por um roteiro de fotografia documental que seguramente permitiu ao autor piratear outros autores ou tirar fotos, ele mesmo, para plasmar as ideias de oposição do texto. Além disso, nessa seção aparecem as únicas menções ao "índio" e à "raça" de todo o livro, que nos mais de duzentos textos restantes adotará sistematicamente uma terminologia camponesista. Com efeito, aquelas noções aparecem entre aspas e inseridas como por contrabando numa linguagem classista. O "índio" da Imagem 48 é, na verdade, uma chola do Altiplano pacenho, vestida totalmente de preto, que caminha ladeira acima, em direção à cidade (ainda que pela montagem pareça se dirigir ao trem). As duas imagens que aludem à "raça", na Imagem 49, exibem o clássico enquadramento (primeiro plano aberto) e a pose convencional que estava em voga para retratar "índios".

Se na fotografia de paisagens e casas é a imagem que ilustra as oposições, nas "fotos de índios" as imagens mostram um polo, enquanto o texto conota o outro polo da oposição. Nas fotos não se vê a "classe exploradora", mas o texto fala de sua "degeneração". Até então, a noção de "degeneração" estava associada à de raça e era usada, com base nas versões social-darwinistas de fins do século XIX, para descrever o estado cultural dos indígenas dos Andes. Aqui, porém, o sentido do termo é desviado para a classe exploradora, ao mesmo tempo que se exalta a "robusta constituição" da raça indígena, localizando o equilíbrio binário

Imagem 48 – "Constroem-se ferrovias que são apenas caminhos por onde fogem as riquezas bolivianas, enquanto ao 'Índio' resta apenas o caminho da angústia, da dor e da miséria."

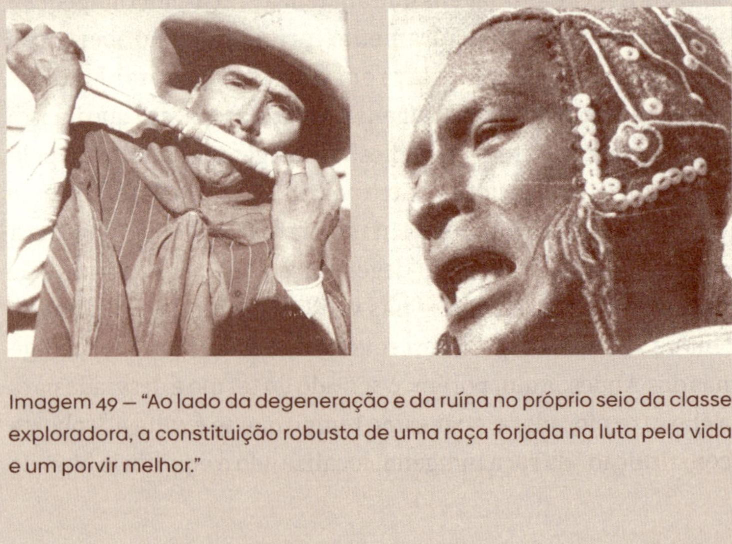

Imagem 49 – "Ao lado da degeneração e da ruína no próprio seio da classe exploradora, a constituição robusta de uma raça forjada na luta pela vida e um porvir melhor."

na capacidade desta para emblematizar o trabalho e o progresso. O *chapaco* [camponês do departamento de Tarija] tocando **erke** na parte superior e o índio do Altiplano em pose de grito na parte inferior são a representação da robusta constituição dessa "raça forjada na luta pela vida e um porvir melhor".

Essas fotografias pertencem a uma tradição iconográfica de personagens exóticos que remonta aos *cartes de visite*[87] analisados por Deborah Poole nos casos do sul do Peru e da Bolívia. Na "linguagem dos tipos",[88] segundo a autora, está "a origem do discurso moderno de raça" (Poole, 2000, p. 109), que surge dos estudos tipológicos de paisagens e tipos humanos do último período colonial realizados por viajantes como Alexander von Humboldt. Em 1903, "as *cartes de visite* também foram usadas pelo antropólogo francês Arthur Chervin para estudar a "fisiologia racial" de índios, cholos e mestizos bolivianos" (Poole, 2000, p. 166). O enquadramento e a pose dos personagens indígenas que Fellman reproduz nessa seção do *Álbum* são representativos de "tipos indígenas" de grande popularidade entre as elites letradas das cidades. Os dois tipos culturais — o *chapaco* tarijenho e o índio do Altiplano — mostram as heterogêneas "raízes" que o autor reivindicava para a nação boliviana, equivalentes, apesar de distintas: o texto as formula inequivocamente como uma única raça, cuja história comum foi a de ser forjada "na luta pela vida e um porvir melhor". Esse registro da raça como classe (uma classe destinada ao trabalho) e sua alocação na pré-história da Bolívia

87 Cartões de visita fotográficos que foram um dos grandes modismos da segunda metade do século XIX e deram origem a outro modismo: os álbuns de fotografia. [N.T.]

88 Referência à tradição de coleções de imagens de "tipos e costumes", como as pintadas por Melchor María Mercado, analisadas no capítulo anterior. [N.T.]

justificarão sua incorporação subordinada (conceitual e visualmente) quando tiver início a história da Bolívia, que se anuncia metaforicamente como "El despertar".

A cronologia dessa segunda parte omite qualquer menção gráfica ao fato que talvez seja o mais presente na memória visual da população boliviana dessa época: a Guerra do Chaco.[89] O conflito está representado no *Álbum* apenas por um documento comentado: o Tratado de Paz, Amizade e Limites entre Bolívia e Paraguai, um fac-símile quase ilegível, com timbre da Presidência da República, seguido de um conciso comentário: "E produz-se o desastre". Na página oposta: "Os interesses do imperialismo ianque, em disputa com os interesses britânicos, usam o Paraguai como seu instrumento, levam a Bolívia à Guerra do Chaco, a guerra do petróleo". Omitida toda referência visual à guerra, esse passado é anulado, e o futuro começa, de maneira inequívoca, no pós-guerra.

Uma nova série de retratos posados — um em plano médio do presidente Víctor Germán Busch Becerra (1937-1939) com traje militar e insígnias de comando, e outro em plano conjunto inteiro, que mostra Busch rodeado de seus colaboradores — anuncia esse "precursor", mas o enlaça com o futuro *ex-ante* de Víctor Paz Estenssoro e Walter Guevara Arce: "Junto a Busch, aparecem já os homens que vão encampar e conduzir o povo à libertação econômica. Com eles, Busch promulga o Código del Trabajo e estatiza o Banco Central".

89 A Guerra do Chaco foi abundantemente documentada em fotografias, pinturas e cinema. Segundo a historiografia acadêmica de fins do século XX, o conflito deu origem à ideia de nação boliviana que se consolida na Revolução de 1952 (Malloy, 1989; Klein, 1968). Ao que parece, essa visão já estava tão internalizada — e Fellman, tão preocupado com o futuro/presente — que não se viu necessidade de se dedicar a ela.

A foto seguinte mostra, pela segunda vez, uma mulher: uma jovem mestiza depositando flores no monumento em homenagem a Busch no Cemitério Geral de La Paz (capítulo 4, Imagem 63). A alusão fálica da coluna cortada é evidente, mas chama a atenção a força icônica dessa mulher como boliviana em postura de culto aos mortos (lembremos da chola de luto caminhando em direção à ferrovia). O luto e a reivindicação de familiares ou amigos mortos são vistos como a única porta de entrada das mulheres nessa história visual da revolução.

A seção seguinte conta a história do MNR, começando pela casa onde foi fundado, depois retratando os primeiros militantes, os massacrados de Catavi em 1942 (onde também aparecem mulheres de luto) [capítulo 4, Imagem 64], os parlamentares de 1942, o golpe de Villarroel e a reprodução de uma pintura a óleo desse presidente-mártir: "Não sou inimigo dos ricos, mas sou mais amigo dos pobres".

O ciclo se encerra com duas fotos que exibem a marcha organizada de multidões: na primeira, pessoas a pé e em bicicletas desfilam pela praça principal de Cochabamba; na segunda, uma multidão de homens de terno e gravata, com chapéus da época, enche o quadro, segurando grandes cartazes do MNR. Essa é a primeira "entrada" das multidões na história contada pelo *Álbum*. Na seção seguinte, uma página destaca as três principais medidas do governo Villarroel-MNR: "Fuero sindical, Retiro voluntario, Creación de la Federación Sindical de Trabajadores Mineros de Bolivia (FSTMB)". Seguem-se duas fotos [capítulo 4, Imagem 65]: a de Villarroel na abertura do Primeir Gran Congreso Indígenal, rodeado por seu gabinete, em que se destaca Víctor Paz Estenssoro (março de 1945),[90] e outra, provavelmente

90 Na realidade, o congresso não foi realizado em março, mas em maio de 1945.

produzida durante o mesmo evento, em que Paz Estenssoro e outros dirigentes civis e militares do regime aparecem dando a mão a várias mulheres indígenas, que estão quase de joelhos e que tinham tirado seus chapéus e dado as costas para a câmera, e cujas diferenças de origem geográfica podem ser vistas por meio de seus *q'ipis* multicoloridos. Não é mostrado nenhum dos delegados indígenas presentes no grande encontro.

A foto seguinte apela à memória visual imediata do leitor, sem qualquer identificação dos personagens e da data — que o autor não se preocupa em mencionar.[91] O comentário: "Dois generais, um comunista, um grande democrata e um republicano. Ao fundo, um setor da população, bem-vestida, satisfeitos [*sic*]". A imagem mostra mulheres e meninas num segundo plano sombreado por um palco oficial. Na foto seguinte, mulheres de classe média, vestidas com chapéus e casacos da época, se reúnem nas ruas. "Sufocada a intentona [referência às manifestações de 13 de junho de 1946], os grupos de mulheres percorrem as ruas de La Paz, fomentando o descontentamento. Os professores se declaram em greve com a reivindicação de um aumento de 100% de seus ordenados."

A série seguinte está dedicada ao sangrento golpe e assassinato do presidente Gualberto Villarroel, em que os protagonistas passam a ser multidões urbanas (e masculinas) em ação. A série relata, passo a passo, vítima a vítima, o enforcamento de Villarroel e de seus colaboradores nas ruas de La Paz, precedida pelo título "El 21 de Julio de 1946", a que

91 Isso indica a finalidade imediatista do *Álbum*, que, longe de ser portador de uma visão para a "posteridade", remodela a história recente para promover a conformidade do presente com as estruturas de poder nascidas da revolução. O objetivo é dotar de legitimidade um processo histórico que conduziu o MNR e Víctor Paz Estenssoro ao poder.

se segue uma reprodução do documento com o qual a alta cúpula do MNR abandona o governo, denunciando pressões da oligarquia. Parece que Fellman buscava lavar as mãos de seu grupo político por esse interregno violento que permitiu à oligarquia recuperar o poder.

Chegamos finalmente ao núcleo da narrativa do *Álbum*, com o título "La guerra de la segunda independencia de Bolivia (1946-1952)", subdividido, por sua vez, em várias partes, em ordem cronológica. As oposições passam a trabalhar a figura personalizada dos representantes políticos da *rosca*[92] ou oligarquia, em contraponto com as figuras dos líderes rebeldes e em situações que mostram a fase repressiva do período: um Adrián Barrenechea ferido atrás das grades, os líderes revolucionários reunidos no exílio, Fellman Velarde e Juan Lechín Oquendo[93] na ilha de Chiloé (jornal *Ercilla*, Chile). Sob o título "La Guerra Civil del 49", a narração de sucessivos episódios repressivos continua, identificando alguns caudilhos e líderes da revolta: Ñuflo Chávez Ortiz, Augusto Cuadros Sánchez e vários oficiais do exército que apoiaram a insurreição. Em "Villa Victoria heroica", por sua vez, omite-se qualquer menção a figuras individuais: é o combatente anônimo, o trabalhador de base, que protagoniza essa breve série. Os frutos novamente são colhidos pela elite *movimientista*.

92 A *rosca* mineira era formada pelos três principais "barões do estanho" bolivianos: Simón Patiño, Carlos Aramayo e Mauricio Hochschild. Suas empresas concentravam 80% das exportações. Não ocupavam cargos no governo, mas possuíam grande poder político, com muita influência nos assuntos do Estado. [N.T.]

93 Juan Lechín Oquendo (1914-2001), líder sindical boliviano, liderou a ala à esquerda do MNR, tendo sido ministro de Minas de Víctor Paz Estenssoro em 1952 e vice-presidente da Bolívia entre 1960 e 1964. [N.T.]

"La Convención de 1951" mostra a direção clandestina, composta por Aurelio Saucedo, Federico Álvarez Plata, Álvaro Pérez del Castillo, José Fellman Velarde, Luis Sandoval Morón e Walter Guevara Arce, enquanto "Elecciones de 1951" relata a prisão dos dirigentes do MNR e a greve de fome de familiares dos detidos [capítulo 4, Imagem 69]. Segue-se uma foto de Víctor Paz Estenssoro quando lhe negam o visto de entrada na Bolívia, e a imagem de uma manifestação multitudinária diante da sede do partido, em protesto contra esse fato. A nova seção se inicia com um título redundante, "Mayo 1951: elecciones presidenciales", e consiste em cinco fotografias de multidões populares 100% masculinas, anônimas, que festejam nas ruas o triunfo eleitoral do MNR fazendo o V de vitória.

Entramos, finalmente, na seção mais volumosa do *Álbum*, "El mamertazo (16 de mayo de 1951)", com 51 fotografias, que sintetiza os fatos até abril do ano seguinte. A série se inicia com duas fotos da Junta Militar de Gobierno, mas o texto se adianta aos fatos: "[Há] Cerca de um ano o povo sofre e se prepara. Em 9 de abril, é anunciada uma Junta de Governo composta por Hernán Siles Zuazo, o general Antonio Seleme pelas forças dos Carabineros[94] e o general Humberto Torres Ortiz pelo Exército. É o princípio da Revolução". O movimento de insurreição acontece nas ruas de La Paz e Oruro entre 9 e 11 de abril de 1952. Onze fotografias mostram diferentes facetas da organização da insurreição com planos gerais de multidões armadas, marchando a pé ou se deslocando em caminhões, e dispostas para o combate: humanidades massificadas que não são identificadas por seus nomes, nem por

94 Forças policiais conhecidas por andarem armadas com rifles antigos chamados carabinas. [N.T.]

suas afiliações ou lideranças, nem sequer pelo lugar onde as fotos foram tiradas (Imagem 50).

Apenas em uma foto anterior há menção ao dirigente mineiro Juan Lechín, no comando de um grupo de trabalhadores combatentes armados. Segue-se uma alegoria da derrota militar, com uma bota de cavalaria atirada sobre o calçamento, e outras duas imagens que mostram o transporte de feridos e a busca de familiares (outra vez, mulheres angustiadas em busca dos seus entes queridos). A série culmina com duas fotografias: um grupo de combatentes em torno de um estandarte com a bandeira boliviana e a entrada do Comité Revolucionario no palácio de governo. De acordo com a legenda do retrato, esse comitê é encabeçado pelo militante Mario Sanjinés Uriarte. A revolução triunfou: "Ao adentrarem o palácio, os revolucionários saúdam Villarroel. É uma justa homenagem a quem deu a vida pela independência econômica da Bolívia". O período revolucionário é inaugurado, literalmente, com uma fotografia. Talvez a imagem mais conhecida da revolução de abril, esse plano médio conjunto (Imagem 51) mostra o presidente interino, Hernán Siles Zuazo, assinando "os primeiros Decretos Supremos emanados da soberana vontade do povo liberto de suas correntes".

Curvado humildemente, em atitude de trabalho sobre seus papéis e indiferente à câmera, o presidente, de terno impecável, gravata e penteado com brilhantina, é guardado por um miliciano de feição índia, enfiado em um capote simples e escuro, que levanta seu rifle e olha, com ar desconfiado, para o fotógrafo. A imagem conota a "vontade do povo" na figura desse miliciano, que está acima e, ao mesmo tempo, protege o caudilho. Este, por sua vez, parece submetido a essa vontade, entregue a essa proteção. Extraordinária intuição "cênica" dos retratados? Construção deliberada de sentidos

Imagem 50 — "A organização e a mobilização, rápidas e eficazes. O povo está em armas!!! Disposto a triunfar ou perecer."

Imagem 51 → "Sob a vigilância dos bravos e aguerridos milicianos, o chefe da insurreição, Hernán Siles Zuazo, assina os primeiros Decretos Supremos emanados da soberana vontade do povo liberto de suas correntes. É necessário dar forma ao novo estado de coisas e o início dos trabalhos se dá quando o eco do rugido da luta ainda ressoa no ambiente."

pelo fotógrafo? Representação de uma momentânea inversão de hierarquias corporais? O certo é que essa foto expressa uma metáfora da participação popular na revolução: o povo entrega às cegas sua vitória para a elite letrada do partido e lhe confia seu destino, em troca de um lugar eminentemente simbólico ao lado dos escolhidos.

A sequência seguinte introduz uma sucessão de multidões trabalhadoras, quase em sua totalidade masculinas. A chegada do "Chefe" [Víctor Paz Estenssoro] se dá em meio a essa densa e tumultuada onda de agitação humana. O número e a reiteração dos enquadramentos (majoritariamente planos picados)[95] criam um crescente de intensidade dramática que culmina em um plano médio contrapicado[96] de Víctor Paz Estenssoro, que se dirige à multidão da sacada do palácio de governo [capítulo 4, Imagem 74]. Parece o ápice de toda a história, o fim de um longo caminho — e justamente ali, em meio a esse clímax, é que se produz o que chamo de *amarração metonímica* entre o objetivo final do processo histórico boliviano e a "pertença da Bolívia ao mundo ocidental" (e cristão) (Imagem 52): o novo presidente, legitimado pelo triunfo eleitoral de 1951 e a insurreição popular de abril, é apresentado em segundo plano, atrás de uma cruz católica, com o texto "Por meu Deus, por minha pátria e pela memória dos caídos na luta, juro servir à Revolução Nacional enquanto me restar um sopro de vida". Essa espécie de voz em off encerra o legado insurrecional do qual se apropria o

95 Ângulo fotográfico em que a foto é tirada de cima para baixo, produzindo um efeito em que o que é fotografado parece menor e é possível ocultar o fundo. [N.T.]

96 Ângulo fotográfico em que a foto é tirada de baixo para cima, produzindo um alongamento dos objetos e dando-lhes maior imponência. [N.T.]

"Chefe": 1.200 mortos, milhares de feridos e inválidos. Assim, toda essa massa anônima do povo que lutou durante décadas contra as oligarquias e os exércitos, todos os combatentes que organizaram e realizaram o ato insurrecional desaparecem, subsumidos na imagem messiânica do caudilho: "Todo o povo o aclama".

Seguem-se imagens misturadas, de até cinco por página, que mostram o auge da multidão (Imagem 53). São as maciças e recorrentes concentrações populares que Zavaleta Mercado batizou como "a festa da plebe" — uma festa de homens anônimos, sem rosto, multiplicados em filas de dezenas e centenas de iguais, a quem Fellman Velarde não vacila em caracterizar programaticamente: "trabalhadores, camponeses e pessoas de classe média". A apoteose da multidão prossegue com a réplica de todas as concentrações em centros urbanos e mineiros da república (Potosí, Tarija,[97] Colquiri, Corocoro, Pulacayo, Llallagua, Machacamarca, Uyuni, Uncía e Trinidad), geografia alegórica encerrada com duas imagens construídas, seguramente projetadas e pensadas *ex professo* para o *Álbum* por seu autor. Aí se veem um indígena andino vestido humildemente e um indígena da floresta [das terras baixas] seminu, que posam simetricamente (o andino acima e o da floresta abaixo), em plano inteiro, fazendo o V da vitória com a mão direita (Imagem 54). Um comentário conecta ambas as imagens: "A revolução chegou a todos os bolivianos".

97 Salta à vista o efeito de montagem pela sintaxe entre o nome (neste caso, Tarija) e a imagem: na foto, veem-se mineiros com *guardatojos* e mulheres com chapéus brancos do tipo cartola, que na época eram comumente usados em Cochabamba e nas minas, mas não em Tarija (ver Barthes, 1995 [1990]).

Imagem 52 – "Por meu Deus, por minha pátria e pela memória dos caídos na luta, juro servir à Revolução Nacional enquanto me restar um sopro de vida."

Assim culmina o processo de nacionalização da história, com a supressão da condição de sujeito da população indígena e a entronização do homem mestizo, ocidental e cristão como modelo do novo cidadão homogêneo que a revolução criará. De ser uma "raça" de "constituição robusta forjada na luta pela vida", o índio se converte em parte menor da entidade indiferenciada chamada "povo boliviano". Foi "liberto" pela revolução, e o *Álbum* o transforma em ornamento de uma nova cultura hegemônica que o submete aos supostos condutores desse grande feito coletivo.

Uma série intitulada "Día de la lealtad" (22 fotografias) mostra três comemorações reunidas em uma: o 16 de maio de 1952 (morte do estudante Ovidio Barbery em Santa Cruz), o 21 de julho (enforcamento de Villarroel), em que aparece pela primeira vez um novo personagem, o "exército do povo",[98] junto às viúvas dos caídos em 1946 (novamente, mulheres enlutadas que a revolução consagra) (capítulo 4, Imagem 76), e o 2 de agosto (Dia do Camponês), em que o "Chefe" reafirma o compromisso de realizar a reforma agrária — o que cumprirá um ano depois, na mesma data. Há várias fotografias de personagens indígenas anônimos, cuja identificação seria possível reconstruir por meio de outras fontes (capítulo 4, imagens 78-80). Aparece, por exemplo, Antonio Álvarez Mamani, ao lado de Paz Estenssoro e outro dirigente que não consegui identificar. Este mesmo retrato pode ser encontrado na

98 Após a capitulação do exército e da momentânea transferência do poder repressivo do estado para as milícias de trabalhadores e camponeses que surgem da revolução, a ala moderada do partido, liderada por Víctor Paz Estenssoro, opta por reorganizar o Colégio Militar, o que acontece em 17 de maio de 1952 e é ratificado em 31 de maio de 1953 com a abertura do Colégio Militar de Aviação Germán Busch (Lavaud, 1998).

Imagem 53 – "Víctor Paz Estenssoro percorre a Bolívia nos braços dos trabalhadores, camponeses e pessoas de classe média."

Imagem 54 — “A revolução chegou a todos os bolivianos.”

biografia de Álvarez Mamani (Ranaboldo, 1987, p. 199), mas no *Álbum* não é mencionado seu nome nem o dos participantes no Congreso Indigenal de 1945, tampouco o dos deportados, torturados e assassinados no sexênio. Nenhuma figura indígena da história nacional aparece com nome próprio no *Álbum de la revolución*.

A seção seguinte tem o papel de desfecho e prólogo ao evento máximo da história: a nacionalização das minas. Seu título é "6 de agosto de 1952" e conta com cinco fotos que mostram esse processo de "nacionalização" de índios e mulheres.[99] As duas primeiras (Imagem 55) trazem as seguintes legendas: "O Chefe encabeça o desfile" e "O povo demonstra profunda afeição por ele". Na terceira, vê-se uma multidão que, do alto de um edifício em construção, observa um conjunto desordenado de transeuntes em primeiro plano (entre eles, uma chola). A série se encerra com imagens do presidente Víctor Paz Estenssoro dançando com duas mulheres anônimas de *pollera* — ou seja, são cholas — no palácio do governo (Imagem 56).

As legendas das fotos sugerem a função legitimadora que teria, daí em diante, o gesto performativo de tirar cholas para dançar nos espaços públicos de poder e de estado: "De noite, no Palácio do Governo, foi celebrado um grande baile popular"; "Antes apenas a aristocracia tinha acesso aos seus salões". Mas essa atitude populista seria apenas uma aparência. Sobre os mesmos episódios, Nieves Munguía, do Sindicato de Floristas, que trabalhava na elaboração de arranjos de flores para os eventos no palácio de governo, lembra: "Quando entrou Paz Estenssoro, duas vezes houve festa nos carnavais: havia baile popular, baile da alta aristocracia também" (Lehm & Rivera Cusicanqui, 1988, p. 167).

99 Eu trato desses assuntos de modo aprofundado no capítulo 4.

Imagem 55 – "O Chefe encabeça o desfile. O povo demonstra profunda afeição por ele."

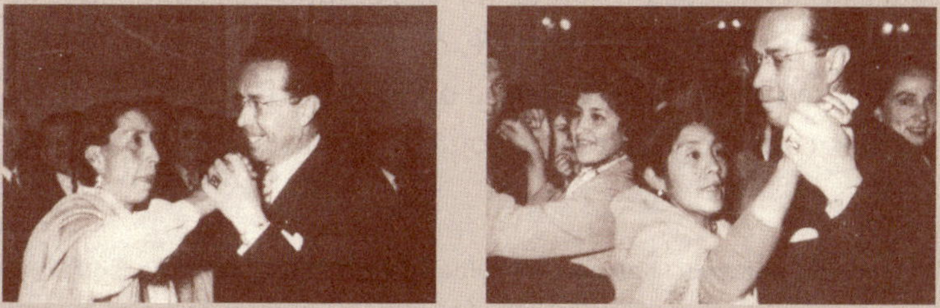

Imagem 56 – "De noite, no Palácio do Governo, foi celebrado um grande baile popular. Antes, apenas a aristocracia tinha acesso aos seus salões."

A duplicidade das práticas populistas da revolução, com a linguagem racional e escatológica da "independência econômica" produzida por uma camada de dirigentes ilustrados e "decentes", uma "alta aristocracia" que abre as portas do palácio à multidão plebeia, emblematiza, assim, a inclusão ornamental e culturalista de índios e cholas no imaginário da nação boliviana que constrói esse documento.

O *Álbum de la revolución* termina com uma série cronológica de fotos que detalha o processo de assinatura do decreto de nacionalização das minas, em 31 de outubro de 1952. Em uma atmosfera de solenidade e dando mostras de um culto fetichista do papel, os líderes revolucionários recebem cinco volumes de estudos que fundamentam a medida (duas fotos). Apresenta-se em seguida o texto do decreto, a assinatura que estampam sobre ele o presidente Paz Estenssoro e o ministro de Minas, Lechín Oquendo, uma foto do decreto assinado e outra da missa de ação de graças realizada naquela dia, com o bispo em primeiro plano, de costas, em frente à multidão civil-militar. Nas páginas seguintes, há duas fotos quase idênticas dessa mesma multidão, mas em plano frontal, com a legenda: "Os trabalhadores e o Exército do povo assistem ao ato". Depois, cinco fotos dispostas de forma piramidal exibem rostos de mineiros anônimos com *guardatojos* e as bochechas avolumadas por seus *jachus* de coca[100] (Imagem 57), compostas como base de uma pirâmide em cujo vértice, olhando paternalmente para baixo, se vê o "Chefe" fazendo o V de vitória. Os rostos orgulhosos, cansados, incrédulos ou felizes são como um pedestal

100 Referência ao bolo de folhas de coca que fica na bochecha, inchando-a visivelmente. A coca não é realmente mascada, mas sim mantida na boca até que seu conteúdo nutritivo, energizante e aromatizante seja extraído. [N.T.]

em homenagem ao caudilho. Aqui se inverte completamente a composição que tínhamos observado com o presidente interino Hernán Siles Zuazo assinando papéis em sua escrivaninha. Ficam explícitas as intenções do narrador: Paz Estenssoro se coloca como pai protetor e modelo cultural para essa multidão de gente marcada pelo esforço laboral. Tudo isso ratifica, paradigmaticamente, a ideia de que apenas as pessoas donas de eloquência oratória e da palavra escrita (na língua dominante) serão capazes de governar o país. A última foto dessa série volta a usar uma conotação metafórica para consolidar a ideia do texto. Vemos uma multidão de mineiros, militares e "classes médias" misturada e majoritariamente masculina, que dá as costas para a câmera e parece se mover em direção ao fundo do plano: "E o povo da Bolívia prossegue sua marcha em um novo caminho", comenta Fellman na legenda.

Chegamos, assim, ao epílogo do *Álbum*, que se abre com uma foto em primeiro plano de Paz Estenssoro olhando para cima e para a direita do observador (esquerda pictórica), vestido com um impecável terno listrado escuro, camisa branca e gravata. É o "fazedor da história", o caudilho cuja vida deve ser entendida como um destino transcendente. Vemos então a fachada da casa "do condutor e guia da Revolução Nacional Boliviana", um ângulo do quarto onde esteve seu berço. Como último toque metafórico, Paz Estenssoro é seguido por um militar anônimo vestido de branco, caminhando por um bosque de eucaliptos e pinheiros em sua cidade natal. O texto derradeiro tece uma interpretação messiânica da "vontade de ser" que concebe a revolução como obra de um homem:

> Víctor Paz Estenssoro, com íntima satisfação, contempla e revisa a tarefa. Um terreno árido que, sob sua orientação e planejamento, hoje é um belo bosque em sua cidade natal. Quando assumiu a

Imagem 57 – "Os mineiros podem estar seguros de não ter lutado em vão. As minas já são do povo."

> tarefa de arborizar o campo arenoso, provocou a dúvida dos incrédulos. Hoje a realidade lhe concede razão. Igualmente, quando fundou o Movimiento Nacionalista Revolucionario, consideraram-no iludido. Hoje a realidade confirma que, também nisso, ele estava com a razão.

Ao associar a vontade com a verdade e o poder com a razão, torna-se indiscutível a entrada da Bolívia no "concerto das nações modernas" e na humanidade ocidental. A nação boliviana está representada por estas duas cabeças: o "militar do povo" e o estadista civil. Reconstruído, o exército de 1952 já aparece como garantidor da condição nacional das transformações que são levadas a cabo: modernização da economia, ampliação do mercado interno, hipoteca dos recursos naturais e crescente influência ideológica e cultural do mundo cristão imperialista sobre a alma da população boliviana. O epílogo do *Álbum* foi premonitório. De fato, a associação autoritária do nacionalismo revolucionário com o núcleo repressivo do estado se consolida na candidatura Paz Estenssoro-Barrientos para as eleições de 1964 e no golpe de 4 de novembro daquele ano, que escancara a intromissão dos Estados Unidos nos assuntos econômicos e políticos do país. O que aconteceu com a "segunda independência da Bolívia"? O que restou da nacionalização das minas? Onde foi parar a denúncia da conversão da Bolívia em país importador de alimentos? Uma obra posterior de José Fellman Velarde, o *Memorándum sobre política exterior boliviana*, assume os mesmos eixos delineados no *Álbum* como expressão dos assuntos de soberania implicados na noção de independência econômica. Isso nos permite aprofundar o tema das contradições culturais e políticas inerentes ao discurso *movimientista* e revelar evidências adicionais dessa relação tão persistente entre colonialismo interno e imperialismo.

O cerne da problemática é o "pertencimento da Bolívia ao mundo ocidental", imagem hegemônica que vimos ser elaborada ao longo do processo de construção visual do *Álbum de la revolución* e que seu autor explicita e teoriza quase dez anos depois, já na condição de chanceler da república, com o propósito de explicar e justificar a política internacional do país. O *Memorándum* é um texto árido e tedioso, que exibe um conhecimento detalhado dos conflitos internacionais e da dinâmica econômica mundial em que se desenvolveu a Revolução Nacional boliviana entre 1952 e 1962. Analisa os aspectos demográficos, econômicos e sociais do país, por meio de dados e mapas ilustrativos dos obstáculos e dilemas estruturais enfrentados pela Bolívia, devido a sua peculiar inserção no mundo contemporâneo. Resume a política internacional do segundo governo de Paz Estenssoro (1960-1964) e explicita as considerações de realpolitik que impedem o exercício pleno da soberania ou da "independência econômica", ideal proposto como objetivo último da Revolução de 1952 e início da "verdadeira" história da Bolívia.

O livro começa especificando seus objetivos e definindo os conceitos utilizados. O capítulo "Bolivia: su situación en el mundo" aplica esses conceitos à situação contemporânea do país. Para isso, o autor emprega três critérios: localização geográfica (definida por meio das relações com os países vizinhos); demografia (sob o filtro cultural de uma suposta "semelhança no modo de vida"); e "capacidade econômica e política", equivalente ao "estágio de desenvolvimento", em especial econômico. É de acordo com esses critérios que Fellman caracteriza a Bolívia como "um país mediterrâneo [sem saída para o mar] situado no coração da América do Sul, rodeado por cinco países: Argentina, Brasil, Chile, Paraguai e Peru; é parte, pela semelhança em seu modo de vida, do mundo ocidental, e está, por seu estágio de desenvolvimento, dentro da área mundial do subdesenvolvimento".

Mais à frente, especifica o que entende por "mundo ocidental": "aqueles países que, em linhas gerais, aderiram ao regime de propriedade privada e professam o sistema de democracia representativa". Esse mundo não reúne entidades homogêneas, pois está estruturado por hierarquias e relações de força: "No topo se encontram os Estados Unidos", e isso é demonstrado por sua localização, seu potencial demográfico e seu nível de desenvolvimento econômico. Mas esse mundo se define também por seu oposto: o surgimento de outro bloco, liderado pela União Soviética, de países "a que se convencionou chamar de o mundo do Oriente". Nesse nível de análise, a Bolívia seria parte do mundo ocidental ou "livre", em oposição ao bloco comunista e sua área de influência "oriental" na Ásia e na África. São evidentemente conceitos metafóricos que ignoram a precisão geográfica.[101] A análise de Fellman se dirige, então, às implicações da inclusão subordinada da Bolívia no "mundo do subdesenvolvimento", dentro do bloco liderado pelos Estados Unidos. Cita casos flagrantes de intervenção norte-americana nas decisões internas de política econômica de países vizinhos — por exemplo, a suspensão da ajuda financeira ao Peru, para pressionar Belaúnde Terry, o presidente eleito, a renunciar à promessa eleitoral de

101 No sentido estritamente geográfico, a Europa está ao norte e a leste da América do Sul, enquanto a China, por exemplo, se situa a oeste ("ocidente"). Para não complicar a leitura, utilizei esses termos da forma como recomenda o senso comum, às vezes entre aspas para manifestar minha discordância.

rever contratos estatais com companhias petrolíferas norte-americanas. A influência de Washington não se resume a essas pressões diretas para favorecer interesses econômicos; também "se encontra, em geral, orientada à promoção daquelas ideias que distinguem o modo de vida do mundo ocidental". Embora essa influência cultural não seja problematizada, denuncia-se, por outro lado, que pode ser utilizada "em favor e benefício de interesses particulares", e esse é o caso da Bolívia. O tema da fundição de antimônio de Oruro — que será analisado em detalhes por Sergio Almaraz em *Réquiem para una república* — funciona paradigmaticamente como demonstração do poder unilateral dos Estados Unidos para bloquear o desenvolvimento autônomo de um país subdesenvolvido, ainda que formalmente soberano.

Fellman passa a considerar a balança comercial boliviana com os Estados Unidos e o volume dos investimentos e doações desse país ao governo, para concluir: "A situação da Bolívia dentro do mundo ocidental é de extrema dependência econômica e política em relação aos Estados Unidos". Assim, embora o mundo esteja dividido em apenas dois blocos, existem crescentes tensões entre os países "altamente desenvolvidos" e "os que estão em vias de desenvolvimento", as quais vêm se intensificando até chegar a uma "profunda e inevitável contradição de interesses". Dá como exemplo o caso do Conselho Internacional do Estanho e a criação do *buffer stock*, que afeta os preços desse minério e a economia da Bolívia, privando-a de opções de sobrevivência. Assim, países subdesenvolvidos foram passando de economias formalmente independentes para "colônias, neocolônias ou semicolônias, controladas ou disputadas pelos países altamente desenvolvidos". O capítulo é concluído com a ambivalente proposta de inscrever a Bolívia na "neutralidade ativa ou no não compromisso", para poder "comprar e vender como e onde convenha, e a preços fixados unicamente pelas leis da oferta e demanda". Mas, ao encerrar sua argumentação, Fellman expõe com tom objetivista as estatísticas da balança comercial que impedem tal possibilidade: a Bolívia é tão dependente dos preços das matérias-primas e da importação de maquinário e bens de consumo que importa "inclusive 13,19% dos alimentos de que necessita para suprir seus déficits de produção". Para pagar esses desequilíbrios, o maior fluxo de divisas se dirige aos Estados Unidos.

O que restou, então, da "segunda independência da Bolívia"? A nacionalização das minas foi, como mostra o *Álbum de la revolución*, o início da existência soberana de nosso país no campo internacional? A esse respeito, são contundentes os casos das fundições de estanho e antimônio — e o do petróleo, que, com a assinatura do chamado Código de Davenport, podia ter 95% de suas divisas transferidas à companhia Gulf Oil. Mas existe uma grande brecha entre o fato de aceitar que o equilíbrio de forças com os Estados Unidos é altamente desfavorável para a Bolívia e entender esse fato como inevitável: a distância entre o que se propõe e o que se pratica. Insistamos em que José Fellman Velarde é não apenas o autor desse *Memorándum* como também do *Álbum de la revolución*, no qual não titubeou em proclamar que o decreto de nacionalização das minas equivalia à libertação definitiva da Bolívia das determinações do imperialismo. O pecado original da Revolução de 1952 reside na contradição entre sua ideologia de legitimação do rompimento, baseada no discurso da independência econômica e do mestizaje, e a contínua adesão de suas elites ao "mundo ocidental", o que se traduz na continuidade de uma política civilizatória, cega à natureza não europeia da maioria da população boliviana. Essa cegueira é envolvida em uma linguagem de classe:

> A sociedade boliviana [...] é composta por uma burguesia supranacional feita de investidores que exportam seus produtos, estão radicados no exterior e que tendem, por isso, a exportar também benefícios; por uma burguesia nacional formada por capitalistas nativos, que vendem seus produtos dentro do país, que tendem a reinvestir seus capitais e que, como todo capitalista, obtêm seus benefícios da contratação de trabalho alheio; pelos trabalhadores, aqueles que vendem sua força de trabalho e dependem, para subsistir, do que obtêm em troca; e, finalmente, pelas classes médias: profissionais, pequenos proprietários, empregados, trabalhadores manuais, pessoas em geral que escapam às definições de burguesia ou do proletariado.[102]

Se o *Álbum* aborda reiteradamente o "campesinato", além de incluir algumas fotografias de indígenas de diversas regiões (embora fossem uns poucos índios emblemáticos e ornamentais), no *Memorándum* os índios se encontram completamente obliterados, omitidos até mesmo como camponeses, subsumidos à categoria de "pequenos proprietários" — por sua vez, parte das "classes médias". Esse deslocamento da análise de classe e o duplo apagamento do índio como "raça" ou grupo étnico e como produtor rural camponês revelam um nível mais ousado e, ao mesmo tempo, mais cego na construção do discurso da nação boliviana como parte do bloco liderado pelos Estados Unidos: equivalem a reconhecer a impotência da Bolívia para exercitar sua condição de país soberano e justificam

102 Mais à frente, arrisca um cálculo das proporções entre essas "classes": a burguesia supranacional seria inexistente, a burguesia nacional abarcaria 7% da população, o proletariado, 28,6% e as "classes médias", 64,4%, o que ratifica a subsunção do campesinato indígena do país nesta última categoria.

essa rendição como tributo cultural à sujeição (unilateral) que a elite *movimientista* professava em relação ao "mundo ocidental", em nome de toda a população boliviana. A ligação entre colonialismo interno e submissão ao imperialismo se torna evidente. Com efeito, a obliteração do índio — e também do camponês — do texto social da nação gera um paradoxo. Na parte enigmaticamente intitulada "El complejo político y cultural", Fellman Velarde expõe e vaticina "uma notória e favorável tendência dos distintos grupos étnicos que formam a população a se integrar em um só corpo", mas, por outro lado, destaca que, "dentro da chamada opinião pública, subsiste uma espécie de sentimento de inferioridade, nascido talvez dos vários reveses sofridos pelo país, do qual um dos mitos é a superioridade de tudo que é estrangeiro, desde os artigos alimentícios até a diplomacia, e que é necessário superar".

Mas acaso não seria o próprio *Memorándum* um reconhecimento sem atenuantes da hegemonia cultural norte-americana sobre o mundo, especialmente sobre este quintal subdesenvolvido que é a Bolívia? Não expressa o próprio Fellman um "sentimento de inferioridade" e um "complexo político e cultural" frente ao arrasador impulso de desenvolvimento capitalista do "Ocidente" e à hegemonia comercial e política dos Estados Unidos?

Assim, todos os seus lamentos e queixas sobre o domínio imperialista na Bolívia caem no vazio; convertem-se em ladainhas de autodepreciação, e um reconhecimento — disfarçado de realpolitik — da incapacidade das elites de exercer uma postura soberana e encarnar efetivamente a promessa de pôr em marcha a "segunda independência da Bolívia". Uma revisão superficial dessas lamentações: o ***dumping*** do estanho realizado pela União Soviética em 1958 e pelos Estados Unidos a partir de 1962, provocando uma rápida queda dos preços, "com grave prejuízo para a Bolívia". Esse episódio é visto como uma agressão à soberania do país, mas o relato do ministro parece ratificar a impotência boliviana nos fóruns internacionais. Igualmente, o desvio das águas do Rio Lauca, que causou a ruptura das relações com o Chile em 1962, evidencia a incapacidade boliviana até para conseguir a solidariedade dos países vizinhos. Além disso, a Bolívia se submete sem espernear ao "imperialismo comercial" de Washington: o decreto de 22 de agosto de 1963 obriga a comprar dos Estados Unidos equipamentos motorizados, leite, pneus etc., em detrimento dos próprios interesses. Esse decreto tinha sido promulgado pela "influência reiteradamente exercida pelos Estados Unidos". O diagnóstico sobre a soberania boliviana é lapidar e mostra a incapacidade do estado de 1952 e da elite *movimientista* para exercê-la: "A liberdade da Bolívia para comercializar não está apenas incidentalmente ameaçada: na verdade, não existe em absoluto".

O *Memorándum sobre política exterior boliviana* é o réquiem para o nacionalismo do MNR — um nacionalismo proclamado aos quatro ventos em 1952 e que, em 1954, se expressou na "reinvenção da história" por decreto. Havia um duplo objetivo nesse mecanismo ideológico: apresentar o MNR e seus caudilhos como a face racional e civilizatória da insurreição de 1952 e lançar uma cortina de fumaça para encobrir o caráter fundamentalmente continuísta das políticas culturais do MNR em relação aos seus antecessores oligárquicos. Essa continuidade foi assegurada pelos Estados Unidos como parte de sua política durante a Guerra Fria. A primeira reforma educacional foi elaborada a partir do SCIDE e não pôde se realizar plenamente em meio às turbulências do período pré-revolucionário. Essa proposta civilizadora e aculturadora se consolidou finalmente na segunda reforma educacional de 1955, da qual um dos pilares foi a reinvenção da história e a difusão massiva de imagens que sustentam essa construção ideológica. José

Fellman Velarde, o historiador oficial do MNR, promoveu um discurso encobertador que permitiu às camadas dirigentes do partido entregar o país ao saque imperialista e renunciar à "segunda independência da Bolívia", desviando o discurso da soberania em direção à "agressão chilena" e ao fortalecimento do exército, que se converterá em guardião das políticas imperialistas, antitrabalhadoras e anticamponesas durante a ditadura de René Barrientos Ortuño (1964-1969).

CONCLUSÕES PRELIMINARES

Procurei expor as contradições inerentes ao projeto cultural do MNR através de suas estratégias de representação da história, usando exemplos de sua própria produção documental. Revisei o decreto de 27 de abril de 1964, por meio do qual se cria uma Comisión de Historia, cujo objetivo é a redação de uma nova versão — única e autêntica — da história boliviana, para ser difundida massivamente através dos centros educacionais. Por outro lado, analisei a narrativa que organiza o *Álbum de la revolución* (1954) e o *Memorándum sobre política exterior boliviana* (1967), produzidos pelo mesmo autor e situados no princípio e no final da gestão estatal *movimientista*, para observar como se articulam as leituras coloniais da estrutura social da Bolívia, com o reconhecimento de uma submissão sem escapatória aos ditames do império.

No contexto da Revolução de 1952, não houve interrupção entre esses momentos revisionistas da história e a subordinação pragmática dos funcionários do MNR à política da guerra fria e à Aliança para o Progresso, dos Estados Unidos. O papel de intelectuais como José Fellman Velarde na elaboração desses instrumentos de reinvenção da história foi destacado, e, por meio dele, procuramos fazer uma radiografia dessa elite política — esses "parentes pobres da oligarquia", como dizia Zavaleta, compelidos a se mostrar como exemplos de modernidade e civilidade em um país de índios e, ao mesmo tempo, atormentados pela supremacia ianque que lhes impunha uma ambígua percepção de si mesmos. Essa submissão ideológica tinha raiz no mito do pertencimento da Bolívia ao mundo ocidental, que equivalia a negar a condição cultural de mais de 60% da população boliviana. O "apagamento" do índio da história e a subordinação populista das mulheres são as duas faces da moeda na implantação desse mito no senso comum da população. São parte de uma pedagogia nacional-colonial imposta a partir da missão Maes e do SCIDE, com sua linguagem de mestizaje e camponesização e com sua prática de invadir os lares camponeses para impor um modelo de família patriarcal que restringe as mulheres a trabalhos de higienização e cuidado da família. De fato, é como viúvas, parentes ou mães angustiadas que as mulheres fazem sua entrada no imaginário do *Álbum de la revolución*, o que equivale a negar a historicidade e a presença pública autônoma de milhares de mulheres bolivianas (desde as floristas e *recoveras*[103] da FOF até a sua participação como trabalhadoras industriais). O *Álbum* é, assim, uma grande metáfora do lugar ornamental e marginal que índios e mulheres ocupariam no corpo imaginário da nação mestiza, fortalecido pela entrada de multidões homogêneas, masculinas e modernas no cenário da política, por meio das redes capilarizadas do sistema clientelista e dos rebanhos eleitorais do partido único. Os textos

103 Antes da modernização urbana, a *recova* era o mercado de rua que se montava em torno dos antigos mercados estabelecidos. A maior *recova* da cidade de La Paz abrigava centenas de barracas onde trabalhavam as *recoveras*, filiadas a *gremios* anarquistas. [N.T.]

analisados me permitiram destacar as profundas ambiguidades dessa ideologia ocidentalista e patriarcal e da pedagogia nacional-colonial que foi sua base teórica e prática. A crítica de ambas as construções é válida ainda hoje para enfrentar a cegueira e a amnésia da classe política hegemônica na Bolívia (que não vacila em adotar as receitas "plurimulti"[104] do Banco Mundial, enquanto destroça as bases materiais de subsistência das populações trabalhadoras indígenas e cholas com suas políticas de destruição de mercados internos). O movimento pendular de reconhecimento/desconhecimento da força insurgente das populações indígenas na história é determinante para entender como o MNR acabou de joelhos frente ao império do Norte, contentando-se com denúncias mornas e repúdios ao seu papel econômico, mas sem economizar expressões de admiração à posição dos Estados Unidos como ápice e modelo do "mundo ocidental". Esse foi o pecado original do nacionalismo *movimientista*, uma mudança para que nada mude na política de negação e civilização do índio, o que conceituamos como colonialismo interno e que, nesse caso, marca os compassos do réquiem para um nacionalismo.

Mas é preciso reconhecer também até que ponto o mito ocidentalista foi compartilhado pela intelectualidade radical e de esquerda. Basta mencionar que o próprio René Zavaleta Mercado — que, junto com Sergio Almaraz e Fausto Reinaga, foi o crítico mais agudo das falácias e ambiguidades da cultura revolucionária de 1952 — publicou em 1963 o livro *Estado nacional o pueblo de pastores*, negando toda a força liberadora das

104 Forma pejorativa de se referir a um conjunto de discursos e políticas públicas de reconhecimento pluricultural ou multicultural. Tais políticas foram muito criticadas por terem acompanhado, na Bolívia dos anos 1990, a implementação do neoliberalismo. [N.T.]

massas indígenas e cholas e propondo um ideal de modernidade totalmente modelado sobre um imaginário cultural ocidentalizado. A crítica do mito ocidentalista que propus aqui convoca um olhar descolonizador que permita desconstruir os discursos estatais e logocêntricos da direita e da esquerda, encontrando as ligações entre racismo cultural e submissão externa, entre colonialismo interno e dominação imperialista, que tão vivamente foram intuídos por Sergio Almaraz em seu *Réquiem para una república*, livro que foi também um réquiem para o nacionalismo paródico das elites *movimientistas*.

Construção de imagens de índios e mulheres na iconografia pós-1952: o miserabilismo no *Álbum de la revolución* (1954)

Neste ensaio, analiso um valioso documento iconográfico produzido pelo emergente estado de 1952 na Bolívia, que revela a imagem de nação e de cidadania que os dirigentes revolucionários buscavam construir para toda a população.[105] Começo descrevendo o ato revolucionário de abril de 1952 e seu contexto histórico de lutas e atores sociais insurgentes. Desse modo, revelo os perfis dos sujeitos ausentes no *Álbum*: índios e mulheres. Essas populações majoritárias, através de suas lutas, revelam as contradições diacrônicas de longa duração entre a elite colonial dominante, de origem europeia, e as massas subalternas indígenas e cholas.

105 Ver também o capítulo 3.

Índios e mulheres são obliterados ou representados de modo estereotipado no *Álbum*, convertendo-se em ornamentos culturalistas de um discurso e uma visão de nação que propunham a hegemonia absoluta da cultura ocidental, patriarcal e cristã a partir do estado. As mulheres são apresentadas apenas como parentes, familiares ou viúvas dos combatentes, e os índios, como adornos culturais do mundo do trabalho, que dançam, tocam instrumentos nativos e aclamam os líderes mestizos. Nesse processo de anonimato coletivo, a noção de miséria e, em geral, o miserabilismo na representação dos setores subalternos resultam em uma arma de grande eficácia simbólica. Essa noção permite às classes dominantes objetivar e subalternizar essas populações, e legitimar o clientelismo como novo modo de dominação ancorado em redes escalonadas e verticais de manipulação e domínio. A noção de miséria, assim como uma noção mais moderna — a de pobreza —, destitui os atores populares (indígenas, mulheres, trabalhadores) da condição de sujeitos da história. O próprio *Álbum* constitui, nesse sentido, uma revelação dos conteúdos culturais e civilizatórios de longo prazo que caracterizam a dominação interna na Bolívia, em um contexto de reformas estatais nacionalistas.

A HISTÓRIA QUE CULMINOU EM 1952

Em abril de 1952, uma tempestuosa insurreição popular urbana e mineira destruiu o exército da oligarquia em três dias de combates e conduziu o MNR ao poder, exigindo o reconhecimento da legitimidade das eleições de 1951, vencidas por esse partido. Centremos o olhar nas estruturas profundas que subjazem ao evento, isto é, nos modos de dominação e nos ciclos de lutas sociais prévias que se manifestaram nesse acontecimento histórico.

Uma oligarquia de origem colonial governava o país, e o estado nacional via uma série de espaços de decisão e poder esvaziados e colonizados pela intervenção direta de empresas e governos estrangeiros. A massa indígena produtora não era apenas a principal geradora de riqueza nacional (tanto através da mineração quanto da agricultura e da colheita); em suas costas (e nas de seus abundantes rebanhos e tropas de animais de carga) recaía o pouco que restava de modernidade mercantil-capitalista interna no país: o espaço dos "transportadores de mercadorias" (Glave, 1989), que tinha sobrevivido às severas crises de exportações características da economia extrativista colonial. Esse mercado interno se encontrava inteiramente controlado pela população índia e chola, ao menos no que diz respeito aos bens que compõem a cesta básica de produção local e aos muitos insumos e bens importados que entravam no país por contrabando, atravessando as fronteiras das províncias que, desde 1776, estavam anexadas ao Vice-Reino de La Plata. Como é fácil imaginar, esse mercado interno e inter-regional lutava bravamente para sobreviver aos desafios tanto dos entraves legais impostos pelas novas fronteiras quanto da invasão de bens importados, que tinham vantagem no mercado interno.

Não há dúvida de que os traços da história andina colonial brevemente mencionados tornam o mercado um cenário singular de lutas econômicas — e, ao mesmo tempo, simbólicas e identitárias. Podemos arriscar a hipótese de que precisamente a contradição diacrônica subjacente à Revolução de 1952 tenha sido pensada com base na defasagem entre o caráter democrático e nacional de seu mercado interno e a natureza colonial e autoritária de seu estado. Isso, por sua vez, contrapôs mestizos e criollos — estes últimos encarregados do escalão mais alto de mediação com os centros de poder mundiais — e a população chola e índia, majoritariamente excluída do sistema político, que trabalhava nos campos, nas minas e nas rotas comerciais, sustentando economicamente a estrutura e a civilidade de toda a República.

A onda de ações coletivas insurgentes se alimentava de múltiplas raízes, entre elas, da luta dos *caciques apoderados*, entre 1910 e 1940, para recuperar suas terras usurpadas pela expansão do latifúndio (THOA, 1984, p. 15), e das ações organizativas e políticas da FOL e de seus quadros anarquistas, que, nos anos 1920 e no final dos anos 1940, desencadeariam uma onda de mobilizações cidadãs por meio de sindicatos recém-criados, articulando os traços mutualistas e comunitários dos antigos *gremios de oficio*, com ideologia de inspiração libertária que proclamavam a igualdade de direitos de cidadania para toda a população (Lehm & Rivera Cusicanqui, 2024, p. 35-6). Nessa época, a sociedade urbana pacenha estava composta majoritariamente por cholos e índios migrantes que viviam nas periferias e ladeiras urbanas e por uma casta parasitária de mestizos-criollos que ocupava os grandes casarões do centro e do sul da cidade, embora sempre entremeados por terrenos de comunidades indígenas — cuja população, vinculada a todo tipo de *gremios*, misturava o horizonte comunitário rural com o sindicato ou *asociación gremial de oficio* e suas próprias redes de solidariedade entre conterrâneos, familiares e clientes. Assim, a partir desses sujeitos *abigarrados* e locais, foi se articulando um dos movimentos sociais pioneiros na demanda por igualdade de direitos de cidadania e equidade de direitos trabalhistas, que se antecipou às medidas reformistas dos anos 1950 e estabeleceu laços de irmandade e solidariedade com a luta de comunidades que se manifestou no movimento de *caciques apoderados* (Lehm & Rivera Cusicanqui, 2024, p. 40-1).

Até 1951, após cinco anos de impiedosa repressão antipopular e antissindical em reação às medidas populistas do governo de Gualberto Villarroel López (1943-1946), a sociedade urbano-popular pacenha vivia um período de refluxo: a maioria dos dirigentes da FOL fora presa ou era perseguida pelos governos reacionários do sexênio, e seus sindicatos tinham sido dizimados ou cooptados pelos experimentos corporativistas dos presidentes David Toro Ruilova (1936-1937) e Germán Busch Becerra (1937-1939), que se plasmaram nos decretos de sindicalização obrigatória. Nesse contexto, são as organizações da FOF que dão fôlego renovado às lutas anarquistas pela cidadania plena, combinando-as com demandas especificamente femininas e cholas contra os abusos racistas e patriarcais a que eram submetidas as mulheres que trabalhavam nos mercados, as trabalhadoras domésticas nas casas senhoriais e, de maneira geral, nos meios de transporte coletivo, como o bonde elétrico (Lehm & Rivera Cusicanqui, 2024, p. 70-2).

Assim, a Unión Sindical de Culinarias y R.S., afiliada à FOF, se formou a partir de uma queixa das trabalhadoras domésticas dos lares da oligarquia, que iam cotidianamente de Sopocachi [bairro de La Paz] ao centro para comprar suprimentos. Como transportavam os produtos do mercado em cestas de vime, passaram a ser acusadas de "rasgar as meias das senhoras" ao carregá-las dentro dos bondes lotados (Petronila Infantes *apud* Lehm & Rivera Cusicanqui, 2024, p. 172-3). As cozinheiras formaram seu sindicato com a exigência de que o prefeito emitisse um documento garantindo que pudessem usar esse meio de transporte, mas se comprometeram a trocar as cestas de vime por sacolas de couro que seriam compradas de uma empresa local.

Por sua vez, as vendedoras dos mercados de La Paz se associaram por ocasião de uma grande inundação que destruiu suas barracas, resultando em vários mortos e incontáveis perdas no mercado da Rua Recreo (atualmente, Mariscal Santa Cruz), em princípios dos anos 1930. Como consequência, exigiram da prefeitura a construção de mercados seguros e limpos, que começaram a ser erguidos a partir de 1938, formando o que hoje são os mercados Lanza, Sopocachi, Miraflores, Camacho e Rodríguez (Lehm & Rivera Cusicanqui, 2024, p. 164). A história das floristas é mais longa e acidentada, em função da tentativa inicial de expulsá-las de muitos mercados e da luta pela construção de um mercado de flores na Praça Obispo Bosque, entre 1936 e 1939. Em seguida, devido às denúncias dos padres de La Merced, o mercado foi transferido para a Rua Figueroa, até que, na década de 1970, durante a gestão de Raúl Salmón como prefeito de La Paz, finalmente conseguiram a construção da Pasaje de las Flores, entre a Figueroa e a Mariscal Santa Cruz (Lehm & Rivera Cusicanqui, 2024, p. 165-6). Nesse processo de visibilidade e ativismo das mulheres, foi posta em primeiro plano a luta por uma cidadania intercultural, encarnada na chola ou mulher de *pollera*. Para os críticos dessas mobilizações, suas dirigentes não tinham vergonha de exibir em público caros *faluchos*[106] e *topos*[107] (joias indígenas) de ouro, em contradição com a suposta pobreza das massas trabalhadoras. No entanto, as vestimentas e os ornamentos de gala são parte da cultura de negociações das

106 Brincos tipicamente usados por mulheres indígenas na Bolívia. [N.T.]

107 Prendedor tradicional indígena, em forma de alfinete grande, arrematado em uma colher ou um disco com gravação de desenhos regionais. Usado para prender a manta ou o xale. [N.T.]

sociedades indígenas e cholas em relação ao poder simbólico concentrado no estado e nas elites modernizantes.

Diante desses processos de visibilidade pública das mulheres e de exercício aberto de códigos culturais diferentes daquele praticado pelas oligarquias, a sociedade criolla optou por domesticar ambos por meio do sindicalismo. O triunfo de uma visão sindicalista de estilo europeu e masculino na organização dos setores subalternos foi sendo gestado durante o sexênio 1946-1952, nas prisões e nos campos de confinamento nos quais convergiam membros da FOL, dirigentes indígenas e pessoas de classe média provenientes dos novos partidos políticos antioligárquicos que surgiram clandestinamente nos anos 1940, como o MNR e o Partido Obrero Revolucionario (POR). Depois do triunfo da Revolução de 1952, a organização partidária de mulheres (Barzolas) criou comandos femininos de inteligência e controle social para entrar nos *gremios* e sindicatos urbanos, manipulando a escassez de alimentos através das cotas de produtos de primeira necessidade. Nesses anos iniciais do novo regime, a FOL e a FOF se encontravam fragilizadas, sua imagem tinha se desgastado e sua combatividade se reduzira a certos *gremios* (como o das floristas), cujas demandas específicas não chegavam a questionar a nova ordem das coisas. O restante de *gremios* e *oficios* teve de se integrar ao setor dos "*gremiales*" comandado pelos farinheiros, sob o controle do MNR. Um sindicalismo de tipo paraestatal, *prebendal* [pouco trabalhoso e muito rentável], masculino e hierárquico se apoderou da Central Obrera Boliviana (COB) e das federações de mineiros e trabalhadores industriais nos anos 1950 e 1960.

Como se construiu essa versão masculinizada e mestiza da história das mobilizações populares na Bolívia? Como essa representação afetou as realidades sociais e as formas organizativas concretas da população simples e trabalhadora? De que maneira foram funcionais para essa construção as ideias de "miséria" e "atraso" na visão das camadas intelectuais mestizas do partido vencedor? Para responder a essas perguntas, analiso o *Álbum de la revolución* (1954), cujo discurso iconográfico abarca mais de um século da história da Bolívia (da independência republicana de 1809-1825 até 1954) e propõe uma narrativa ou interpretação da história moldada aos objetivos das camadas médias ilustradas que estiveram no comando das reformas de 1952. Trata-se de um álbum de fotografias, finamente editado em formato tabloide e papel couché, sem paginação. As fotos são intercaladas com alguns desenhos e muitas páginas de títulos, comentários e legendas. Embora não haja crédito ao fotógrafo, é possível supor que a compilação tenha sido feita por José Fellman Velarde, que "planejou e dirigiu" a elaboração do *Álbum* e é também o autor dos textos, assim como da organização e das legendas do conjunto.

A seleção desse documento gráfico tem a ver com a intenção de compreender os imaginários nacionais coletivos que masculinizaram e elitizaram a história da insurreição popular de 1952, moldando-a a uma imagem cidadã de traço mestizo, moderno e masculino, que se tornou o conteúdo cultural explícito das reformas empreendidas pelo MNR no poder. O discurso "miserabilista" — que trata índios e mulheres como vítimas sofridas, submetidas à exploração e inseridas em identidades e protagonismos alheios — consegue subsumi-los no anonimato coletivo de sua condição de colonizados, desconsiderando-os como sujeitos da história.

Por meio de estratégias de composição e fazendo uso de mecanismos de construção de sentido como a seleção, o enquadramento, o comentário ou o rodapé e a sintaxe da edição sobre a página em branco (Barthes, 1995, p. 21), o *Álbum* propõe uma leitura hegemônica da história contemporânea da Bolívia que oblitera as lutas sociais protagonizadas por esses setores sociais majoritários — homens e mulheres indígenas, cholos e mestizos da classe trabalhadora —, os quais se veem moldados no perfil de cidadãos submissos, subordinados ao caudilho (Víctor Paz Estenssoro, a quem o *Álbum* constrói como o líder visionário e responsável pela revolução), privados de nome e identidade próprios. Nesse destino de anonimato coletivo, o *Álbum* constrói uma imagem elitista da nação boliviana, na qual índios e mulheres são subordinados ou convidados a adentrar como ornamentos, de forma orientada e subalterna, no cenário da política e do estado e a aderir a uma cidadania de segunda classe no cenário da democracia populista do partido nacionalista.

A NOÇÃO DE MISÉRIA NAS REPRESENTAÇÕES DA ETAPA OLIGÁRQUICA

Todas as lutas antioligárquicas da população índia ou chola foram expurgadas cuidadosamente do *Álbum* quando se reconstroem as formas de dominação social, desde a independência até os anos 1940. A combatividade, a organização e os notáveis êxitos dessas mobilizações para desmantelar o regime da *rosca* mineiro-latifundiária se destacam pela ausência. Em seu lugar, pintam-se as massas populares e indígenas como objetos passivos da ação — exploradora ou libertadora — de outros.

Assim, ao descrever o século XIX, apresenta-se a fotografia do que pode ser um mercado popular urbano nos anos 1950 (Imagem 58), em que um carregador e um cego guiado por uma menina indígena aparecem em primeiro plano, com um fundo de vendedoras e transeuntes. O texto que acompanha a foto diz: "Depois do assassinato de Belzu pelas mãos do caudilho da oligarquia *gamonal*,[108] Mariano Melgarejo, uma longa noite negra desceu sobre a Bolívia. Os privilegiados no poder não vacilavam em cometer atos extremos a fim de perpetuar o regime de exploração e de miséria graças ao qual acumulavam sua fortuna". Aqui os oprimidos não são nem mesmo mencionados, menos ainda tidos como sujeitos. A noção de "exploração e miséria" fala de um regime, não de pessoas ou coletividades concretas. Mas os miseráveis aparecem na foto, carregando volumes, caminhando e trabalhando nas ruas de um mercado popular urbano. A metonímia do carregador como sinônimo de exploração e opressão racial ficará marcada na cultura e na cinematografia bolivianas por meio de arquétipos como o *aparapita* de Jaime Sáenz, ou de Isico, o menino *q'ipiri* do filme *Chuquiago* (1977), do diretor Antonio Eguino.

A noção de miséria se estende até atingir o país inteiro. Adiante, uma foto panorâmica mostra uma aldeia rural com várias cadeias de montanhas ao fundo (Imagem 59). O campo parece infértil, mas é evidente que se trata de um momento posterior à colheita, pois, em primeiro plano, se mostra um feixe de cevada colhida. Na legenda, lê-se: "E, pela primeira vez, a Bolívia se vê obrigada a importar seus alimentos", ao lado de um comentário: "Os liberais iniciam o despojo dos camponeses. Estes, privados de suas terras e atraídos às minas pelo chamariz do salário, abandonam o campo. A produção agrícola é reduzida".

108 *Gamonal* é uma pessoa em uma coletividade ou grupo que exerce um poder abusivo e tem influência política. É algo próximo à noção brasileira de "coronel". [N.T.]

A aparência desértica da foto, cujo enquadramento privilegia o campo colhido e o casario cortado no extremo superior direito, obscurece o ato produtivo e o associa a um rendimento miserável, um despovoamento do campo. A imagem está despovoada, salvo por uma figura ao fundo do campo colhido. E todo o país sofre as consequências. Os camponeses são vistos como responsáveis por esse déficit produtivo, em consequência do despojo de suas terras pelos latifundiários liberais. Estes, evidentemente, não foram os que "iniciaram o despojo dos camponeses", nem seriam os últimos a fazê-lo. A ação social dos comuneiros se reduz à fuga: abandonam o campo e se alistam para o trabalho nas minas, em busca da ilusão do salário.

Após um retrato de Simón Patiño, o magnata da mineração, vemos um acampamento mineiro (Imagem 60), onde se sobressaem as instalações de uma máquina ou depósito de minério, com os fios de um teleférico; no cenário panorâmico de fundo, aparecem, alinhadas, centenas de pequenas habitações mineiras. O comentário na página seguinte diz: "A aliança da grande mineração e do feudalismo, apoiada no imperialismo britânico, faz da Bolívia, durante trinta anos, um grande acampamento mineiro, e dos bolivianos, escravos baratos e resignados". A resignação da população frente a um destino de trabalho, exploração e pobreza torna ainda mais difusos os traços das lutas sociais operárias. O campo já havia sido apresentado como um deserto, com sua população em fuga movida pela ilusão de prosperidade que traria o trabalho na mineração. Agora, é possível ver que o salário equivale à escravidão.

Em seguida, uma montagem com duas fotos justapostas privilegia o contraste simbólico entre dois elementos: a estrada de ferro, máquina que avança sem deixar rastro humano, e a estrada de terra, por onde circula o índio genérico (neste caso

Imagem 58

Imagem 59

Imagem 60

uma mulher vestida de preto) como emblema de um espaço desolado, silencioso e desarticulado [capítulo 3, Imagem 48].

Depois, são sintetizados os contrastes sociais decisivos que caracterizam o país oligárquico, opondo duas fotografias, ambas possivelmente contemporâneas à época de elaboração do *Álbum* (Imagem 61). No arranjo daquela publicação, a foto superior exibe uma casa senhorial em meio a um grande campo com uma lagoa, e a foto de baixo exibe uma casinha de adobe com teto de placas de zinco presas por pedras, localizada no que parece ser uma região suburbana de La Paz. Entre os retratos, um lacônico comentário: "Ao lado de luxuosos palacetes, choças miseráveis". A simbologia da miséria, associada ao trabalho e agora à moradia do indígena e da população pobre urbana em geral, será reforçada mais tarde com outros traços; mas, novamente, a ausência de sujeitos humanos nas fotos reforça a apatia e a resignação perante uma situação dada, inevitável.

Finalmente, pela primeira vez, aparecem no *Álbum* em primeiro plano os rostos de trabalhadores que habitam esses espaços improdutivos e miseráveis: na foto de cima, um camponês *chapaco* (de Tarija, sul do país), de traços mestizos e vestido com poncho, lenço no pescoço e chapéu de aba larga, tocando um *erke*; na foto de baixo, menor, um índio do Altiplano com a cabeça coberta por um típico *lluch'u* indígena, retratado em pose severa de grito (capítulo 3, Imagem 49). Os retratos são acompanhados do seguinte comentário: "Ao lado da degeneração e da ruína no próprio seio da classe exploradora, a constituição robusta de uma raça forjada na luta pela vida e um porvir melhor". Classe exploradora *versus* "raça" explorada, que, no entanto, mostra traços de vigor e trabalho — trata-se, portanto, de uma classe-raça, ou seja, uma raça trabalhadora na qual o trabalho e a exploração se naturalizam e se tornam marcas inerentes à sua condição étnica.

Segue-se um par de fotografias, novamente sob a técnica de edição por oposição ou contraste, revelando semelhante intenção metonímica, que fixa os traços inerentes e constitutivos da sociedade boliviana (Imagem 62). Acima, uma ensolarada rua de um bairro residencial, com grandes casas com jardim, construções modernas para a época; abaixo, uma paisagem do Altiplano com um conglomerado de casas relativamente dispersas, que parece um conjunto de subúrbio. Não obstante, entre as duas fotos, o comentário ressalta: "Ao lado de algumas cidades de opulência artificial que se levantam como fontes de domínio imperialista, estão as aldeias miseráveis aprisionadas pela imensidão desolada". Mas, se observamos cuidadosamente, em ambas as fotos se depreende uma manipulação ideológica pela via do recurso conotativo do comentário escrito. Na primeira, poderia tratar-se de um bairro de classe média ilustrada, à qual pertenciam os membros do partido governante e o próprio Fellman Velarde. Porém, mais do que isso, o casario urbano popular, que o comentarista descreve como uma "aldeia miserável aprisionada pela imensidão desolada", mostra que há postes de luz em frente às casas (um evidente signo de modernidade e progresso nos anos 1950), e a maioria delas tem teto de zinco, fachada rebocada e cerca contornando a propriedade. Ao fundo, o pico nevado Huayna Potosí revela que se trata, na realidade, do bairro Alto Lima, em El Alto (à época um subúrbio de La Paz). A atribuição de miséria e desolação, mais que uma referência agregada à significação ou analogia fotográfica (Barthes, 1995, p. 38-9), provém do viés ou da carga ideológica do texto. Uma espécie de "montagem" destinada às elites reforça a ideia de que "sentiam-se donas do país, mas, ao mesmo tempo, o desprezavam" (Almaraz Paz, 1969, p. 33), em uma enganosa e homogênea visão de miséria

Imagem 61

Imagem 62

e desolação que seriam próprias não só da paisagem como também de seus habitantes.

O conceito de miséria opera nesses textos como índice (Guha, 1997, p. 44), cuja função interpretativa é introduzida pelo texto a partir de uma série de associações: desolação, despovoamento, escravidão, resignação. A imagem fotográfica condensa, assim, as ausências e presenças de índios e mulheres. Com exceção da foto composta pela linha de trem e pela ladeira por onde caminha uma sombra, as mulheres não aparecem. Ali se vê uma figura embaçada e masculinizada pelo texto. O apagamento de índios e mulheres da história se faz assim compatível com o advento de uma nova ordem social e política, em que a noção de "cidadania" adquirirá um tom dominantemente eurocêntrico e mestizo, um pacote cultural de pedagogia colonial e civilizadora que aprisiona corpos e consciências a um destino de anonimato coletivo. É desse modo que se desenrolam a vida pública do estado e a política: multidões anônimas e massificadas, vestidas invariavelmente de terno e chapéu, em uma mimética subordinação ao modelo de cidadão mestizo e ilustrado propagado pela elite, expressando sua incontestável hegemonia (Berger, 1980, p. 33-5).

A SUBORDINAÇÃO COLONIAL/ PATRIARCAL NO "DESPERTAR"

O *Álbum* nos oferece uma estrutura periodizada da história da Bolívia, em que uma espécie de pré-história (a etapa oligárquica posterior à independência) é sucedida por uma seção na qual se ilustram os acontecimentos preparatórios da revolução, que Fellman Velarde intitula "El despertar". A seção começa com uma evidência documental da Guerra do Chaco

(1932-1935), da qual se omite todo registro fotográfico — apesar de ser um dos episódios mais fotografados da história da Bolívia — e a sucessão de governos militares e reformistas que culminou com o enforcamento de Gualberto Villarroel em 1946. O pós-guerra é apresentado com um retrato do presidente Germán Busch em primeiro plano, acompanhado de um comentário que destaca o decreto de seu governo contra os grandes barões da mineração de estanho: Patiño, Hochschild e Aramayo. Na fotografia seguinte, Busch aparece sentado e rodeado por seus ministros, entre os quais se destaca Víctor Paz Estenssoro e Walter Guevara Arce.

Até aqui, a liderança do processo de mudanças está nas mãos de homens mestizos-criollos de idade madura, emergentes da Guerra do Chaco. Uma mulher aparece em frente ao túmulo de Busch (Imagem 63), como que para confirmar o caráter de "viúva" ou "parente", único papel que parece corresponder às mulheres no contexto do novo projeto estatal retratado pelo *Álbum*. A coluna cortada que representa a vida e a morte do presidente suicida[109] expressa um símbolo fálico que organiza o espaço em uma totalidade patriarcal.

A seção seguinte, dedicada ao MNR, destaca a foto dos massacrados dos campos de María Barzola, em Catavi, em 20 de dezembro de 1942, em que as mulheres figuram novamente como viúvas ou parentes dos mineiros caídos (Imagem 64). Todos os retratos que se seguem, até chegar ao governo de Villarroel, mostram imagens de multidões ou grupos predominantemente masculinos e mestizos, vestidos à moda da época, com ternos cruzados e chapéus de feltro de aba larga.

109 Busch teria disparado contra a própria cabeça na manhã de 23 de agosto de 1939, pouco mais de um ano depois de assumir a presidência da Bolívia, em 28 de maio de 1938. [N.E.]

No governo de Villarroel, ganha destaque a organização do Primer Gran Congreso Indigenal, em março de 1945 (Imagem 65), onde aparecem mulheres indígenas, de costas, carregadas com *awayus*, aproximando-se para saudar o chefe e os organizadores do encontro. O ângulo da câmera é contrapicado: as mulheres parecem caminhar mais abaixo que o líder, enquadramento que reforça a conotação de uma atitude submissa. Mulheres de classe média, principalmente professoras, aparecem em uma fotografia que evidencia a conspiração contra Villarroel, na qual se anuncia a declaração de uma greve por melhores salários (Imagem 66). São os prolegômenos do 21 de julho de 1946, quando o presidente será assassinado, assim como vários de seus colaboradores. A exibição de fotografias dos enforcamentos circulou em muitos textos comemorativos e pedagógicos, marcando o poste da Praça Murillo[110] como um espaço emblemático em que se condensa a memória coletiva (Halbwachs, 1997, p. 193-203).

A população indígena masculina, por sua vez, aparece no *Álbum*, entre outras formas, como morta: cadáveres jogados sem identidade nem rosto, tal qual o retrato que recebe a legenda "Massacre camponês, massacre operário" (Imagem 67), ou na figura de operários anônimos carregando seus mortos. O texto diz: "Em caminhões de lixo, os cadáveres que não eram imediatamente reclamados por seus familiares são transladados ao Cemitério Geral pelos *carabineros*. O último tributo do regime aos melhores entre os filhos da Bolívia é uma vala comum". Mas a imagem não mostra nem *carabineros* nem caminhões de lixo, e omite que os mortos eram transladados em cobertores por seus companheiros, justamente para evitar a vala

110 Praça principal de La Paz, onde se localiza o Palácio Quemado, sede do governo nacional. [N.T.]

comum (Imagem 68).[111] Fellman parece lançar mão das fotos para acomodá-las de modo adequado a um discurso previamente elaborado, que revela o vexame do período repressivo e antipopular imediatamente anterior à revolução [os governos de Enrique Hertzog, Mamerto Urriolagoitia e Hugo Rojas, entre 1947 e 1952]. Mais adiante, reaparecem as mulheres, como "esposas, mães e filhas", declarando-se em greve de fome pela liberdade dos familiares condenados e presos (Imagem 69).

O POVO NA INSURREIÇÃO E NOS ATOS PÚBLICOS DO NOVO ESTADO

Dessa seção em diante, o *Álbum* passa a exibir imagens de personagens individuais e coletivos que participaram do processo de insurreição. Invariavelmente, são mestizos vestidos de terno ou farda, com chapéus ou capacetes, e na última fotografia da série (Imagem 70) podemos ver os dirigentes do MNR liderando grandes grupos insurgentes, evidentemente urbanos e com as cabeças descobertas — aí se destaca a presença do líder operário Juan Lechín. Imediatamente, a metonímia do opressor é uma bota, jogada no meio de um solo pedregoso, símbolo do exército derrotado (Imagem 71). Um dos comentários menciona o balanço daqueles dias: 1.200 mortos. Mais adiante, aparecem novamente as mulheres, agarradas a listas de mortos e feridos, em busca de seus entes queridos, como se, de novo, seus únicos papéis no processo insurrecional fossem os de mães ou esposas (Imagem 72).

As imagens do processo de consolidação do governo revolucionário são ainda mais contundentes na exclusão sistemática

111 Analisei o significado dessa estratégia no capítulo 2.

Imagem 63

Imagem 64

Imagem 65

Imagem 66

Imagem 67

Imagem 68

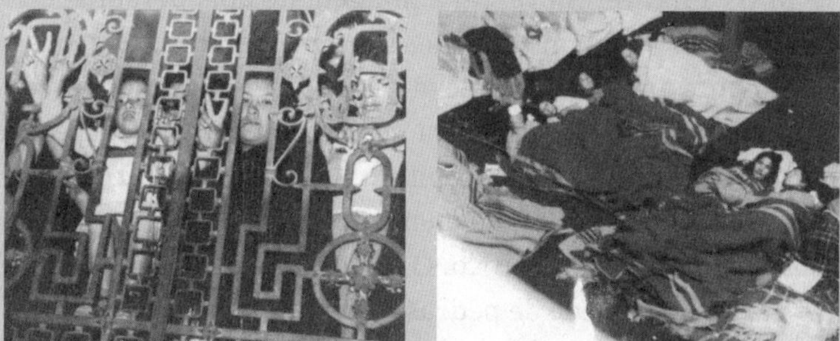

Imagem 69

de índios e mulheres. Os caudilhos mestizos e ilustrados (Hernán Siles Zuazo, Víctor Paz Estenssoro) ocupam o centro da cena, assinando decretos, carregados nos ombros da multidão, falando a imensas aglomerações de pessoas, gesticulando o V de vitória. Nessas fotografias, produz-se uma espécie de diálogo entre as multidões que olham para cima, em fotos panorâmicas de plano picado, e o líder da revolução, de terno e gravata, em primeiro plano, em enquadramento contrapicado (imagens 73-4).

O centro do poder é agora unipessoal, e o caudilho arremata todos os significantes populares do fato, dando uma ideia de país modelada sobre o "mito do pertencimento ao mundo ocidental". A foto exibe uma cruz católica lavrada em primeiro plano, diante da qual Paz Estenssoro faz o juramento ao assumir a presidência da Bolívia — como assinalei no capítulo 3, aqui se produz o *enlace metonímico* entre a revolução popular e o estado centralista, ocidental e cristão, que emergiria como resultado paradoxal de uma insurreição indígena e popular (capítulo 3, Imagem 52). As imagens de concentrações multitudinárias e masculinas se sucedem, mostrando o júbilo do povo e a uniformização dos sujeitos participantes do feito revolucionário (Imagem 75).

Mais adiante, sobressai a imagem de dois personagens indígenas em uma mesma página: o primeiro com traços e vestimenta andinos, que eleva a mão direita fazendo o V de vitória; o outro oriundo da selva, seminu e enfeitado com penas, que faz o mesmo símbolo (capítulo 3, Imagem 54). O cenário de ambos os sujeitos é convencional e não remete a nenhum espaço geográfico específico. O índio do Altiplano está de costas para uma parede de pedras, aparentemente urbana, e o outro, em frente a uma casa de adobe e zinco, com alguma vegetação (que não parece ser especificamente do trópico).

O V de vitória que exibe o personagem oriental parece ter sido acrescentado sobre a foto.[112]

As viúvas logo voltam a aparecer, quando se iniciam as homenagens oficiais ao presidente-mártir Gualberto Villarroel e a seus seguidores, junto com outro ator fundamental do processo: o exército (Imagem 76). Também uma ou outra mulher aparece em meio às multidões que festejam o primeiro Seis de Agosto [Dia da Independência da Bolívia] depois da revolução de abril. E a aproximação submissa de mulheres do campo, agachadas, carregando os filhos, quase de joelhos para homenagear o caudilho, volta a se repetir (Imagem 77), junto com a presença de dirigentes indígenas anônimos nas cerimônias oficiais do novo estado (Imagem 78). As concentrações de moradores do campo em manifestações nas cidades permitem perceber uma presença mais ampla de mulheres nas marchas, que invariavelmente são encabeçadas por homens (Imagem 79). Do mesmo modo, a presença de cholas nas festas do palácio de governo revela uma cidadania de "convidadas" que, a critério dos poderosos, são convocadas a participar simbolicamente dos espaços de poder (capítulo 3, Imagem 56).

A presença ornamental dos índios é perceptível também nos bailes e nas reuniões de que participa Paz Estenssoro, às vezes vestido como eles (Imagem 80), em meio a elaborados *lluch'us* e ponchos, como se a simples aproximação física marcasse um compromisso de consciência ("Ele e eles pensam do mesmo modo"). De um ponto de vista próprio, a fantasia usada por

112 Marco Arnez me chamou a atenção para esse detalhe. No caso de se evidenciar a montagem, o personagem estaria levantando o punho, gesto que distingue comunistas e outros grupos de esquerda. Nada estranho, pois esse tipo de representação (fazer posarem índios em sinal de adesão a um projeto político "revolucionário") é comum às elites andinas desde os tempos coloniais — e ainda hoje.

Paz Estenssoro remete também a antigas táticas de hegemonia cultural indígena empregadas pelos rebeldes nas mobilizações insurgentes de 1771, em Pacajes, e na rebelião de Oruro (Thomson, 2002, p. 157-60). Mas os índios aqui aparecem de costas ou em posições subordinadas diante da figura central do caudilho.

A dualidade entre a elite mestiza governante, de caráter ilustrado e ocidental, e a massa anônima de índios e cholas subordinados e convocados a uma cidadania de segunda classe é reforçada nessa versão imagética da história, que entroniza no imaginário coletivo da nação uma versão eurocêntrica e culturalmente branca da identidade coletiva dominante. O mecanismo inicial foi a subsunção dessa população majoritária em uma massa que habitava "miseráveis" aldeias rurais e subúrbios urbanos. A noção de miséria transforma sujeitos em objetos, vítimas resignadas e passivas de um poder externo onipotente, condenadas pelo destino a carecer de iniciativa histórica e política própria (*agency* [agência]).

OS LIMITES DA HEGEMONIA *MOVIMIENTISTA*

O potencial hegemônico do *Álbum de la revolución* foi, ao que parece, limitado. O governo imprimiu vinte mil exemplares, que foram distribuídos em embaixadas, bibliotecas, universidades e colégios públicos, assim como entre os membros da antiga e da nova elite política. A imagem de país construída pelos ideólogos do MNR se plasmou também nos filmes e cinejornais do recém-fundado Instituto Boliviano de Cinematografía (IBC), veiculados em todos os cinemas das principais cidades e centros mineiros. A imprensa nacionalista e os jornais de oposição, todos controlados pelas camadas médias ilustradas, divulgavam também fotos que reforçavam a imagem dominante.

Imagem 70

Imagem 71

Imagem 72

Imagem 73

Imagem 74

Imagem 75

Imagem 76

Imagem 77

Imagem 78

Imagem 79

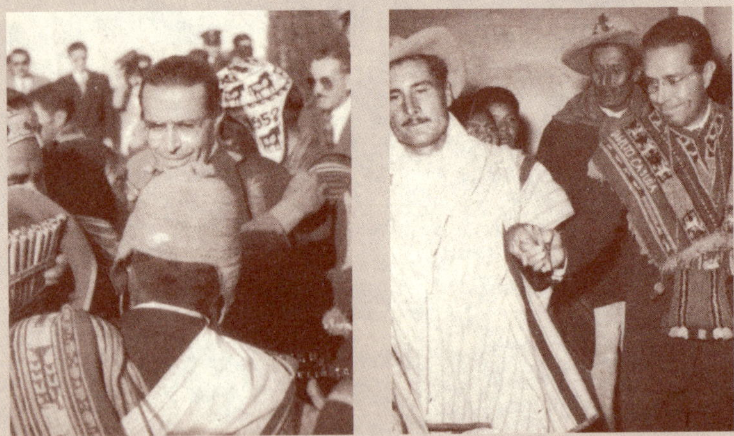

Imagem 80

No entanto, a maioria da população não era exposta a essas mensagens, pela escassa difusão da imprensa e dos cinejornais. A agência histórica e cultural da população permaneceu reclusa no tecido coletivo de *gremios* e sindicatos de base, no calendário de festas e rituais ancestrais realizados no campo e nas cidades, e nas próprias aparições da multidão, cada vez mais consciente do impacto gráfico perene das imagens com que eram retratadas na imprensa. As floristas, por sua vez, revelam que as mulheres foram conscientes da dupla moral da elite e dos persistentes dualismos que permaneceram na sociedade boliviana pós-revolucionária [ver capítulo 3].

A reconstituição das divisões de casta e a disposição de todos os elementos do novo estado em função da reprodução dos privilégios da elite criolla dominante podem ser vistas como a outra face da hegemonia do projeto nacionalista, que inverte todos os seus postulados. Por outro lado, a resistência cotidiana da multidão, a irrupção de um imaginário e de uma personalidade coletiva chola nas festas e mercados urbanos e nas mobilizações sociais contemporâneas mostram os limites da hegemonia proposta no *Álbum*. Não apenas os grandes caudilhos da revolução foram derrotados nas urnas; também a memória de sua supremacia cedeu perante a heterogênea insurgência popular dos anos 1990. Em 7 junho de 2001, quando morre aos 93 anos Víctor Paz Estenssoro, o governo de La Paz decreta luto oficial e proíbe a realização da tradicional Fiesta del Gran Poder,[113] que ocorreria dali dois dias. Os dançarinos e *prestes*, que já tinham investido muito dinheiro na preparação da comida e dos trajes

113 Festa em homenagem a Jesús del Gran Poder que associa diferentes práticas religiosas de maneira sincrética entre o católico e o aimará, como a *ch'alla*, as *entradas* folclóricas e a celebração de missas católicas. [N.T.]

para o festejo, resistem à proibição e dançam ao longo de toda a *entrada*,[114] desafiando as autoridades e deixando para trás o corpo policial que tentou deter as *comparsas*.[115] Assim, a morte do caudilho é celebrada ou comemorada com um exuberante conjunto de rituais cholos que desafia os conteúdos civilizatórios impostos pelo estado.

Esse é apenas um exemplo das vitórias simbólicas da multidão heterogênea das pessoas cholo-indígenas sobre a imagem dominante — ocidental e masculina — que o nacionalismo revolucionário buscou construir por meio da fotografia, no *Álbum de la revolución*, ou de outras técnicas de reprodução mecânica de imagens utilizadas pelo estado para consolidar essa simbologia hegemônica a partir dos anos 1950. O limitado e paradoxal potencial dominante da imagética nacionalista se revela também na eclosão de práticas e símbolos indígenas durante as mobilizações que ocorreram no campo e nas cidades bolivianas — principalmente La Paz e El Alto — entre os anos de 2000 e 2003 (Mamani Ramírez, 2004). A assembleia indígena, os ponchos, as *whipalas*[116] e as *polleras*, a organização coletiva e as redes de parentesco e vizinhança marcaram as linhas de solidariedade e identificação simbólica da população

114 Desfiles de rua formados por diversos grupos e fraternidades de danças e ritmos tradicionais, como a *morenada* e a *diablada*. [N.T.]

115 Pude testemunhar esses fatos como parte da *comparsa* Unión Comercial, da qual fiz parte como dançarina por três anos em devoção ao Tata Gran Poder. [As *comparsas* são grupos organizados que desfilam e dançam nas ruas, uniformizados, ao som de música. *Tata* significa "senhor" ou "pai" em aimará, denota respeito e também é usado para designar os santos católicos. — N.T.]

116 Bandeira dividida em 49 quadros coloridos, usada tradicionalmente pelo movimento indígena boliviano, mas que se tornou uma das bandeiras oficiais do país a partir de 2009. [N.T.]

em revolta, estilhaçando o espelho homogêneo da modernidade masculina, eurocêntrica e cristã que os *movimientistas* haviam tentado impor hegemonicamente ao imaginário coletivo da nação. Ainda assim, o discurso do miserabilismo dá um giro, revelando a riqueza simbólica e produtiva de oprimidos e oprimidas, com sua exuberante produção de conhecimentos agroecológicos, refeições comunitárias e armas de luta indígenas. Dessa maneira, as multidões almejam recuperar a condição de sujeitas da história e derrocam o destino de anonimato coletivo que o estado e os poderosos desejam para elas.

Segunda parte

Em busca de uma episteme própria

A universalidade do *ch'ixi*[117]

Já faz tempo que venho trabalhando a ideia de que em nossos países perdura uma situação de colonialismo interno. E é dessa perspectiva que vou falar agora sobre o que chamo de "sociologia da imagem", isto é, de que forma as culturas visuais, em suas contribuições para a compreensão do social, têm desenvolvido uma trajetória própria que ao mesmo tempo revela e reatualiza muitos aspectos não conscientes do mundo social. A sociedade boliviana tem elementos e características particulares, originadas de um confronto cultural e civilizatório que se iniciou a partir de 1532.[118] No colonialismo, as palavras adquirem uma função muito peculiar: elas não têm função de atribuir designação, mas de encobrir. Isso é particularmente evidente na fase republicana da Bolívia, quando foi preciso adotar ideologias igualitárias e, simultaneamente, privar de direitos cidadãos a maioria da população. Desse modo, as palavras se

117 Texto publicado como "Sociología de la imagen: una visión desde la historia colonial andina" em *Ch'ixinakax utxiwa: una reflexión sobre prácticas y discursos descolonizadores* (Buenos Aires: Tinta Limón, 2010) [ed. bras.: *Ch'ixinakax utxiwa: uma reflexão sobre práticas e discursos descolonizadores* (São Paulo: n-1, 2021)].

118 Ano em que Francisco Pizarro derrotou Atawallpa e deu início à Conquista do Tawantinsuyu (império inca). [N.T.]

converteram em um registro ficcional, repleto de eufemismos que dissimulam a realidade em vez de denominá-la.

Os discursos públicos se transformaram em formas de não dizer. E esse universo de significados e noções não ditas, de crenças na hierarquia racial e na desigualdade inerente aos seres humanos, vai sendo inoculado no senso comum e, de vez em quando, irrompe de modo catártico e irracional. Não se fala de racismo. Contudo, temos testemunhado explosões racistas coletivas (em janeiro de 2007 em Cochabamba, em maio de 2008 em Sucre)[119] que à primeira vista parecem inexplicáveis. Acredito que aí se desnudam as formas veladas, soterradas, dos conflitos culturais que carregamos e que não conseguimos racionalizar — aliás, não conseguimos sequer conversar sobre eles: nos custa falar, conectar nossa linguagem pública com a linguagem privada; nos custa dizer o que pensamos e fazer-nos conscientes desse pano de fundo pulsional de conflitos e vergonhas inconscientes. Isso permitiu criar modos retóricos de comunicação entre nós, duplos sentidos, sentidos tácitos, convenções de fala que escondem uma série de subentendidos e que orientam as nossas práticas, mas que, ao mesmo tempo, separam a ação da palavra pública.

As imagens nos oferecem interpretações e narrativas sociais, que, desde séculos pré-coloniais, iluminam esse contexto social e nos oferecem perspectivas de compreensão crítica da realidade. A passagem entre a imagem e a palavra é parte de uma metodologia e de uma prática pedagógica que, em uma universidade pública como a UMSA, me permitiu preencher as lacunas entre o castelhano culto e os modos coloquiais da fala, entre a experiência vivencial e visual de estudantes — em sua maioria,

119 Em ambas as ocasiões, houve violentos ataques a pessoas de origem indígena. [N.T.]

migrantes e de origem aimará ou quéchua — e seus tropeços ao expressar ideias em um castelhano acadêmico.

Por outro lado, em uma perspectiva histórica, as imagens me permitiram descobrir sentidos não censurados pela língua oficial. Um exemplo é o trabalho de Felipe Guamán Poma de Ayala (Waman Puma), cuja obra foi ignorada por séculos e hoje é objeto de numerosos estudos acadêmicos. *El primer nueva corónica y buen gobierno* é uma carta de mil páginas — escrita entre 1612 e 1615 e dirigida ao rei da Espanha — com mais de trezentos desenhos feitos a tinta. A língua em que escreve Waman Puma está cheia de termos e construções frasais da fala coloquial em quéchua, de canções e ***jayllis*** em aimará e de noções como o "mundo ao revés", que derivam da experiência cataclísmica da conquista e da colonização. A ideia de que tudo está fora do lugar, de cabeça para baixo, volta a surgir na obra de Melchor María Mercado, pintor chuquisaquenho de meados do século XIX que, em sua agitada vida política como preso e exilado, chegou a conhecer os lugares mais remotos do país e a conviver com populações indígenas das quais mal havia notícia — como os Bororo em Iténez [província do departamento de Beni] ou os Chacobo e Moxeño nas planícies orientais. Para esse artista, o mundo ao revés aludia ao governo da república nas mãos de bestas que amarram os trabalhadores a arados de boi (Rivera Cusicanqui, 1997). Mercado certamente não conheceu a obra de Waman Puma, descoberta em uma biblioteca em Copenhague, Dinamarca, apenas no início do século XX. Assim, a noção de mundo ao revés deve ter chegado a ele a partir da tradição oral, talvez baseada na noção indígena de ***pachakuti***, a desordem ou inversão do espaço-tempo que inaugura longos ciclos de catástrofe ou renovação do cosmos.

O mundo ao revés é uma ideia recorrente em Waman Puma e faz parte do que considero sua teorização visual do sistema colonial. Mais que no texto, é nos desenhos que o cronista apresenta ideias próprias sobre a sociedade indígena pré-hispânica, seus valores e conceitos espaçotemporais, e também os significados dessa hecatombe que foi a colonização e a subordinação maciça da população e do território andino à coroa espanhola.

Uma primeira ideia é a de ordem/desordem. São várias as sequências em que Waman Puma aborda esse tema. No início da crônica, o autor apresenta diversos tipos de ordem: a ordem das idades, a ordem das ruas ou distribuições espaciais nos povoados, o calendário ritual. Apesar de seguir o calendário gregoriano, essa sequência nos revela a ordem das relações entre os humanos e o mundo sagrado, que acompanha tanto as atividades produtivas quanto a convivência comunal e os rituais estatais. Mas, assim que detalha os danos da conquista, os abusos do *corregidor* e as brutais usurpações e perdas perpetradas pelo desejo de ouro e prata, volta ao tema do calendário, agora despojado do ritualismo pagão. Desse modo, ele sinaliza uma ordem produtiva permeada de ritualismo e devoções, em que se desenrolam os meses e as atividades, e o santoral católico é enlaçado às rotinas do trabalho. Essa ordem se funda na terra e tem nexos com o calendário ritual das primeiras páginas; ganha evidência a centralidade da comida e da atividade produtiva na ordem cósmica indígena. Na crônica, esse é um argumento contundente contra a usurpação de terras e a exploração do trabalho. Para convencer o rei da necessidade de estabelecer uma ordem e um bom governo nas colônias, Waman Puma exclama: "Com a comida se serve a Deus e a sua Majestade. E adoramos a Deus com ela. Sem a comida não existe homem nem força".[120] A explicação do calendário agrícola tem,

120 "Con la comida se sirve a Dios y a su Majestad. Y adoramos a Dios con ella. Sin la comida no hay hombre ni fuerza." [N.T.]

portanto, um fim pedagógico: "Há de se ver e considerar os pobres índios deste reino, observando nesses meses tudo o que comeis à custa dos pobres índios deste reino do Peru".[121] Assim, um encerramento adequado para a longa apresentação de misérias é mostrar os fundamentos de toda a sociedade e de todo o governo na atividade produtiva dos agricultores.

O calendário ritual que o autor descreveu no início pode, então, ser visto sob outra perspectiva: seu embasamento é a sustentação de uma relação equilibrada com a terra e com a ordem cósmica representada pelos astros, pelas montanhas e pelos elementos. Embora, como já mencionamos, Waman Puma tenha adotado o calendário gregoriano, que começa em janeiro e termina em dezembro, em todo esse ciclo se fundamentam o ritualismo estatal e a ordem do bom governo (imagens 81-92). Esse sentido de bem comum se baseia em múltiplas relações: dos humanos com a natureza, das famílias com a comunidade, e das comunidades com seus líderes e com o Inka. O conjunto de relações obedece a uma ordem cósmica, em que dialogam, de modo sucessivo e cíclico, os governantes, os governados e a terra que os nutre. Em contraste com a obsessão monotemática dos conquistadores com os metais preciosos, narrada nos capítulos seguintes, aqui o autor destaca a diversidade de objetos sacrificiais e a precisão de suas relações com o espaço e o momento específico da oferenda.

A descrição da ordem espacial tem também um fim instrutivo e contrastivo. As hierarquias se expressam de modo a ocupar o espaço que distingue as idades e os sexos em uma estrutura que vai do maior ao menor prestígio. Esses níveis de reconhecimento

121 "Se le ha de ver y considerar de los pobres indios deste reino, mirando estos dichos meses todo los que coméis a costa de los pobres indios deste reino del Perú." [N.T.]

se expressam nas "ruas", ocupadas por diferentes estratos de homens e mulheres, que funcionam como espelho da hierarquia social. Vejamos o ordenamento do espaço das mulheres.

Na "primeira rua", o lugar de maior hierarquia, se encontra uma *awacoc* warmi (mulher tecelã) de 33 a 50 anos (Imagem 93). A segunda "rua" é ocupada por mulheres com mais de 50 anos, a terceira, pelas velhas de 80 e a quarta, pelas aleijadas e doentes, que, como expresso no mês de agosto, cumpriam funções rituais que as posicionavam acima das jovens casadoiras. A quinta rua é então o lugar das solteiras, de até 33 anos. Existe aqui uma valoração positiva da experiência e do trabalho, que contrasta radicalmente com o culto à juventude e à beleza, próprio da sociedade invasora. No entanto, o texto mostra uma série de conceituações pejorativas com relação às mulheres mais velhas. Assim, as de 50 anos eram chamadas de "velhas, viúvas, promíscuas [...], não se dava atenção a elas".[122] Apesar disso, "eram respeitadas como velhas honradas e ficavam a cargo das donzelas, e ajudavam em outras *mitas* e obrigações".[123] A valoração pelo trabalho contrasta com a mendicância e o desprestígio associados à situação colonial. Sobre as mulheres de 80 anos, da terceira rua, diz: "E assim não tinham necessidade de esmola as ditas velhas e os órfãos incapazes: antes, as tais velhas davam de comer e criavam as crianças órfãs",[124] mas agora "não há ninguém para fazer o mesmo pelas moças, pelos moços e pelas velhas que ainda podem trabalhar. Por não

122 "Les llamaban vieja, viuda, promiscua [...] no tenía caso de ellas." [N.T.]

123 "Eran respetadas como viejas honradas, y tenían cargo de las doncellas y acudían en otras mitas y obligaciones." [N.T.]

124 "Y así no tenían necesidad de limosna las dichas viejas y huérfanos que no podían: antes las dichas viejas daban de comer y criaban a los niños huérfanos." [N.T.]

se curvarem, se tornam pobres; enquanto pobre, tem ilusão e se torna senhor. E, não o sendo, de *pechero*[125] se torna senhora, dona, e assim é o mundo ao revés".[126]

Todas as ordens expostas se concentram em mostrar a organização temporal e espacial da sociedade indígena, entendida como uma ordem justa e um "bom governo". A intenção argumentativa e crítica se torna visível comparando os desenhos entre si, explorando os contrastes e paralelismos, a reiteração de estilos de composição e a organização das séries. Em certo sentido, esse exercício já foi realizado por Rolena Adorno, que analisou as linhas divisórias internas dos quadros, destacando os valores significativos da direita e da esquerda, o acima e o abaixo, o uso de diagonais e dos espaços centrais, para argumentar que aí se esconde uma espécie de inconsciente andino e uma concepção indígena do espaço. No entanto, parece-me insatisfatória a aproximação estruturalista ou semiótica que costuma ser feita da obra de Waman Puma, tanto quanto a ideia de sua alteridade indígena. De modo mais arbitrário, aplico a esses desenhos noções anacrônicas, tiradas do cinema, como a de sequência ou a de flashback, porque isso me permite explorar outras arestas, hipotéticas, de seu pensamento: seja em contraposição, seja como complemento à linguagem escrita, essas ideias parecem apontar a compreensão, a crítica e, sobretudo, a comunicação do que o autor enxerga como traços fundamentais do sistema colonial. Nesse sentido, considero que, em seus desenhos, existem elementos conceituais e teóricos que

125 Personagem de baixa condição social e sem títulos, que se passa por gente importante. [N.E.]

126 "No hay quien haga otro tanto por las mozas y mozos y viejas que aún pueden trabajar. Por no abajar el lomo, se hacen pobres; mientras pobre, tiene fantasía y se hace señor. Y no lo siendo, de pichero se hace señora, doña y así es mundo al revés." [N.T.]

se transformam em poderosos argumentos críticos — e estes indicam a impossibilidade de uma dominação legítima e de um bom governo em um contexto colonial, conclusão que se poderia facilmente extrapolar para as atuais repúblicas andinas.

Se retornarmos à imagem da tecelã pré-hispânica, o comentário é eloquente e volta a tematizar o nexo entre exploração do trabalho e desordem moral. Entre o *tejido* como sinal de maturidade e prestígio e a coerção pelas mãos do padre doutrinador existe um abismo, e se observarmos apenas as duas últimas imagens, esse significado se perde. A colonização do trabalho (imagens 94-5) poderia ser equiparada com a *maquila*[127] contemporânea. Uma conceitualização do trabalho como castigo atravessa o pensamento ocidental, desde a Bíblia até as ideias de pensadores marxistas como Enrique Dussel. Mas, se fizermos um flashback, se recuperarmos a noção de convivência entre natureza e seres humanos expressa na ordem das ruas e dos rituais do calendário de Waman Puma, apesar de suas hierarquias e patriarcalismos, estaremos diante de uma crítica muito mais severa e profunda à exploração do trabalho, que se definiria não como extração de mais-valia, e sim como uma afronta moral e um atentado à dignidade humana.

Um segundo exemplo do que poderíamos chamar de "teoria iconográfica" sobre a situação colonial pode ser visto em uma cena do *corregimiento*,[128] em que agregados e serviçais, sentados à mesa do *corregidor*, bebem e comem fartamente, enquanto o personagem em primeiro plano recolhe em um saco os restos

127 Estratégia de grandes empresas que contratam empregados por intermédio de uma segunda ou terceira empresa, em geral em países subdesenvolvidos, com salários mais baixos e sem respeitar direitos trabalhistas. [N.T.]

128 Instituição da administração colonial em área rural. [N.T.]

de comida (Imagem 96). Trata-se de um índio adulto, não de um menino, pois a cabeça e o corpo dos que estão sentados à mesa são representados de modo desproporcional. Existe aqui uma conceitualização indígena da opressão. Nas línguas aimará e quéchua, não existem palavras como "opressão" ou "exploração"; ambas as ideias se resumem à noção (aimará) de *jisk'achasiña* ou ***jisk'achaña***, apequenamento, que se associa à condição humilhante da servidão.

A humilhação e a desordem caminham juntas: o mundo ao revés subverte as hierarquias, põe os servos em condição de *mandones*[129] e traça caminhos ilegítimos de ascensão social. No texto, Waman Puma fala de hierarquias naturais, de preservar as distâncias entre o alto e o baixo, o superior e o inferior. Parece ter internalizado o discurso racial espanhol, mas, ao mesmo tempo, revela a existência de uma ordem hierárquica pré-hispânica, que ele apresenta como mais legítima. Não obstante, a imagem de um índio apequenado perante os seus iguais traça o itinerário psicológico da dominação. A condição de pequenez social e a atitude de "*abajar el lomo*" [curvar-se, sujeitar-se] resumem o pano de fundo moral da miséria colonial. Mais que os padecimentos físicos, é o despojo da dignidade e a internalização dos valores do opressor que, assim como em Frantz Fanon, fazem de Waman um teórico da condição colonial.

Outra contribuição ao conhecimento dos fundamentos coloniais da sociedade se revela no fato de que as relações que instaura são baseadas em uma imagem primordial: a condição não humana do outro — desconhecimento e negação

129 *Mandón, mandoncillo* referem-se a uma autoridade indígena encarregada de recolher os tributos de um conjunto de índios na época colonial. [N.T.]

que, como mostrou Jan Szemiński, não eram exclusivos do olhar espanhol sobre os índios, uma vez que estes chegaram a considerar os recém-chegados como não humanos. A visão da alteridade radical espanhola aos olhos dos indígenas se consolida em outro desenho, que pertence à série da conquista (Imagem 97). O *adelantado*[130] Pedro de Candia,[131] que, segundo Waman Puma, teria se encontrado com o Inka,[132] sustenta o seguinte diálogo:

> WAYNA QHAPAQ:[133] Kay quritachu mikhunki? [Este ouro comes?]
> CANDIA: Este oro comemos. [Este ouro comemos.]

O que segue é um jogo de estereótipos e representações fantasiosas: na Espanha, esse encontro revelará a existência de um império lendário onde os cobertores, a roupa, os emblemas e os utensílios são feitos de ouro puro. Anos depois, após a morte do Inka Wayna Qhapaq e com o reino envolvido em uma guerra de sucessão entre Atawallpa e seu irmão Huáscar, os conquistadores, com Francisco Pizarro e Diego de Almagro à frente, se preparam para a emboscada contra o Inka Atawallpa. Mas este já havia obtido informações sobre os planos inimigos, e Waman Puma destaca a dúvida e o espanto que os estrangeiros produziram nos povos nativos:

130 Emissário dos conquistadores; neste caso, enviado por Francisco Pizarro para conhecer a sociedade que seria conquistada. [N.T.]

131 Pedro de Candia (1485-1542), explorador grego a serviço da Coroa espanhola e que participou da conquista do Peru. [N.T.]

132 Na verdade, Candia chegou aos Andes em 1527, enviado por Pizarro, que, ao receber suas informações, voltou para a Espanha a fim de preparar uma expedição militar, uma vez que era certa a existência de metais preciosos na região.

133 Wayna Qhapaq foi o penúltimo Inka, pai de Huáscar e Atawallpa. [N.T.]

> Ao terem notícias sobre a vida dos espanhóis, Atawallpa Inka e os senhores principais e capitães e os demais índios espantaram-se de que os cristãos não dormissem. É o que se dizia, porque passavam a noite em claro e comiam prata e ouro, eles e seus cavalos. E que usavam sandálias de prata, falavam dos freios e ferraduras e das armas de ferro e chapéus vermelhos. E que de dia e de noite falavam cada um com seus papéis, *quilca*. E que todos eram amortalhados, todo o rosto coberto de lã, e com apenas os olhos aparecendo. [...] E que tinham os pênis presos atrás, longuíssimos, falavam das espadas, e que estavam vestidos inteiros de fina prata. E que não existia um líder, que todos pareciam irmãos no traje, e no falar e conversar, comer e vestir. E uma cara apenas lhe pareceu que tinha [liderança] um senhor de uma cara preta, e dentes, e olho branco, que este apenas falava muito com todos.[134]

Falando com seus papéis à noite, amortalhados como cadáveres (por causa de suas barbas), dotados de atributos sexuais enormes e malfeitos, e comedores de ouro e prata — a corporalidade dos intrusos toca as fronteiras do não humano. Mas suas formas

134 "Como tuvo noticia Atawallpa Inka y los señores principales y capitanes y los demás indios de la vida de los españoles, se espantaron de que los cristianos no durmiesen. Es que decía porque velaban y comían plata y oro, ellos como sus caballos. Y que tenía ojotas de plata, decía de los frenos y herraduras y de las armas de hierro y de bonetes colorados. Y que de día y de noche hablaban cada uno con sus papeles, *quilca*. Y que todos eran amortajados, toda la cara cubierta de lana [...] Y que traían las pijas colgadas atrás larguísimas, decían de las espadas, y que estaban vestidos todo de plata fina. Y que no tenía señor mayor, que todos parecían hermanos en el traje y hablar y conversar, comer y vestir. Y una cara sólo le pareció que tenía, un señor mayor de una cara prieta y dientes y ojo blanco, que éste sólo hablaba mucho con todos." [N.T.]

de relação não são menos incompreensíveis: o que manda não carrega qualquer símbolo de distinção, apenas o falar "muito com todos", oposto ao mando silencioso e simbólico do Inka. A estranheza, a estupefação e a ideia de um cataclismo cósmico parecem ser o pano de fundo da impotência que se abate sobre os milhares de soldados do Inka, que não puderam vencer um exército de apenas 160 homens com armas e animais que nunca tinham visto. Em um momento posterior, o cerco dos incas rebeldes sobre Cuzco, sob o comando de Manco Inka, introduz novos matizes ao discurso aculturado de Waman Puma. Segundo ele, a intervenção da Virgem Maria e do poderoso Santiago Mataindios,[135] que imediatamente se associa com o temível Illapa, deus do raio, teriam dado a vitória aos sitiados. Mas nos traços do artista as ideias fluem de modo mais sutil: Waman optou por representar o espanhol e o inca em uma posição simétrica, com Candia de joelhos e o Inka sentado, em uma conversação aparentemente amigável e horizontal — o texto do diálogo inserido no desenho introduz uma disjunção e um conflito. O ouro como alimento despoja o visitante de sua condição humana e sintetiza o espanto e a distância ontológica que invadiu a sociedade indígena. Essa é uma metáfora central da conquista e da colonização. Seu vigor nos permite dar um salto, do século XVI ao presente, da historiografia à política, para denunciar e combater os alimentos transformados em ouro, as sementes como pepitas de morte e a ruína humana como uma ferida na natureza e no cosmos.

135 Santiago Matamoros se transformou em Santiago Mataindios ao ser invocado pelos espanhóis nas guerras de conquista da América, em referência ao santo católico Santiago Maior, um dos apóstolos de Cristo e mártir da Igreja. [N.T.]

Contudo, as leituras historicistas, as apreciações baseadas em ideias de "autenticidade" e autoria, danificaram ainda mais essa obra. Muitos estudiosos se propuseram a mostrar os falseamentos e as invenções do cronista, seu uso de outros textos e a imprecisão de muitos de seus dados e personagens. O caso de Candia é eloquente: na realidade, nunca se encontrou com Wayna Qhapaq, e não foi ele, mas Pizarro, quem viajou para a Espanha com o ouro do Inka. A visão estreita da crítica acadêmica — apegada à noção de "verdade histórica", que passa por cima do marco conceitual e moral a partir do qual se escreve ou desenha — negligenciou o valor interpretativo da imagem.

O mesmo acontece com a representação de Waman Puma de duas famosas execuções: a morte de Atawallpa, em 1533, e de Tupaq Amaru I,[136] em 1570. Os desenhos de ambos os episódios são quase idênticos: o Inka legítimo e o Inka rebelde de Willkapampa jazem deitados, seus corpos orientados no mesmo sentido, enquanto um espanhol lhes corta a cabeça com uma grande faca e outro os segura pelos pés (imagens 99-100). Sabemos que Atawallpa não morreu dessa maneira, pois foi submetido ao garrote.[137] No caso de Tupaq Amaru I, a representação é mais fiel, e a proximidade ao cronista, mais evidente. Mas o que projeta essa visão da conquista e da morte de Atawallpa não se justifica pela falta de fontes. Por acaso é possível propor que Waman Puma se baseou em versões falsas, que foi vítima de desinformação ou desconhecimento? Em se tratando

136 Tupaq Amaru I (1545-1570) foi o quarto e último Inka de Vilcabamba quando os incas já haviam perdido sua capital, Cuzco, e parte considerável de seus domínios. [N.T.]

137 Método de tortura em que a vítima era imobilizada em uma cadeira enquanto um instrumento (de ferro, madeira ou corda) apertava seu pescoço lentamente, até a morte por sufocamento. [N.T.]

de personagens tão importantes, não mereceria esse "erro" algo mais que uma correção ou observação historiográfica?

A semelhança entre as duas figuras induz de modo natural um "efeito flashback", que nos permite ver nelas uma interpretação, e não uma descrição dos fatos. A sociedade indígena foi descabeçada. Essa imagem se enraíza nos mitos de Inka Ri (cuja cabeça cresce sob a terra, até que um dia se unirá ao corpo), ainda hoje contados em comunidades do sul do Peru. Trata-se, portanto, de uma percepção moral e política do ocorrido: tanto a remoção da cabeça quanto a retirada do teto de uma casa ou o corte do cabelo são consideradas ofensas máximas nas sociedades andinas, produto de inimizades definitivas. É precisamente essa radicalidade destrutiva que é usada como metáfora do fato social da conquista e da colonização. A ironia do "bom governo" acentua a intenção argumentativa e se revela nas opiniões apresentadas por escrito. "Como pode sentenciar à morte o rei, nem o príncipe, nem o duque, nem o conde, nem o marquês, nem o cavalheiro um criado seu, pobre cavalheiro? Se chama elevar-se e querer ser mais que o rei."[138]

Diferentemente de Atawallpa, que morreu sozinho, rodeado de espanhóis, Tupaq Amaru I foi pranteado pelos índios, e são suas dolorosas exclamações em quéchua que explicitam essa inimizade sem trégua: "Ynga Wana Qawri, maytam rinqui? Sapra aucanchiccho mana huchayocta concayquita cuchon?" [Inka Wana Qawri, para onde fostes? Nosso inimigo perverso vai te cortar o pescoço a ti, que és inocente?]. Julgamento ético e interpretação histórica destacam, assim, os contornos de um

138 "¿Cómo puede sentenciar a muerte al rey ni al príncipe ni al duque ni al conde ni al marques ni al caballero un criado suyo, pobre caballero desto? Se llama alsarse y querer ser más que el rey." [N.T.]

olhar para o passado, capaz de "acender a faísca" de rebeldias futuras, pois, como escreveu Walter Benjamin (1978a [1985]), "nem os mortos estarão em segurança se o inimigo vencer".

Essa visão sombria e premonitória, que será expressa historicamente na grande rebelião de 1781 (Tupaq Amaru II,[139] Tupaq Katari[140] e outras figuras emblemáticas dessa continuidade interrompida), pode ainda ser contrastada com a imagem do índio astrólogo e poeta (Imagem 98), aquele que sabe cultivar os alimentos, para além das contingências da história. Um poeta no sentido aristotélico do termo: criador do mundo, produtor de alimentos, conhecedor dos ciclos cósmicos. E consideramos essa *poiesis* do mundo — que se realiza na caminhada, nos ***kipus*** que registram a memória e as regularidades dos ciclos astrais — uma evidência e uma proposta. A alteridade indígena pode ser vista como uma nova universalidade, que se opõe ao caos e à destruição colonial do mundo e da vida. Do passado ao presente, são as *tejedoras* e os poetas-astrólogos das comunidades e dos povoados que nos revelam esse ramo alternativo e subversivo de saberes e de práticas capazes de restaurar o mundo e devolvê-lo ao seu próprio curso.

139 José Gabriel Condorcanqui Noguera, ou Tupaq Amaru II (1738-1781), foi um cacique quéchua cusquenho que conduziu a maior rebelião anticolonial da América no século XVIII. [N.T.]

140 Julián Apasa Nina, ou Tupaq Katari (1750-1781), foi um líder da rebelião aimará contra as autoridades coloniais espanholas na região do Alto Peru, atual Bolívia, em 1781. [N.T.]

Imagem 81 — O primeiro mês, janeiro. Em janeiro (Qapaq ***Raimi*** Qilla, Festejo dos senhores), mês de descanso, é oferecido o próprio corpo, com jejuns e peregrinações aos lugares sagrados.

Imagem 82 — O segundo mês, fevereiro. Em fevereiro, Paucar Warai Qilla (mês de se vestir com roupa preciosa), "sacrificavam grande soma de ouro e prata e gado às ditas ***wak'as***, sol, lua, estrela e wak'a willka que estavam nas mais altas colinas e neves". O desenho mostra, além disso, as conchas de ***mullu*** e os ***quwis***, como acompanhamento dos metais preciosos.

Imagem 83 — O terceiro mês, março. Em março (Pacha Puquy, mês de amadurecimento da terra), chega o tempo de agradecer pelos primeiros frutos, com o sacrifício de lhamas pretas.

Imagem 84 — Abril é mês de regozijo e de rituais estatais. Camai, Inka Raimi (descanso, festejo do Inka): cantos para as lhamas e os rios, banquetes públicos e jogos, que reúnem em Cuzco convidados de toda a extensão do império.

Imagem 85 – Maio (Jatun Kuski, mês de colheita) destaca a centralidade do alimento no calendário ritual: a grande busca se refere às ***illas***, pedras que representam o poder gerador da terra e sua fertilidade. O desenho reitera a abundância e o movimento coordenado de transporte da colheita para os depósitos comunais ou estatais.

Imagem 86 — Junho (Jawkay Kuski) é a pequena festa do Inka: época em que as autoridades devem visitar “os oficiais e os índios comuns deste reino, para que no reino exista abundância de comida, para que se sustentem uns e outros; tanto pobres como ricos, hão de comer todos”.

Imagem 87 — Em julho são distribuídas as terras (Chacra Conacuy) com grandes oferendas e sacrifícios. Waylla Wiza, o especialista ritual, se assemelha aos *yatiris* contemporâneos, que queimam mesas de oferenda a partir de fins de julho.

Imagem 88 — Agosto (mês de lavrar terra, Chacra Yapui Qilla). A imagem representa a semeadura ritual, e a figura de uma mulher anã e corcunda revela a importância ritual dos defeitos corporais para invocar a fertilidade e organizar o mundo caótico do ***manqhapacha***. Era um mês de ritualização generalizada, em todas as comunidades, e os cantos, a comida e a bebida acompanhavam o momento festivo da semeadura.

Imagem 89 — Setembro, Coya Raimi, festa da rainha, festa dos planetas e estrelas, porque Coya é rainha do céu. Mas também é o mês das enfermidades e pestilências, enfermidades da terra, que são combatidas por meios rituais.

Imagem 90 — Outubro é o ritual de chamar a chuva (*Uma* Raimi Qilla). "Carneiro preto ajuda a chorar e a pedir água a Deus com a abundância que tem, sacrifício de lhamas brancas, e às pretas faziam chorar de sede e fome para chamar a chuva."

Imagem 91 – Novembro, mês dos mortos (Aya Markai Qilla). Desta vez, a oferenda é realizada para os antepassados mortos, que saem dos túmulos e acompanham as festas e a comilança dos vivos.

Imagem 92 — Dezembro. O ciclo se encerra com a grande festa do Sol (Inti Raimi), possivelmente o momento de maior concentração do poder simbólico estatal, no qual é enterrada grande quantidade de ouro, prata, e são feitos sacrifícios animais e humanos.

Imagem 93 — “Primeira rua. Awacoc warmi. Fossem de idade de 33 anos, casavam-se; até então, eram virgens e donzelas.” [“Primera calle. Awacoc warmi / de edad de treynta y tres años / muger de tributo. Fueron de edad de treinta y tres años, se casaban; hasta entonces andaban vírgenes y doncellas.”]

Imagem 94 — "Padre que obriga as índias a tecer a roupa dizendo e ameaçando que estão amancebadas e lhes dá pauladas e não lhes paga / doutrina. Como os ditos padres das doutrinas fiam e tecem, premiam as viúvas e solteiras, dizendo que estão amancebadas a fim de fazê-las trabalhar sem pagar. E nisso as índias se tornam grandes putas e não há remédio." ["Padre que haze teger ropa por fuerza a las yndias, deciendo y amenazando questá amanzibada y le da de palos y no le paga / dotrina. Cómo los dichos padres de las dotrinas hilan y texen, apremian a las biudas y solteras, deziendo questá amancebada con color de hazelle trabajar sin pagalle. Y en ello las yndias hacen grandes putas y no ay rremedio."]

Imagem 95 – "Frei dominicano muito raivoso e soberbo que reúne solteiras e viúvas, dizendo que estão amancebadas / reúne em sua casa e faz fiar, tecer roupa de ***cumbe***, ***awasca*** em todo o reino nas doutrinas. Os ditos reverendos freis são tão bravos e soberbos, de pouco temor a Deus e à justiça, o qual na doutrina castiga cruelmente e se faz justiça. Todo seu ofício é reunir donzelas e solteiras e viúvas para fiar e tecer roupa… E assim de tanto dano se ausentam os índios e as índias de seus povoados." ["Fraile domenico mui colérico y soberbioso que ajunta solteras y biudas, deziendo que están amanzebadas / ajunta en su casa y haze hilar, texer ropa de cunbe, auasca en todo el rreyno en las dotrinas. Los dichos reverendos frailes son tan brabos y soberviosos, de poco temor de Dios y de la justicia, el qual en la dotrina castiga cruelmente y se haze justicia. Todo su oficio es ajuntar las doncellas y solteras y biudas para hilar y texer ropa… Y ancí de tanto daño se ausentan los indios y las indias de sus pueblos."]

Imagem 96 — "Corregimiento que o corregedor convida em sua mesa para comer gente baixa, índio mitayo, mestizo, mulato e lhes honra / mestizo / mulato / índio tributário / Corregidor / Brinde... senhor curaca / apo, muito senhor, noca ciruiscayqui [senhor, muito senhor, eu vou te servir] / Províncias." ["Corregimiento que el corregidor convida en su mesa a comer a gente vaja, indio mitayo, a mestizo, mulato y le honrra / mestizo / mulato / yndio tributario / corregidor / Brindis ... señor curaca / apo, muy señor, noca ciruiscayqui (Señor, muy señor, yo te voy a servir) / Provincias."]

Imagem 97 – "Conquista. Wayna Qhapaq Inka e Candia espanhol.
– Kay quritachu mikhunki? [Este ouro comes?]
– Este oro comemos. [Este ouro comemos.]
Em Cuzco."

Imagem 98 — “Índio, astrólogo, poeta que conhece o movimento do Sol e da Lua, eclipse, estrelas, cometas e hora, domingo, mês e ano, e dos quatro ventos para semear a comida, desde antigamente.” [“Indio, astrólogo, poeta que sabe del ruedo del sol y de la luna, eclipse, estrellas, cometas y hora, domingo, mes y año y de los cuatro vientos para sembrar la comida, desde antiguo.”]

Imagem 99 — “Bom governo. Cortam a cabeça de Tupaq Amaru em Cuzco.”
[“Buen Gobierno. A Topa Amaro le cortan la cavesa en el Cuzco.”]

Imagem 100 — “Conquista. Cortam a cabeça de Atawallpa Inka. Uman Tauchun. Morreu Atawallpa na cidade de Cajamarca.” [“Conquista. Cortanle la cavesa a Ataguallpa Inga Uman Tauchun / Murió Atahualpa en la ciudad de Caxamarca.”]

Pensando a partir de *Nayrapacha*: uma reflexão sobre as linguagens simbólicas como prática teórica[141]

No território do que hoje é a Bolívia, o termo "desenvolvimento" circulou por quase seis décadas; se considerarmos seu antecessor, o "progresso", podemos estender esse período até fins do século XVIII. No curso da história moderna, qual tem sido o significado dessas palavras para os habitantes originários do território andino? É do ponto de vista indígena, especialmente do idioma e da cultura aimará — praticados por cerca de dois milhões de pessoas, ou um quarto da população boliviana —, que procuro expressar nestas páginas a profunda inquietação e a dupla consciência que essas noções projetam em nossa gente, incluindo alguém como eu, que pertenço a uma classe média mestiza de origem aimará, com acesso à educação superior e com uma trajetória cosmopolita.

As palavras "desenvolvimento" e "progresso" são praticamente inexistentes na língua aimará. O termo ***sarnaqaña*** — viver,

141 Publicado em *Pensares y Quehaceres*, n. 9, mar. 2010.

desenvolver-se, caminhar pela vida — poderia ser pensado como uma aproximação ou equivalente metafórico. Como idioma aglutinativo,[142] o aimará tem operações sintáticas específicas que permitem que um mesmo termo tenha vários significados, conforme os contextos de enunciação e os sufixos acrescentados. A existência de uma raiz e o uso de sufixos que modificam seus conceitos ideográficos[143] conferem às palavras significados flutuantes e permitem a criação de muitas combinações e variações na forma de falar e nos modos retóricos do discurso. Por meio desse mecanismo, também se dá uma série de estratégias retóricas de interpelação, destinadas ao convencimento.

Uma forma rápida de estabelecer o campo semântico de uma palavra é considerar sua forma oracional mais simples. Assim, o verbo *saraña* quer dizer ir, deslocar-se ou caminhar em sentido literal. Em um de seus polos, a ideia de deslocamento se opõe à de ação sedentária, como na palavra *luraña*: fazer, produzir, criar bens materiais. Mas, em outro polo, ambas as ideias se complementam. Em outros termos, a distribuição suplementa a ação produtiva, e de modo muito concreto: os resultados da produção sedentária não apenas se realizam por meio do consumo direto; também encontram sua expressão social mais acabada na distribuição ou na troca. É precisamente essa a relação de equilíbrio e dinamismo existente entre o mundo dos corpos ou objetos materiais e o mundo dos significados culturais e espirituais. Nenhum pode ser entendido verdadeiramente sem referência ao outro.

142 Em um idioma aglutinativo, a maioria das palavras é formada pela união de morfemas. [N.T.]

143 Referem-se ao símbolo gráfico ou do sistema de escrita em que os grafemas se reportam a noções, e não a porções fônicas da cadeia falada. [N.T.]

Esses quatro termos (alma/corpo, fazer/andar) se integram simetricamente na organização espacial e simbólica do *tari* ou *tejido* ritual, uma espécie de microcosmo em que se preparam as oferendas às deidades da terra e das montanhas, que logo são queimadas nas *apachitas* ou lugares sagrados por milhares de famílias aimará e mestizas do campo e das cidades andinas da Bolívia. O calendário desses rituais segue um movimento quadripartido por meio do qual se retorna ao ponto inicial, mas, ao mesmo tempo, é transcendido. Para uma lógica binária de senso comum, essa seria uma contradição em termos. A ideologia capitalista da modernização impôs a noção de um tempo "linear e vazio" e, simultaneamente, converteu os produtos do trabalho humano, e a este próprio, em objetos de uso fetichista (Anderson, 1991 [2008]; Marx, 1966 [2011]). Isso se transformou em uma armadilha ou obstáculo epistemológico: uma pedra no caminho do entendimento intercultural. Não obstante, alguns pensadores europeus um tanto marginais — como Ernst Bloch (1971) na Alemanha e Maurice Halbwachs (1997 [2006]) na França — propuseram ideias como a "consciência antecipatória", as "contradições diacrônicas" ou a "memória espacial coletiva", que operam como pontes de diálogo com os conceitos aparentemente exóticos e idiossincráticos da filosofia aimará do tempo-espaço.

Propor a universalidade (potencial) de tais ideias pode se transformar em uma maneira de andar pelos caminhos de uma espécie de consciência da margem ou consciência fronteiriça, um enfoque que batizei como a epistemologia *ch'ixi* do mundo-do-meio, o *taypi* ou zona de contato, que nos permite viver ao mesmo tempo dentro e fora da máquina capitalista, utilizar e simultaneamente demolir a razão instrumental que nasceu de suas entranhas.

As dimensões espaçotemporais estão também muito claras no significado da crucial noção filosófica de *pacha*, que acaba sendo a dobradiça articuladora de uma série de conceitos simétricos e estruturas espaciais quadripartidas que se convertem em modelos ou metáforas para a organização da vida social e do espaço público. A busca por simetria não é apenas uma operação formal ou estética: ela forma claramente uma ponte entre a experiência vivida por pessoas e comunidades concretas e um amplo leque de significados geográficos e geométricos que formam marcos conceituais duais. *Pacha*[144] é, simultaneamente, um conceito abstrato de natureza metafórica e interpretativa e uma ferramenta prática para caminhar no aqui e agora do cotidiano. A sintaxe da cultura aimará é então uma espécie de deslocador semiótico que cria um método de tradução e integração de entidades presentes e futuras que podem ser, inclusive, estranhas à cultura. Assim, Jesus Cristo, o Desenvolvimento, a Democracia, a História e outras figuras são permanentemente integradas nas estruturas dinâmicas da cosmogonia aimará e, portanto, se convertem em partes de uma forma multipolar mais ampla, que reverte o caráter unitário e totalizador dessas palavras, apagando, ao fazê-lo, suas letras maiúsculas. Para dar um exemplo: a figura de cristo e de vários santos e virgens do panteão católico entre as deidades invocadas pelos *yatiris* aimará indica que eles foram absorvidos pela multiplicidade de espaços/entidades sagradas, encaixando-se, assim, na lógica aimará de complementariedade, suplementação e oposição dialética. Minha hipótese é que algo semelhante aconteceu com a ideia de desenvolvimento. Esta se transformou em uma série de símbolos ou *illas* da "vida civilizada".

144 *Pacha* é um conceito dual: *pä* (dois), *cha* (força, energia). Nessa dualidade residem seu dinamismo e sua capacidade de transformação e regeneração.

Lamentavelmente, os menos atraentes entre eles (construções de tijolos, praças pavimentadas, amplificadores de som, comida *chatarra* [porcaria]) estão atualmente presentes em quase todo povoado ou municipalidade rural da região aimará-quéchua do Altiplano e dos vales bolivianos. É por isso que acaba sendo difícil uma mudança de paradigma no que diz respeito ao tema do desenvolvimento, uma vez que toda a intervenção tende a reforçar o modelo (colonial) preexistente.

CAMINHAR, CONHECER, CRIAR

Tanto em aimará quanto em quéchua, abstrato e concreto coexistem de maneira próxima e, às vezes, são expressos pelo mesmo termo. O nível de abstração se relaciona frequentemente com um jogo de pares opostos e complementares. Em um dos desenhos que Felipe Guamán Poma de Ayala (Waman Puma) publicou em *El primer nueva corónica y buen gobierno* (1612), vemos um homem que é, ao mesmo tempo, andarilho, filósofo, astrólogo, cientista (a astrologia era uma ciência na época), mas também um agricultor que semeia o alimento (capítulo 5, Imagem 98). Ele segura na mão esquerda um *kipu*, que consiste em fios de lã coloridos, com nós feitos de diferentes maneiras, usados amplamente desde tempos pré-incaicos para registrar eventos, produtos, dados populacionais, assim como em rituais cabalísticos ainda pouco estudados. A coexistência simétrica do sol e da lua mostra a natureza alegórica do desenho. É possível dizer o mesmo da coexistência do ato de produção de alimento (*luraña*) com a busca itinerante por conhecimento e por significado (*sarnaqaña*).

Para explicar melhor, uma pequena área, uma chácara produtora de batatas poderia ser vista como um “fato social total" (Mauss, 1979; Spedding, 1997). Não se trata de um espaço produtivo, apenas; é também um espaço de construção ativa da ordem social-comunal, assim como a *sayaña* sagrada que conecta o macrocosmo com o microcosmo, permitindo que se renove a ordem do mundo por meio do ciclo ritual das estações que organiza a produção de alimentos.

Juntamente com muitas comunidades indígenas e camponesas do mundo, e dentro de uma ampla gama de variações formais, a cosmogonia aimará toca, sem dúvida, um tema ainda mais universal, que tem particular urgência no mundo de hoje: a íntima relação entre a vida humana e a pluralidade de seres (vivos ou não vivos) que existem no incomensurável cosmos: animais e plantas, substâncias, lugares e paisagens, rochas e metais, o céu e suas miríades de mundos, as profundas cavidades e rios subterrâneos do desconhecido interior do planeta. A especificidade da interpretação aimará dessas relações merece um pouco mais de atenção, devido a suas implicações epistemológicas para o debate cultura/desenvolvimento. Uma ideia geral que atravessa a maioria das apreciações externas de senso comum sobre a filosofia aimará é a do dualismo. Como no caso da oposição yin/yang na filosofia chinesa, existe, sem dúvida, uma busca por simetria na ideia que está por trás deste provérbio aimará: "*taqikunas pänipuniw akapachanxa*". No entanto, esses pares são opostos e se confrontam em uma espécie de terra do meio. Se voltarmos ao microcosmo do *tari* ritual, podemos observar uma oposição dual (cima/baixo) que cria uma zona intermediária, ou *taypi*, formando, assim, uma estrutura tripartida que eventualmente toma uma forma quadripartida (Imagem 101).

O mundo do espírito (*ajayu*) e o mundo da vida material (*qamasa* ou energia vital) estão unidos no meio (*taypi*) por uma zona de contato, encontro ou violência. Nesse mundo tripartido, o choque ou oposição se torna uma fonte de dinamismo: infunde incerteza e contingência ao mundo humano e ao cosmos em seu conjunto, e é precisamente essa a razão pela qual a ação coletiva e a transformação do que existe se tornam possíveis. A mesma localização do par complementar trabalho/caminhada em meio à oposição entre as forças materiais e espirituais diz muito sobre a iniciativa humana em relação ao equilíbrio/desequilíbrio do cosmos. É isto que emana da dinâmica dos três *pachas* que se invocam nos rituais do *yatiri*: o *alaxpacha* (o mundo de cima, exterior e luminoso) se opõe ao *manqhapacha* (o mundo de baixo, interior e escuro), mas ambos só podem ser vividos a partir do *akapacha*: o aqui e agora da história, o espaço-tempo em que a sociedade "caminha" por sua vereda, carregando o futuro nas costas (*qhipha*) e olhando o passado com os olhos (*nayra*), como diz o provérbio "Qhipnayra uñtasis sarnaqapxañani" [Olhando para trás e adiante (ao futuro-passado), podemos caminhar no presente-futuro].

A ação humana pode então ser percebida, ao mesmo tempo, como causa e resultado da forma não estática em que as oposições são operadas na visão aimará do mundo. Daí é que surge um quarto *pacha*, o *khä pacha*. O mundo do ainda não existente, do desconhecido, nasce como uma espécie de potencialidade em permanente deslocamento, que enfrenta uma perpétua disjunção: tudo pode se arruinar, e a ação humana, culminar em uma catástrofe, ou bem redimir o mundo do existente e se tornar um ato de libertação e completude. A disjunção implícita na natureza abismal do *khä pacha* é, portanto, um perigo sempre presente, percebido socialmente como um risco de dissolução e estagnação, mas também como uma possibilidade de renovação e realização do pleno potencial humano: o bem-estar das pessoas e do mundo em seu conjunto (*suma qamaña*).

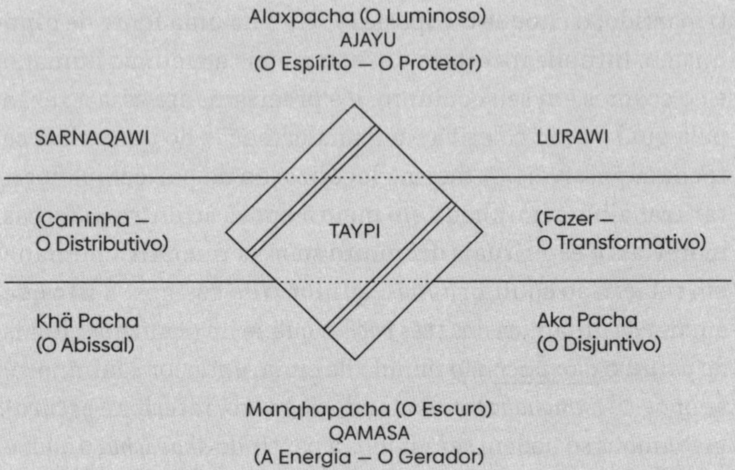

Alaxpacha: Tempo-espaço de fora/cima

Manqhapacha: Tempo-espaço de dentro/baixo

Aka Pacha: Tempo-espaço de aqui e agora

Khä Pacha: Tempo-espaço do desconhecido

Imagem 101 — O *tari* ou *tejido* ritual. Estruturas binária, tripartida e quadripartida. (As invocações rituais do *yatiri* como uma mimese da ordem cosmogônica do tempo-espaço.) Aqui devo agradecer aos ensinamentos rituais de *don* Roberto Guerrero, um *yatiri* aimará da zona de Letanías, na província de Ingavi, e de Francisca Payi, da Ilha do Sol no Lago Titiqaqa. Entre 2004 e 2011, caminhamos juntos pelas *apachitas* e montanhas da região, e nessas caminhadas e rituais compreendi os significados das orações e invocações sagradas. De todo esse processo, emergem as ideias aqui esboçadas como uma forma de narrar a filosofia aimará do tempo-espaço. É com a autorização dessa mestra e desse mestre que coloco seus ensinamentos por escrito.

NÃO FAZ MUITO TEMPO, "DESENVOLVIMENTO" FOI UMA PALAVRA PODEROSA

Após essa incursão um tanto abstrata nos conceitos de espaço-tempo da língua aimará, podemos abordar o ponto central deste trabalho: a noção cultural de *suma qamaña* como aproximação/disjunção em relação à ideia de "desenvolvimento". Nos anos 1970 — quando o "desenvolvimento" era uma palavra forte que significava modernização, estradas, caminhões, fertilizantes químicos, propriedade privada, sementes de alto rendimento etc. —, circulava uma anedota entre a intelectualidade aimará de La Paz. O estado e organizações internacionais como a Agência dos Estados Unidos para o Desenvolvimento Internacional (Usaid) e o Banco Mundial lançaram uma série de projetos destinados a mudar a teimosa mentalidade dos índios, particularmente dos aimará, para induzi-los a adotar os esquemas desenvolvimentistas dominantes. A história de cegueira e fracassos desses órgãos é demasiado longa para ser relatada aqui, sendo suficiente destacar o impacto desses projetos na continuidade da pobreza e na devastação de recursos produtivos, a um custo de muitos milhões de dólares durante as décadas de ação desenvolvimentista estatal (Niekerk, 1992). Uma das principais agências estatais desses projetos no Altiplano e nos vales da região aimará foi chamada de Desarrollo de Comunidades [Desenvolvimento de comunidades], mas os aimará urbanos a rebatizaram de Desarrollo de Calamidades [Desenvolvimento de calamidades], uma piada linguística que desloca os significados e produz metáforas interpretativas. Esse giro linguístico é habitual entre os falantes de aimará, mesmo quando se expressam em castelhano. É criada, assim, uma língua *ch'ixi* contaminada e manchada, um castelhano aimaraizado que permite um diálogo crítico com as propostas desenvolvimentistas estatais para o mundo rural.

Gostaria de terminar este texto mostrando quatro imagens-conceitos de Waman Puma. Utilizo seus desenhos, e não suas palavras, porque entendo que, no seu caso, o âmbito da língua escrita se movia em (e pelas) exigências retóricas de uma "carta ao rei". Quando escreve em castelhano (como na maior parte de seu manuscrito de mil páginas), seu ego colonial vigilante fala por ele e controla a escrita de cada palavra ou frase, para se assegurar de que o rei da Espanha o veja como um de seus mais fiéis súditos. No entanto, muitos de seus desenhos expressam outro tipo de discurso, que até agora só foi analisado como uma estrutura semiótica reveladora da aparente pureza e continuidade das estruturas pré-hispânicas de pensamento. O que proponho aqui é ler seus desenhos como uma teoria do colonialismo que aponta conceitos básicos da ordem social, vital e cósmica, e que diz o que as palavras não podem expressar em uma sociedade de silêncios coloniais.

Essas imagens mostram as implicações do "desenvolvimento" de modo metafórico. Em sua forma mais clássica, o "projeto de desenvolvimento" assume a ignorância de seus beneficiários, considera-os "miseráveis" e "pobres", indica ausências e insignificâncias. Perda de terra e carência de recursos e habilidades são os pontos centrais da maioria dos projetos de desenvolvimento, aos quais, recentemente, se tem acrescentado um componente de gênero — possivelmente para denunciar outra carência: a perda de controle sobre o próprio corpo. Mas, em todo caso, os beneficiários dos projetos de desenvolvimento são vistos como apequenados pela história e pela opressão, incapazes de se autossustentar e necessitados das migalhas dos ricos governantes e príncipes do mundo: os países doadores (capítulo 5, Imagem 96).

Em oposição ao apequenamento da cultura andina pelos projetos de desenvolvimento, podemos ver o papel que tem uma mulher anã e corcunda como conselheira da rainha em tempos pré-hispânicos (Imagem 102). Sua "anormalidade" é sinal de sabedoria. É uma espécie de *yatiri* conselheira, sábia, que orienta o caminho da rainha e, com a ajuda das folhas de coca, ilumina seu rumo na vida pública e privada.

Os outros dois desenhos são deliberadamente homólogos em sua composição: representam uma mulher índia adulta tecendo em seu tear. No primeiro caso, a mulher ocupa a classificação mais prestigiosa em tempos pré-hispânicos: a "primeira rua" (capítulo 5, Imagem 93). Uma jovem mulher adulta tecendo feliz, como se estivesse criando o tecido da vida comunal. O segundo desenho apresenta, em posição idêntica, uma jovem tecelã adulta trabalhando sob a supervisão de um padre (capítulo 5, Imagem 94). Como nas *maquilas* dos bairros e favelas atuais, o trabalho passou de fonte de prazer e criatividade a fonte de lágrimas e penas. A vigilância do doutrinador espanhol nos faz notar o significado metafórico do desenho. Seria possível ampliar o sentido da vigilância para compreendê-la como uma metáfora do trabalho colonizado. O trabalho como castigo é também referência bíblica, representada pelo sacerdote. Trabalhar sob a vigilância de um agente externo acaba sendo um castigo pelo fracasso histórico da mulher indígena e é uma expressão metafórica dramática do que significam o apequenamento e o despojo em tempos contemporâneos, para os "beneficiários" da ação desenvolvimentista.

É difícil atravessar o abismo entre essas imagens opostas. Elas se movem em um mundo binário de oposições sem mediação. Nestes tempos de "estado plurinacional" e de um novo texto constitucional promulgado após árduas negociações, é doloroso constatar que esse abismo segue se ampliando. Nem o desenvolvimentismo nem a lógica instrumental foram abandonados, e a possibilidade de um novo paradigma que permita superar/suplementar a noção de desenvolvimento parece ter sido adiada indefinidamente. Porém, em um espaço fora do tempo linear e monológico da modernidade capitalista, longe do mundano barulho de computadores e sinais de internet, as imagens do índio andarilho e da tecelã emancipada seguirão latentes até que se abra uma nova fresta pela qual se infiltrem e contribuam para a emancipação futura.

Imagem 102 — "Oitava Coya [esposa do Inka]. Mama Yunto Cayan. Muito chegada a criar anãzinhas e corcundinhas e ñustas [princesa virgem, filha do Inka]. [...] E comia muitos manjares e mais comia coca por vício, mesmo dormindo a tinha na boca." ["Octava Coya. Mama Yunto Cayan. [...] Muy amiga de criar enanitas y corcovadillas e a ñustas [...] Y comía muchos manjares y más comía coca por vicio, durmiendo tenía en la boca."]

Principio Potosí Reverso: outro olhar para a totalidade (fragmento)

Para abordar o *Principio Potosí* como totalidade histórica concreta, localizada no hemisfério sul, devemos primeiro situar os quadros coloniais selecionados para a exposição[145] em uma espécie de macroescala que trace as rotas organizadoras desse espaço desde o horizonte médio[146] até abril de 1545, quando foi descoberto um filão de prata de altíssima lei em Potosí, uma *wak'a* ou lugar de culto para onde se dirigiam os ***mit'ayos*** do Inka, vindos da localidade de Porco.

145 Trata-se da exposição internacional *Principio Potosí*, com curadoria de Alice Creischer, Max Hinderer e Andreas Siekmann, organizada pelo Museu Nacional Centro de Arte Rainha Sofia (Madri, 12 de maio a 6 de setembro de 2010) e depois exposta na Casa das Culturas do Mundo (Berlim, 7 de outubro de 2010 a 3 de janeiro de 2011) e no Museu Nacional de Arte e Museu Nacional de Etnografia e Folclore (La Paz, fevereiro a maio de 2011). O livro *Principio Potosí Reverso*, do qual tomamos este fragmento, foi uma espécie de catálogo dissidente dessa exposição (Rivera Cusicanqui & El Colectivo 2, 2010).

146 O horizonte médio é um período do desenvolvimento das civilizações andinas determinado pelo predomínio da cultura wari (civilização que floresceu na Cordilheira Central entre os séculos VII e XIII). [N.T.]

Recorremos a uma metáfora têxtil-espacial, marcada pela função ritual dos *kipus* e seu poder estruturante sobre o espaço andino em seu horizonte estatal (Imagem 103). A função estruturante dos *kipus* e dos **thakhis** sobrevive à invasão colonial e rearticula os territórios-espaços dos Andes em torno de novos eixos ou nós de poder: as igrejas e os santos padroeiros, em uma trama ritual complexa e misturada (*abigarrada*).

Mas é a vivência desse ritualismo no presente que outorga força intuitiva a nosso desejo de reconstituição. É o ato de sentir a presença das montanhas, escutar as vozes da paisagem, os substratos de memória que falam conosco por meio de seus cumes, lagos e olhos d'água ou de suas inúmeras *apachitas* e estradas. *Thakhi* é uma palavra aimará polissêmica, que marca o itinerário de libações, danças e músicas nas rotas que conectam as *wak'as* com os centros de poder dos sucessivos horizontes históricos de significação e territorialização. A igreja e o dinheiro, novas *wak'as* coloniais, se inscrevem assim em um *tejido* semântico denso e laboriosamente construído, conectando espaços distantes em um marco pan-andino que reatualiza os gestos, os propósitos e as práticas de sentido, que decifram e penetram as fissuras da violência colonial, rearticulando o que foi alterado, reunindo forças para remendar a "rede de buracos" (*red de agujeros*) em que se transformou o cosmos para os povos dos Andes.

Nesse espaço se inscrevem os quadros e as igrejas que marcam o itinerário de nosso olhar. Uma nova centralização moderna — a do museu — funciona como poderosa força desterritorializadora de seus significados.

O rastro de sua inscrição espacial — peregrinações, comemorações e devoções — se perdeu; os quadros são pendurados no vazio, descontextualizados. Paradoxalmente, perdura o ato de expropriação, o emblema colonial de sua acumulação bancária, a circulação do barroco andino como espetáculo e mercadoria de alto valor simbólico e monetário. O comércio ilegal de obras roubadas de capelas e igrejas é um dos itens mais lucrativos do mercado global contemporâneo. Os circuitos capitalistas de arte e a apropriação estatal dos patrimônios comunais se nutrem das brechas dos estados republicanos, de sua privatização nas mãos dos descendentes dos *encomenderos*,[147] herdeiros do princípio e do mecanismo do colonialismo interno, enraizado até a medula em toda a estrutura de dominação. Vamos tratar da parte direita dessa dimensão patriarcal e totalizante: a face branca e masculina deste livro.

Sua face esquerda, escura e feminina perambula pelo espaço vivido da geografia andina no ciclo de festas que destacam marcos no tempo-espaço (*pacha*). Aí as imagens são reinscritas no contexto das comunidades de devotos e devotas que as cultuam e dançam em sua homenagem; inserem-se em redes de significação que os conectam com os antepassados mortos, com os ciclos da água, com as *apachitas* e os fenômenos celestes. E também com os ciclos do dinheiro e as alterações do mercado, com os emblemas e as novas formas de propriedade e poder que chegaram da Europa e que hoje estão misturadas no ***ch'enko*** dessas sociedades insubordinadas.

As devoções não são professadas especificamente nos quadros; as deidades que representam, sim. As virgens e os santos se enraízam no cosmos andino e são associados com as energias contraditórias de cada lugar, em um palimpsesto

147 Refere-se às *encomiendas*, sistema colonial de controle das populações indígenas, pelo qual o *encomendero* de origem espanhola se beneficiava com os tributos pagos (na forma de trabalho ou de bens) pelos indígenas que lhe eram designados pela autoridade colonial. [N.T.]

que desvela diferentes horizontes de sentido ao longo de cada ciclo anual. A partir da materialidade do gesso ou da pintura a óleo, a imagem santa é, ao mesmo tempo, singular, multifacetada e múltipla. Não é epifenômeno de uma deidade única e abstrata. Virgens e santos reúnem diferenças e conexões peculiares, significados e relatos míticos transportados, transformados e relidos. A trama territorial finalmente se inscreve nos corpos, nas formas de beber, dançar e compartilhar o alimento e a cama. De modo que todo mundo sente, na própria carne e no espaço circundante, a poderosa força do sagrado. As localidades de Carabuco, Caquiaviri, Chuchulaya e Guaqui, no Altiplano *circunlacustre*, assim como as igrejas de São Pedro e Tata Gran Poder em duas cidades nodais desse espaço, são as igrejas/*wak'as* que articulam o nosso percurso. As circulações simbólicas das imagens envolvem disputas, deslocamentos e refundações. As cidades e suas vastas diásporas transnacionais são rotas que levam os **urbandinos** e cholos *quechumaras* a expandir seus cultos e entronizar seus santos e virgens em confins remotos do sistema-mundo.

Em cada localidade, partem das igrejas linhas imaginárias (**siqis**) até os cumes e as capelas do entorno. Um conjunto de camadas semânticas envolventes se desdobra dessa semente central, que se recobre de materialidades sobrepostas. Em suas colunas e arcos barrocos, vê-se a marca de escultores indígenas, que "dão um jeito" de representar suas divindades disfarçadas. As quatro esquinas da praça se orientam conforme uma concepção maior, que o ciclo ritual imprime nos corpos dançantes, nas imagens de culto e nas irmandades e *ayllus* articulados na *marka*. Observamos seu leste, norte, oeste e sul. Olhamos as marcas na paisagem que a circunda; as *wak'as* e *achachilas* maiores que a rodeiam. As estradas se perdem na planície e conectam a praça com lugares de culto e com montanhas que não se veem, mas que todo habitante conhece, metafórica e vivencialmente. Na praça ocorrem as danças, se entretecem as parcialidades e *ayllus* em um jogo de oposições e alianças que renova a dinâmica contenciosa das sociedades locais, e que cada par dançante reatualiza no *tinku* amoroso do baile.

Um trabalho de milênios construiu esses territórios sagrados, que, desde o século XVI, têm sido violentados, fragmentados e drasticamente reorganizados. A lógica vertical de articulação entre Altiplano, vales, Yungas e a costa do Pacífico foi aprisionada por sucessivas fronteiras coloniais: entre *corregimientos*, províncias, departamentos e repúblicas. As atuais rotas de contrabando entre o território andino de Bolívia, Peru, Chile e Argentina remetem a esse tecido muitas e muitas vezes constituído e reconstituído. Uma camada vital do palimpsesto organiza a territorialidade e a subjetividade da população andina desde o século XVI: o mercado interno potosino e seu substrato de significados simbólicos e materiais. Os *siqis*, *apachitas*, *thakhis*, *achachilas* e *wak'as* que o precederam formam a trama visual e imaginária de nosso percurso por alguns dos quadros coloniais da exposição *Principio Potosí*.

BARROCO *CH'IXI*

À festa de Santiago de Guaqui,[148] em 25 de julho de 2009, chegaram centenas de dançarinos, agrupados em oito *comparsas*

148 Guaqui é um povoado localizado na província de Ingavi, no departamento de La Paz, onde se encontra um templo católico da época colonial considerado monumento nacional da Bolívia. [N.T.]

de morenada,[149] vindos de diferentes confins do Altiplano e também de outros países. O principal ***pasante*** da festa, Edgar Limachi, acompanhado da esposa, veio do bairro Charrúa, em Buenos Aires, Argentina, onde conduz uma bem-sucedida empresa têxtil que dá trabalho a muitas oficinas subsidiárias. Sua fábrica, junto à rede de microempresas que articula, emprega centenas de conterrâneos da província, que recebem por peça produzida. Além disso, dá trabalho a muitos afilhados e amigos (*caseros*) de outras localidades. Dizem que a família Limachi gastou cinquenta mil dólares nessa semana de excessos, de intensas peregrinações e percursos dançantes. As pessoas passaram a noite em claro, não apenas por seu entusiasmo etílico, mas também pela impossibilidade material de conseguir alojamento.

O delírio coletivo se incendiou junto às imensas armações de madeira com os fogos de artifício que aqueceram visualmente esse dia agitado de um frio intenso e penetrante. Muita gente amanheceu ao redor de fogueiras, com um ***ch'akhi*** terrível. Quando despontaram as primeiras luzes da aurora, as pessoas curaram o corpo com uma reparadora mistura de ervas cozidas que as mulheres vendiam na praça. Logo começou outra rodada de libações com cerveja, em preparação para a missa. Ao amanhecer, algumas famílias tinham queimado mesas de oferenda feitas pelos *yatiris*, mestres ritualistas da região, que são devotos do Rayo. O público, que à luz do sol tinha assistido com respeito ao espetáculo das *comparsas de morenada*, se tornou, durante a noite, uma turba confusa e

149 *Morenada* é uma dança que remonta ao período colonial, de um estilo musical dos Andes bolivianos caracterizado por uma mistura de elementos africanos e indígenas. [N.T.]

dançante. A multidão se desmanchou em energias amorosas, brigas e sopapos.

Tudo isso proporcionou uma mudança de atmosfera: saiu de cena a face devocional da celebração. A sintonia emotiva da noite fez florescer o *amuyt'awi*: o sussurro das linguagens conjugais, pessoais e comunitárias dizia o que fazer, o que pedir, que *contradon*[150] reivindicar. As brigas e os acontecimentos sangrentos da festa eram percebidos como outros tantos sinais, mensagens da terra, manifestações de seus caprichos e exigências. Dizem que o sangue derramado por esses dias em pancadarias ou acidentes é uma oferenda a Tata Santiago/Illapa, o Rayo-*Wak'a*, que desce do céu e se funde com a terra. Dizem que sob a construção da igreja existe uma *wak'a*-lagoa, na qual nadam patos de ouro. Duas cobras se enroscam em suas torres, e elas sustentam a igreja e a enraízam na terra. Essas cobras são uma espécie de encanto. Se alguém as fizer reviver, o "mundo ao revés" se agitará, e nascerão os inversos da história.

O casal *pasante* da segunda *comparsa* é também dono de uma empresa no ramo têxtil, mas se dedica ao contrabando em grande escala de tecidos produzidos em algumas das milhares de oficinas de um bairro industrial de Pequim, na China. A Morenada Central adotou como emblema uma matraca com a figura estereotipada do "chinês", em homenagem à sua bem-sucedida "conexão oriental", que lhe permitiu gastar mais de trinta mil dólares para celebrar Tata Santiago. Para acompanhá-la, contratou um famoso conjunto de *cumbia*

150 Em uma relação de reciprocidade, o *don* (oferenda a deidades ou pessoas importantes) gera a expectativa de uma devolução (*contradon*), que não é imediata, mas registrada como "dívida" simbólica. [N.E.]

villera, que alcançou o sucesso em Buenos Aires com letras que falam das mazelas e dos sofrimentos — mas também dos êxitos e empreendimentos — da emigração.

O que tudo isso implica quanto a significações e ressignificações do *Principio Potosí*? Podemos nos contentar com a imagem dualista e maniqueísta que opõe um ocidente mercantil e capitalista a um sul-oriente de índios atrasados — ou rebeldes — que resistem, inercialmente imersos em sua economia "natural", ou explodem espasmodicamente em gritos de dor e violência reivindicativa? No polo oposto desse raciocínio, podemos dizer que estamos assistindo à formação de uma nova cidadania globalizada, homogênea, uma espécie de mestizaje transnacional que faria do "hibridismo" e da indeterminação a sua principal força?

Opomos a ideia de *ch'ixi* (*abigarrado*, manchado) à de hibridismo, entendendo que o cenário descrito explicita uma recombinação ativa de mundos opostos e significantes contraditórios, que forma um tecido na própria fronteira daqueles polos antagônicos. A vitalidade desse processo de recombinação amplia essa fronteira, a converte em uma trama e um tecido intermediário, *taypi*: arena de antagonismos e seduções. Estes são os espaços fronteiriços nos quais aflora a performatividade *ch'ixi* da festa. A noção de igreja/*wak'a* é afirmada nessa dualidade contenciosa e reverberante, que às vezes desemboca no momento explosivo da rebelião e sempre corre o risco de sucumbir à violência autoinfligida da recolonização.

DE TRINDADES E DEMÔNIOS

Os quatro *suyus* do império inca podem parecer os quadrantes de uma cruz diagonal. Mas suas relações não se demarcaram em territórios e mapas, nem foram cercadas por fronteiras: "Como na Espanha os antigos faziam divisão de toda ela pelas províncias, assim esses índios, para contar as que existiam em terra tão grande, o entendiam por seus caminhos",[151] comenta Cieza de León (2005, p. 240). Esse cronista, um judeu convertido que chegou com os primeiros conquistadores, descreve os cantos das índias da seguinte maneira: "Enganados pelo demônio, adoravam deuses diversos, como todos os gentios fizeram. Usam de uma maneira de romances ou cantos, com os quais lhes fica memória de seus acontecimentos, sem os esquecer, embora careçam de letras"[152] (Cieza de León, 2005, p. 259).

Em *quechumara*, canto e caminho são heterônimos pareados: ***takiy**-thakhi*. Remetem a uma territorialidade sonora, que se desloca pelo espaço-tempo. Os *thakhis* da memória evocam as linhas imaginárias chamadas "ceques" (*siqis*), que foram descritas por Bernabé Cobo. Essas formações visuais singulares eram caminhos de libações e rituais que partiam de cada centro cerimonial e conduziam, por meio de linhas radiais, a um entrelaçado de *wak'as*, um assentamento da memória dos antepassados míticos. Santuários construídos por humanos, as *wak'as* também podiam ser sinais que brotaram da terra, cumes nevados, lugares tocados pelo raio, olhos d'água, rochas de formas estranhas. Na sociedade guerreira — o ***Awqa Pacha***, que antecedeu os incas —, as *wak'as* assumiram uma feição política e corporativa.

151 "Como en España los antiguos hacían división de toda ella por las provincias, así estos indios para contar las que había en tierra tan grande lo entendían por sus caminos." [N.T.]

152 "Engañados del demonio, adoraban dioses diversos, como todos los gentiles hicieron. Usan de una manera de romances o cantares, con los cuales les queda memoria de sus acaecimientos, sin se les olvidar, aunque carecen de letras." [N.T.]

Com esse olhar *qhipnayra* sobre a densidade da linguagem e do espaço, queremos compreender o imaginário da colonização como uma profecia autorrealizada, na qual a violência da conquista foi formulada em termos de uma disputa simbólica. Ambas as sociedades enfrentaram o desafio de transmutar a geografia em alguma forma que fosse inteligível. Uns entenderam sua tarefa como a de dominar e extirpar. Outros, como um gesto de restituição e reconstituição. Uns trouxeram cultos sincréticos há muito presos à letra da palavra divina e a escolástica de um deus patriarcal. Outros transitaram pelos séculos coloniais e pós-coloniais caminhando, dançando e produzindo vida sobre essa densidade semântica inscrita na paisagem, no cosmos, no/na *pacha*. No *akapacha* do presente neoliberal e no meio da "teologia do mercado total", ainda podem ser descobertos os sentidos e as marcas desse *tinku* primordial; ainda pode ser lida a trama do espaço intermediário, contencioso e manchado, que teria surgido desse encontro/combate. Os cantos e caminhos do presente revelam os fios profundos desse palimpsesto. Sucessivas camadas e retalhos estatais, coloniais e (pós-)coloniais se expressam na roupa de cada *diablo*[153] ou *moreno*[154] dançante. No espaço *abigarrado* e confuso da cidade atual, não se apagaram as células-mãe simbólicas, a lógica combinatória que subjaz a nossas práticas linguísticas e corporais.

As autoridades masculina e feminina nas atuais comunidades andinas se chamam *mallkus* e *t'allas*. Seu próprio corpo parece replicar a configuração sagrada da paisagem: *mallku* é o nome dos cumes venerados; *t'alla*, o das planícies férteis, doadoras de alimento. Sua metonímia é a praça central do povoado:

153 Dançarino de *diablada*, dança tradicional boliviana. [N.T.]

154 Dançarino de *morenada*. [N.T.]

a *t'alla mayor*,[155] o chão que sustenta a dança coletiva. A torre da igreja é o *mallku*, com tudo e seus sinos. *Mallku* é também o nome do condor, ave sagrada dos cumes. No cerco indígena dos anos 2000-2003, o termo foi reatualizado pelas autoridades comunais de todo o Altiplano, e é o pseudônimo de seu líder mais famoso [Felipe Quispe Huanca (1943-2021)]. Essa mobilização, assim como a de Amaru-Katari no século XVIII, culminou em um cerco aos centros de poder que quase rompeu o controle territorial do estado boliviano. A *abigarrada* pólis indígena ressurgiu e buscou converter-se em ordenamento estatal descolonizador, embora o velho combate entre a razão e o senti-pensamento tenha transformado esse propósito em mero enunciado.

Com essa experiência, vivida e pensada na própria carne por mais de vinte anos, lançamo-nos à tarefa de desenhar um *thakhi* intelectual que não sucumba à truculência e ao horror, ao vazio do barroco espanhol. Mas que tampouco faça concessões a esta irresistível desordem dos esvaziamentos culturais pós-modernos, que desterritorializam e circundam de vazio aquilo que não compreendem. Nossa ausência quer ser uma presença que nos ajude a pensar ao contrário: a partir do *jayamara* ao *qhipnayra* através do *amuyt'awi*.

Esse é o espaço do Qullasuyu. Acima está o sul, e abaixo, o norte. Ao centro, no quadrante de baixo/à esquerda, a *wak'a mayor*, Titiqaqa, e seu circuito sagrado do lago. Origem mítica dos ancestrais fundadores do estado inca, esse imenso olho d'água é o centro para o qual convergem as *wak'as* de Guaqui, Caquiaviri, Carabuco e Chuchulaya. O eixo aquático forma um espaço intermediário, simultaneamente marca transcultural e *taypi* colonial, articulador das rotas comerciais entre

155 Referência a *plaza mayor*, praça central. [N.T.]

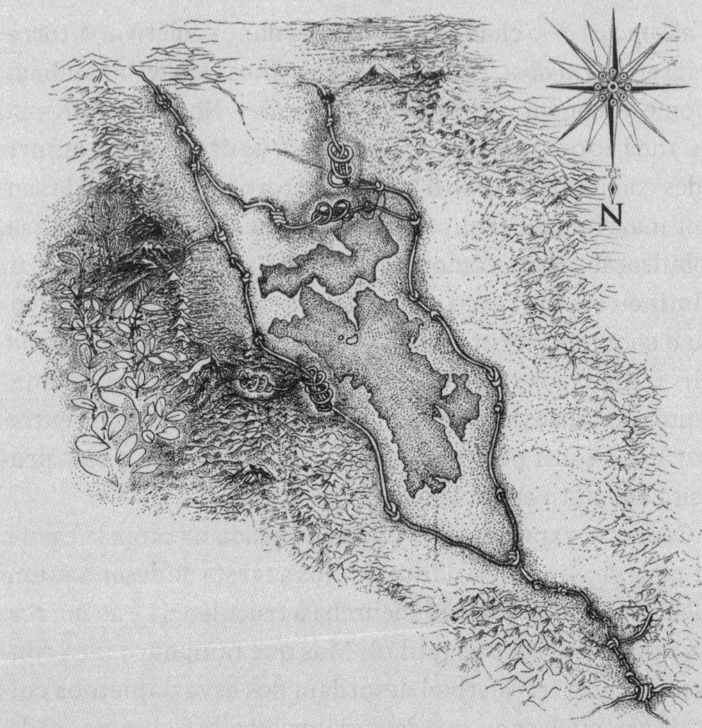

Imagem 103 — Os *kipus* foram um sistema de memorização e de registro usado pela antiga gente dos Andes, vinculado à arte têxtil e aos significados abstratos de nós e cores. A maior coleção de *kipus* pré-hispânicos é conservada no Museu Etnográfico de Berlim, mas houve pouco avanço no deciframento de sua linguagem, apesar de sua utilização ter continuado vigente em vários lugares dos Andes até pouco tempo. Os rastros de seu uso revelam que se tratava não somente de registros numéricos mas também de inscrições propiciatórias de natureza ritual, que permitiam ordenar o cosmos e enumerar oferendas às *wak'as* ou lugares sagrados de culto aos antepassados. A leitura acadêmica sobre os *kipus* arqueológicos, obcecada por estabelecer regularidades numéricas, terminou por convertê-los em um "código sem mensagem", em uma simetria impensada com a fotografia, como a define Roland Barthes (1995 [1990]) (Cusicanqui & El Colectivo, 2010; desenho de Efraín Ortuño).

Qusqu [Cuzco] e Potosí, através dos caminhos/*kipus* que enlaçaram a coca e a prata. A nova linguagem comercial permitiu reativar uma das associações mais antigas na mediação com o sagrado: o consumo enteogênico[156] e a *illa* mineral, os caminhos de ida e volta da opressão colonial.

Como em toda viagem, a estrutura do tempo também está expressa nessa geografia: seus ciclos e alternâncias entre um estado e outro. Elabora-se, com efeito, um calendário que é, ao mesmo tempo, uma organização de espaços percorridos e de ciclos rituais sucessivos ou sobrepostos.

O *pachakuti* colonial do século XVI trouxe a estas terras o mundo novo do sujeito desenraizado. Os andinos realizaram um imenso trabalho produtivo e hermenêutico para domesticar e enraizar os deuses estrangeiros, suas moedas e seus símbolos, em uma *autopoiesis* permanente de sua própria condição comunal. Na clandestinidade, sob a proteção da noite, na privacidade do campo ou do bairro suburbano, nos hinários e nas igrejas do catolicismo imposto, as *wak'as* silenciadas voltam à vida. Os marcos sociais da memória, a polissemia dos idiomas aglutinantes e a inscrição do sagrado na materialidade da paisagem formam a matéria-prima de uma prática transformadora que nos permitiu voltar o olhar para nós mesmos através dos séculos.

As antigas moedas cunhadas em Potosí se chamavam ***makukina*** quando eram usadas para o comércio, e ***phaxsima*** ou ***phaxsimama*** quando eram objetos de rituais para a fertilidade do dinheiro. O raio era a violência da espada conquistadora, mas também o ouro gratuito da generosidade celestial. Os rituais, danças e cantos das festas em celebração aos santos padroeiros formam um espaço *ch'ixi*, que alarga as fronteiras

156 Referência à alteração de consciência. [N.T.]

do meio como um tecido (*textil*) civilizador. A imagem-objeto de devoções encarna um gesto de subversão semiótica contra o princípio totalizador da dominação colonial. Não é uma imagem pura, tampouco um talismã: é a ampla faixa tecida pelo palimpsesto de uma práxis histórica coletiva.

Amo a montanha (ensaio visual performativo)

A meu irmão de montanhas, Rubén Vargas.
Que elas o acolham em sua viagem.

Gostaria de começar com alguns apontamentos que me ajudem a esclarecer o que estou fazendo no Equador e de onde vêm minhas palavras.[157] Sou praticante de um trabalho intelectual artesanal que batizei como "sociologia da imagem" porque, em minha universidade, quando era estudante, a sociologia era a única disciplina que parecia capaz de me conectar com

157 Costumo participar do trabalho final nos cursos de sociologia da imagem apresentando meu próprio ensaio visual junto com os estudantes, não apenas como exercício de desmontagem da "autoridade pedagógica", conforme a noção de Pierre Bourdieu, mas também para expressar o que aprendi em cada situação de interação e em cada paisagem espacial onde ministro o curso. "Amo a montanha" foi meu ensaio de final de curso no mestrado em antropologia visual da Flacso, em Quito, Equador, em julho/agosto de 2010. Agradeço aos estudantes pela estimulante interação humana e intelectual daquela ocasião, e a Libertad Gills e Edward Cooper pelas fotografias.

o fazer político/criativo, que considero minha autêntica e irrenunciável vocação. Não escolhi arte, embora, na infância, se me perguntavam o que queria ser quando crescesse, dizia "pintora". Apaixonada pelos impressionistas, expressionistas e cubistas, pelos artesãos, pelos santeiros, pelas *tejedoras*, pelos entalhadores e escultores da minha terra, um dia me dei conta de que o Van Gogh que eu amava aparecia em várias reproduções diferentes, com cores levemente alteradas pelas tecnologias mecânicas de impressão, o que me fez quebrar a cabeça sobre qual era a cor do original. Isso, somado ao fato de que, após a morte de Che Guevara na Bolívia e o início da revolução universitária, vários de meus companheiros de curso tinham partido para a guerrilha em Teoponte (1970),[158] me fez jogar fora pincéis e pinturas e me dedicar completamente à política estudantil, embora a frustração nesse campo não tenha demorado a chegar. Nesses tempos distantes, Oscar Eid — que logo seria o braço direito do ex-esquerdista Jaime Paz, o qual, em um pacto com o ex-ditador Hugo Banzer (1971-1978), "cruzou rios de sangue" para chegar à presidência (1989-1993) — agitava *O livro vermelho* de Mao Tsé-Tung em praças e reuniões políticas, falando da aliança operário-camponesa. Eu me perguntava se alguma vez esse personagem teria conversado com algum camponês ou camponesa de carne e osso (de outra forma que não dando ordens), e decidi ir a Apolo, uma região de falantes de quéchua do departamento de La Paz, para aprender quéchua como "professora

158 Movimento guerrilheiro iniciado em julho de 1970 no município de Teoponte pelo Ejército de Liberación Nacional (ELN). Findou-se em outubro daquele mesmo ano, com a morte da maior parte de seus integrantes. Os sobreviventes sofreram severas perseguições, tendo sido presos ou exilados. [N.T.]

ignorante" (Rancière, 2003 [2007]), junto com meus alunos, que, por sua vez, aprendiam castelhano com a ajuda de um livrinho escolar bilíngue do Instituto Lingüístico de Verano, dado a mim no Ministério da Educação (nada tão sofisticado quanto o *Telêmaco* de Jacotot).[159]

Em meu retorno de dois exílios a este continente que pouco a pouco se tornou adequado para andarilhos e emigrados como eu, esqueci o quéchua para apender o aimará, mas jamais esquecerei as lições que aprendi ao viver em uma remota região rural boliviana — aquelas lições que Che Guevara não teve tempo de aprender, por estar preso à visão eurocêntrica de que a história é uma só, e o caminho, tão reto quanto a Avenida Niévski.[160] Dizem os camponeses do Chaco que Che padeceu com ataques de asma na Bolívia, apesar de ele e seus correligionários pisarem constantemente algumas plantas reconhecidas pelas mulheres e pelos curandeiros da região por suas virtudes terapêuticas para males respiratórios.[161]

159 Referência ao educador francês Joseph Jacotot (1770-1840), considerado fundador do ensino universal, e ao método de ensino que aplicou a estudantes holandeses quando esteve exilado nos Países Baixos. "Dentre os primeiros estudantes que a ele acorreram para aprender, nenhum conhecia o francês. O mestre, por sua vez, ignorava o holandês. O que fez Jacotot, então, foi pôr nas mãos dos alunos um livro, *As aventuras de Telêmaco*, de François Fénelon, em edição bilíngue, solicitando, com ajuda de um intérprete, que aprendessem o francês amparados pela tradução." Adaptado de Crislaine Santa Cruz e Silvana Aparecida Bretas, "O método da igualdade: Jacotot e a experiência do ensino universal no contexto da Revolução Francesa", *Cadernos de História da Educação*, v. 20, 2021. [N.E.]

160 Referência à principal avenida de São Petesburgo, Rússia. [N.T.]

161 Essa história me foi contada há muitos anos pelo poeta chaquenho Jesús Urzagasti e está registrada em seu romance autobiográfico, *En el país del silencio* (1987).

O que apresento a seguir é uma tentativa de abordar as aporias do conhecimento racional a partir de imagens e textos que ilustram o ato cotidiano que realizo — no Equador ou onde quer que eu esteja — para descolonizar meu olhar, desmontando o texto social que subjaz às interações cotidianas que estabeleço, para que delas aflorem algumas alegorias e memórias.

I. EVOCAÇÕES NA *APACHITA* DE PAPALLACTA

A três mil metros acima do nível do mar, começo a sentir uma grande familiaridade com a paisagem, apesar da penetrante umidade e da neblina. Claro! É que os Andes de *páramo*[162] também existem na minha terra: essa faixa apertadinha pela qual se cruza a Cordilheira Quimsa Cruz até Punku, Unduavi e Chaku, e que logo dá para a abertura do fundo dos vales yunguenhos. É estranho, no entanto, que a ***qiñwa*** — que a ciência chama de *Polylepis* — possa coexistir com ***siwinqas***, ***chillkas*** e samambaias, que são plantas da cabeceira do vale. Os ***qiñwales*** que vi na minha terra têm belos troncos retorcidos, mas, em sua maioria, crescem nos altos cumes e arredores do Lago Titiqaqa, embora minha filha Clea, que é bióloga, diga que existem tantas espécies quanto alturas e climas que se sucedem na paisagem vertical das serras andinas. O maior bosque de *qiñwa* que conheci ficava na Ciudad de Piedra, *ayllu* Päsa, província de Pacajes, Bolívia. Em 1976, quando Clea tinha quatro anos, viajamos por vários lugares dessa província: uma comunidade/*ayllu*, uma comunidade de ex-*hacienda* e a mina

162 Ecossistema andino que ocorre acima dos três mil metros de altitude. [N.T.]

de Corocoro. As labirínticas formações da Ciudad de Piedra antigamente foram ocupadas por imensos *qiñwales*, os quais, naquele momento, tinham quase desaparecido. Foi aí que essas árvores centenárias (uma das poucas espécies arbóreas nativas) acabaram ameaçadas pela febre do cobre de Corocoro, cujas máquinas consumiam descomunais quantidades de carvão. Fui a essa região de areais e alpacas aos 27 anos, para investigar por que meu sobrenome era Cusicanqui — pergunta narcisista que foi superada rapidamente por fatos coletivos e personagens exemplares de outra ordem. Dessa maneira, soube da batalha legal travada pelo *comunario* Eduardo Apaza, de Estación Campero, para evitar que tais bosques de *qiñwa* fossem usurpados de sua comunidade com a invasão de comerciantes de carvão, mestizos que proliferavam desde a chegada da ferrovia.

A *qiñwa* que conheço tem uma casca vermelho-sangue e recobre o tronco em camadas, como casca de cebola. Essa casquinha é um famoso remédio para doenças renais. Semeei uma *qiñwa* no terreninho de meu filho Kilko, na comunidade de Uni, que antigamente era o centro dos Qhircas de Oyune, em frente ao *mallku mayor* Illimani. Em maio de 2015, soube que meu pezinho de *qiñwa* foi destruído pela inveja de um vizinho que não respeita as normas da comunidade.

Para afirmar esse laço entre os Andes de *páramo* e os Andes de *puna* (Troll, 1980), tenho em meu altar um pouco de casca de *qiñwa* e duas pedras recolhidas na *apachita* de Papallacta, Equador. O *apu* Antisana[163] e o *apu* Imbabura[164] (que raramente se deixam ver), e o Illimani (que, nessa época invernal, resplandece como seu nome), talvez conversem entre eles,

163 Vulcão dos Andes equatorianos, com altitude de 5.758 metros. [N.E.]
164 Vulcão dos Andes equatorianos, com altitude de 4.640 metros. [N.E.]

iluminados pela *chakana*. Os dois lados da pirâmide (*apachita*) e as duas macroestruturas da cordilheira andina serão, assim, evocados, quando voltar à Bolívia, nesse microcosmo que é meu altar de mortos, simultaneamente álbum fotográfico e palimpsesto de minhas andanças pelo planeta.

II. ENSINAMENTOS NA HORTA DE ANITA

Em frente ao Imbabura, na comunidade Angla da paróquia de San Pablo (Otavalo), colhi um pouco de *aliq qura*: qualquer erva, do tipo que pisamos todos os dias no campo e que é consumida misturada em um chá, o qual tomamos em jejum para prevenir as doenças e tristezas do ano. Na região *circunlacustre* da Bolívia e do Peru, esse chá é consumido uma única vez, na sexta-feira santa. É o dia em que a *Pachamama* fica alegre e expõe todos os seus poderes de vida e cura. É o dia em que Cristo está no sepulcro sob a terra, alimentando-a com seu corpo/semente.

Doña Anita Camuendo me explicou o nome de cada uma das plantas que pisávamos ao percorrer sua horta: o *quwi qallu*, de que as pessoas da região não gostam porque suas raízes são duras e resistentes; o *ino*, para a amidalite; e o *felix muju*, usado em infusão para a febre e em semente torrada para a sinusite.

O traço que ela fez na terra era um diagrama de sulcos em que se intercalam cultivos de *qiñwa* com batata, e milho com *tarwi* [tremoço] (que se chama *chocho* no Equador). Mãos calejadas por uma vida de lavoura e cuidado, elas se uniram às minhas, calejadas pela escrita, pela cozinha e pela aprendizagem da terra, no centro de um mapa onde Anita me mostrou como se combinam os cultivos desses produtos para que se protejam entre si das *aliq qura* e dos bichos famintos.

Imagem 104 — Clea com meus netos Melina e Santiago em um *qiñwal* em Curva, na Cordilheira de Apolobamba, Peru (Foto: Steve Taranto, 2004).

Imagem 105 — O vulcão Antisana visto de Papallacta (Foto: Libertad Gills, 2013).

Imagem 106 – Reconstrução de uma foto perdida (Foto: Marco Arnez, Tambo Coletivx, 2015).

III. ENREDOS ESTATAIS

Um estranho encontro aconteceu em uma ecovila de alta altitude, passando a *apachita* de Papallacta. Lá faz frio e chove enquanto o sol arde em Quito, e podemos ver as estrelas quando, do outro lado da montanha, a neblina cobre a cidade. Nesse cenário tão propício à reflexão sobre a geografia, a arte e o sagrado, o ministro da Cultura do Equador organizou um grande evento de diplomacia cultural: a visita de cinco artistas da China para um "intercâmbio de experiências" com artistas plásticos equatorianos. Para propiciar a aproximação, não ocorreu ao ministro coisa melhor que fazer um gesto orientalista, cuja precisão geográfica deixa muito a desejar: convidou uma artista adepta do zen (escola budista cujo berço é o Japão) e da psicologia junguiana (anátema para o Partido Comunista, na China ou em qualquer outro lugar) para falar aos visitantes em nome da arte equatoriana. Uma extraordinária e bela mulher de quase um século de vida, possivelmente alheia ao roteiro em que o poder a enredou, sem se dar conta de quão distantes do que acontece na cena artística equatoriana foram postos os convidados desse enorme país-continente, localizado a oeste de nosso olhar, se nos orientamos pelo ciclo solar — a China está no poente, assim acaba por ser o ocidente geográfico de Abya Yala, e poderíamos dizer que, hoje, é também um ocidente simbólico e econômico, de maneira que, honrando a geografia, deveríamos falar da Europa como nosso nor-oriente. De onde falamos quando vociferamos contra a "cultura ocidental"?

"Trouxeram-nos como seus porquinhos", me disse Sonia Rosales, remetendo a um filme do humorista mexicano Cantinflas que não me lembro de ter visto. Enquanto anotava isso no meu caderno, me dei conta de que um agente de inteligência do ministério tentava ler de rabo de olho o que eu escrevia.

Enquanto isso, o eixo do intercâmbio parecia se centrar nas fotos que ficariam como registro de algo que nunca aconteceu. De fato, trouxeram-nos para fazer volume, porque, enquanto o ministro, seu pessoal e os artistas chineses posavam para umas cinco ou seis câmeras de foto e vídeo, os artistas equatorianos convidados — aos quais me somei, acompanhando meu aluno Cooper — se equilibravam entre as piscinas de pedra,[165] reunidos por dois seguranças corpulentos, até que a ordem foi ouvida: "Vamos voltando para a sala de reunião".

Lá o tom se tornou mais pedagógico: "Cada um de vocês pode fazer cinco perguntas, que serão traduzidas ao chinês e respondidas pelos artistas, que, por sua vez, farão a vocês outras cinco perguntas". Sonia e eu nos entreolhamos sorrindo e fizemos um gesto mímico de aritmética: se cada pergunta dura cinco minutos, e a tradução, outros cinco, teríamos de passar umas dez horas a fio reunidos para terminar o alegre encontro de intercâmbio. Mal o ministro saiu da sala, os pincéis e papéis de desenho tomaram o lugar das palavras. Ainda que um ou outro continuasse cedendo ao fetichismo das fotos e dos autógrafos, muitos outros se concentravam em decifrar essa escrita que é, ao mesmo tempo, desenho, gestual corporal e potência metafórica de pensamento. Com a ajuda de Sonia, que fala mandarim, expliquei a um jovem artista de cabelos longos e calça jeans que queria que ele desenhasse com seu pincel a frase que dá título a este ensaio. Com uma elegante caligrafia, escreveu os caracteres "amo a montanha" sobre uma folha de papel de bambu. E, para mim, a montanha parece ser essa letra E preguiçosa, em cujo eixo se articulam os quatro fragmentos deste ensaio. No *taypi*, ou

165 Papallacta é conhecida pelas águas termais, canalizadas em piscinas de pedra. [N.E.]

Imagem 107 — Intercâmbio em Papallacta (Fotos: Edward Cooper, 2010).

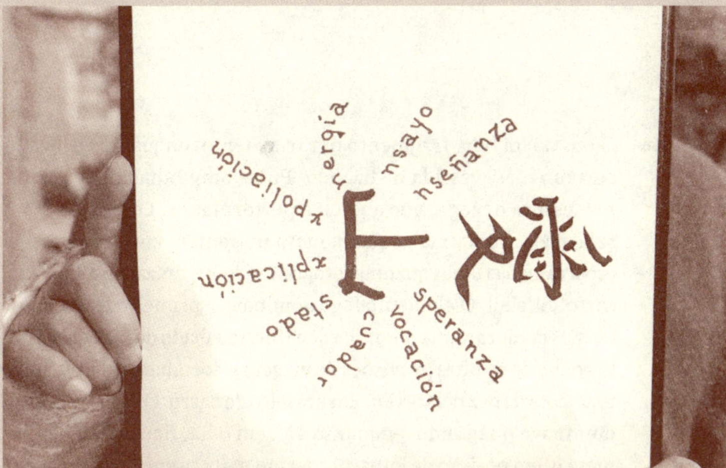

Imagem 108 — Ensaio visual “Amo a montanha”. Reconstrução de uma imagem perdida (Caligrafia: Mamoru Fujita; Foto: Kilko Paz).
[Em sentido horário, abaixo do ideograma: Esperança, Evocação, Equador, Estado, Explicação, Espoliação, Energia, Ensaio, Ensinamento. — N.T.]

espaço vertical do meio, entrelacei Equador com a energia do cosmos para dar forma a uma dialética sem síntese na qual se encontram/chocam a metade ***kupi***, estatal/masculina, com a metade ***ch'iqa***, terrestre e feminina.[166]

166 O ensaio foi lido, fragmento por fragmento, enquanto realizava certas ações, vestida de branco. Fui acompanhada por minha professora de ioga, que apoiou a performance. O cenário era a sala vazia, com uma pequena mesa no centro, em que estavam esparramadas umas quantas fotografias desorganizadas sobre uma cartolina azul. O elemento fogo dominava o primeiro fragmento: eu quis conjurar uma desgraça que tinha acabado de me acontecer (o roubo de minhas provisões de viagem e documentos) e queimei uma nota de dez dólares em um braseiro de barro. O elemento água dominava o segundo: enquanto alguém o lia, fiquei embaixo da mesa e, em posição de lótus, entoei um mantra em aimará, dando goles em um copo de bebida. Ao fim do terceiro fragmento, todos começaram a soprar as fotografias para representar o elemento ar. Finalmente, ao se retirar a cartolina azul, foi possível ver o fragmento quatro, coberto por torrões de terra. Como as fotos originais se perderam, reconstruí as imagens de modo situacional, recorrendo a estudantes, companheiros e meus filhos, Clea e Kilko.

Uma retórica anticonquista: olhares *ch'ixi* em/sobre Waman Puma[167]

INTRODUÇÃO GENEALÓGICA

Meu primeiro encontro com Waman Puma aconteceu na biblioteca do Taller de Historia Oral Andina (THOA), por volta dos anos 1980. Os historiadores do grupo eram assíduos leitores de *El primer nueva corónica y buen gobierno*, mas, sob o olhar da sociologia, também explorávamos no texto as marcas de uma organização social nas quais pudéssemos basear nossa crítica ao sindicalismo paraestatal e à "subordinação passiva"

167 Os argumentos que servem de base para este ensaio foram apresentados pela primeira vez no colóquio internacional Os mil nomes de Gaia: do Antropoceno à Idade da Terra, realizado no Rio de Janeiro entre 14 e 19 de setembro de 2014. Agradeço a Eduardo Viveiros de Castro e a Bruno Latour pela estimulante troca de ideias. Além dos autores citados no texto, usei livremente ideias de Michel Foucault e Philippe Descola, por meio de "espiadelas" que avaliei não carecerem de referenciação bibliográfica.

das comunidades aimará a uma forma estatal que considerávamos caduca (Rivera Cusicanqui, 1984). Debatíamos sobre os paradoxos que o autor teria vivido, como índio e cristão, e éramos conscientes de que as comunidades ao nosso redor enfrentavam dilemas semelhantes. A descolonização religiosa, proposta por alguns dos irmãos e irmãs mais radicais, era uma aposta arriscada e difícil, porque os aliados dos *ayllus* desde os tempos da ditadura de Hugo Banzer (1971-1977) eram frequentemente oriundos de igrejas e ONGs religiosas, e porque se meter nas questões da fé, como diz Waman Puma, é "*grave cosa*" [coisa séria].[168]

O THOA propunha uma leitura heterodoxa do cronista e andarilho Chinchaysuyu. Procurávamos afirmar, ao mesmo tempo, distâncias e proximidades, homologias e diferenças, assumindo que, entre as práticas registradas por Waman Puma e as que conhecíamos direta ou indiretamente no presente, era possível estabelecer um diálogo contencioso e dinâmico, dotado de uma sintaxe própria. Acredito que já naquela época sentíamos uma profunda desconfiança (eu, pelo menos, sentia) da visão de uma idílica continuidade do arcaico que a antropologia projetava nas comunidades aimará/quéchua; mas me impressionava principalmente a revolucionária alteridade epistêmica implícita em suas práticas. Em meu foro íntimo, não desejava

168 Em princípios dos anos 1980, quase simultaneamente à fundação do THOA, deu-se início à celebração do ano-novo aimará em Tiwanaku, e alguns de meus companheiros integraram esse processo de "reinvenção", que mobilizou um amplo setor de intelectuais indígenas *quechumaras*. Ramón Conde foi explícito em seu desejo de trazer à luz o ritualismo noturno e clandestino dos *ayllus*, embora, devido a sua morte prematura, não tenha chegado a ver o uso e o abuso que o empresariado do turismo e o governo do Movimiento al Socialismo (MAS) fizeram dessa cerimônia.

tanto desvendar essa sintaxe subversiva, mas compreendê-la e descobrir os mecanismos que explicam/produzem sua colonização, os elementos que induzem o apaziguamento e a paralisia de sua iniciativa histórica, e também as fissuras ou rachaduras que debilitam seu império. Lá no fundo, cheguei a imaginar trilhas que poderiam nos servir como espelhos e nos ajudar a escapar do que nos foi imposto, para retomar um caminho próprio. "As armas próprias", título de um dos desenhos de Waman Puma (Imagem 109), pode ser visto como o que é próprio da história, do espaço e do cosmos andino/inca, expropriado pela cidade letrada e pela metrópole colonizadora. Ali estão os gestos, os olhares e as alegorias que nutrem minha leitura do autor, e deles me aproximo, animada por uma atitude desejante: que esse "mundo ao revés" do colonialismo possa ser revertido.

Os fios desse desejo remontam a descobertas realizadas no âmbito do THOA, das quais dou alguns exemplos aqui. Na década de 1980, a continuidade de algumas formas sacrificiais que Waman Puma considerava sacrílegas foi acolhida com júbilo; era a marca de uma teimosa resistência à colonização religiosa. Como que para reafirmar a vitalidade desses gestos de insubordinação intelectual, a participação e o registro em vídeo de cerimônias e sacrifícios sangrentos foram uma espécie de reivindicação descolonizadora que se incrustou de maneira indelével em nossa própria subjetividade (THOA, 1990; Condoreno, 1992). Já em um momento mais reflexivo, batizamos essa atitude no THOA como uma metodologia *qhipnayra* (futuro-passado) de hermenêutica histórica — em referência ao aforismo aimará "Qhipnayra uñtasis sarnaqapxañani" [Olhando para trás e adiante (ao futuro-passado), podemos caminhar no presente-futuro] —, pois éramos conscientes do impacto que poderiam ter os nossos achados na reconstituição organizativa e política dos modos comunais de ritualismo,

Imagem 109 — “Primeiro capítulo dos incas / Armas próprias / Inti Raymi [Festa do sol] / Coya Raymi [Festa da lua] / Choquiylla Uillca [Sol dourado e resplandecente, Raio] / Ídolo de Uanacauri / Pacaritambo / Tambotoco / Ídolo dos Incas e Armas de Cuzco / Armas reais do Reino das Índias dos reis Incas.” [“Primer capítulo de los incas / Armas propias / Inti Raymi / Coya Raymi / Choquiylla Uillca / ídolo de Uanacauri / Pacaritambo / Tambotoco / Ídolo de los Incas y Armas del Cuzco / Armas reales del Reino de las Índias de los reyes Incas.”]

desprezados por décadas de secularismo sindical. Esse processo já estava em andamento, e sabíamos que éramos apenas um riacho afluente na grande corrente de reivindicações culturais e políticas vividas então pelo mundo aimará. Foi uma época intensa de reconfiguração mental e renovação de pensamento. Depois de décadas de ocultação e clandestinidade cultural, novos "discursos de indianidade" pareciam emergir de um interior histórico (*manqhapacha*) até a superfície de uma esfera pública convulsionada e em crise. Em uma atmosfera intelectual e política tão carregada de acontecimentos, para nós a atualidade de Waman Puma era inquestionável. O que vem a seguir é uma espécie de percurso dessa leitura.

(RE)VERSÕES DO TEMPO-ESPAÇO

O ciclo ritual das sociedades andinas antes da invasão colonial é apresentado por Waman Puma na sequência de doze meses própria do calendário gregoriano (capítulo 5, imagens 81-92). Tanto na Coletiva Ch'ixi, recentemente, quanto no THOA dos anos 1980, esse calendário foi importante para compreender e reavivar o mundo de significados que cada ritual expressa, ao se articular com os ritmos da paisagem e os ciclos das estações. Assim, por exemplo, ao observar o desenho correspondente a novembro, "Aya Markai Qilla" (capítulo 5, Imagem 91), podemos entender melhor por que assamos pães em forma de bonecos (***t'ant'awawas***) que representam nossos falecidos familiares ou membros da mesma comunidade, para oferecê-los como alimento a quem os invoca, em vez de retirar as múmias dos antepassados de seus ***pukullus*** para comer e beber com elas. Da mesma forma, em uma época de calamidades e riscos climáticos intensificados, um casal de companheiros da Coletiva

Ch'ixi participou, em 2013 e 2014, do ritual de "despacho do granizo" na Ilha do Sol [Lago Titiqaqa], onde lhes pareceu estarem revivendo o desenho correspondente ao mês de outubro, "Uma Raimi Qilla" (capítulo 5, Imagem 90). Ali se representa o gesto noturno e coletivo de pranto como uma conversa entre seres humanos e forças celestes: um diálogo com as energias do *alaxpacha* para provocar chuva no início do período das águas. Mas os rituais de "despacho do granizo" de que participaram Marco Arnez e Violeta Montellano foram realizados em agosto e em dezembro. Acontece que as comunidades atuais devem enfrentar tempestades de inverno ou granizos e geadas fora de época — ameaças ambientais próprias deste tempo de crise.[169]

Nas quase cem páginas que Waman Puma dedica a demonstrar as falhas do esforço colonizador em alcançar a "cristianização e purificação" dos índios, encontram-se outros desses lampejos *qhipnayra* em que o passado eclode como consciência de uma prática presente e uma possível emancipação no futuro. O desenho que apresenta o sacrifício animal é exemplo disso (Imagem 110). O texto que o acompanha é explicitamente condenatório. Mas, para nós, que tínhamos testemunhado rituais similares (inclusive na forma "pagã" do desenho), a sintaxe texto/imagem não revela nenhum sincretismo, mas disjunção, tensão e contradição.

A partir do nosso horizonte cognitivo, a descrição (visual e textual) que Waman Puma faz dessa ***wilancha*** é, ao mesmo tempo, reprovação e registro, estratégia retórica[170] e defesa

169 O relato que fizeram dessa experiência na Coletiva Ch'ixi ajudou a nos reconectarmos, na cidade, com uma episteme indígena que conversa com sujeitos não humanos e a sentirmos que a água é um ser vivo e dialogante (Murillo, Montellano & Bautista, 2014).

170 O termo "retórica" é empregado aqui no sentido aristotélico, como a arte do convencimento por meio da palavra, recuperado por Roland dissimulada. A seção "Índios" de *El primer nueva corónica y buen gobierno* cumpre, assim, um duplo propósito: assinalar que os métodos de catequização são violentos e ineficazes, e denunciar que aquilo que a religião invasora considera contrarritual é apenas diferença de detalhe, pois o gesto devocional (nesse caso, o sacrifício animal) é comum a ambas as tradições. Desse modo, ficam subentendidas a ferocidade e a arbitrariedade dos extirpadores de idolatrias, aos quais o próprio Waman Puma acompanhou como etnógrafo e intérprete.[171] Nessa perspectiva, poderíamos ler seus alardes de civilizado e bom cristão como exercícios retóricos destinados a pôr seus interlocutores em um plano de igualdade civilizatória, para poder, a partir daí, realizar sua crítica e defender sua diferença. Focalizando o olhar nos oficiantes desse ritual, veremos gestos devocionais e cuidadosos; não há neles nenhum signo de violência ou perversidade.

Por isso, acredito que não existe sincretismo nem mistura sem forma nos textos/desenhos de Waman Puma, mas justaposição, tensão e agonismo. No plano geral da obra, essa forma de interpelação é recorrente, pois mais de uma vez compara as virtudes da organização andino/inca com a ambição, a sevícia e a pouca fé dos invasores, destacando o governo próprio como mais sábio e justo que o mau governo colonial. E o faz com profunda ironia, pois no capítulo sobre o "bom governo", que dedica às autoridades coloniais, insere a representação da execução pública de Tupaq Amaru, o último Inka rebelde de Vilcabamba, em 1572, proclamando sua inocência em um

---

Barthes (2012; 1995 [1990]). Lamentavelmente, esse significado foi desvalorizado pelo seu uso corrente como sinônimo de discurso elegante e vazio. Ver também Rolena Adorno (1992, p. 152).

171 Waman Puma foi intérprete do padre espanhol Cristóbal de Albornoz nos processos de extirpação de idolatrias conduzidos pelo religioso na região do Peru, no século XVI.

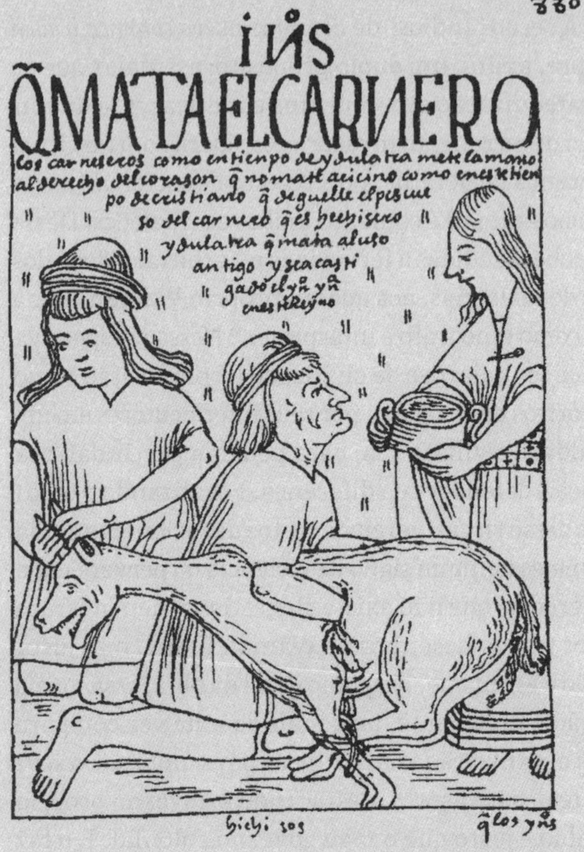

Imagem 110 – "Índios. Que mata carneiro os açougueiros como no tempo dos idólatras, enfiam a mão direto no coração. Que não mate assim mas como neste tempo de cristão, que degole o pescoço do carneiro, que é feiticeiro idólatra que mata ao modo antigo e seja punido o índio, índia neste reino / feitiços." ["Indios. Que mata carneros los carniceros como en tiempo de idólatra, mete la mano al derecho del corazón. Que no mate así sino como en este tiempo de cristiano que degüelle el pescuezo del carnero que es hechicero idólatra que mata al uso antiguo y sea castigado el indio, índia en este reino / hechizos."]

enigmático texto em quéchua, que certamente não era dirigido ao rei (capítulo 5, Imagem 99). Da mesma forma, embora boa parte do discurso de Waman Puma condene a desordem e as condutas pecaminosas de seus contemporâneos índios, no mito das idades [épocas, eras] não se percebe nenhum gesto de desprezo ou arrogância em relação às humanidades arcaicas; termos como "bárbaro" ou "selvagem" parecem mais concessões ao modo de pensar de seus interlocutores: "Oh, que boa gente!, embora bárbaro, infiel, porque tinha uma nesga de luz de conhecimento do Criador e Fazedor do céu e da terra e tudo o que existe nela… [aqui menciona Runa Camac e Pacha Rurac] é a fé e é uma das mais sérias coisas… Vejam isso, leitores cristãos, dessa gente *nova*, e aprendam com eles…" (grifo meu).[172]

Percebe-se aqui uma simultaneidade do tempo histórico, pelo fato de que essa gente antiga, os ***Wari Wiraqucha Runa***,[173] são também gente nova, de um passado que se sobrepõe ao agora. O fato de que na atualidade vivam gentes, animais, plantas e todo tipo de seres pertencentes a etapas anteriores da humanidade é parte vital da episteme andina e se expressa em um sem-fim de contos e práticas. Assim, na tradição oral Uru, esse povo, habitante das margens *interlacustres*

172 "O, qué buena gente!, aunque bárbaro, infiel, porque tenía una sombrilla de luz de conocimiento del Creador y Hacedor del cielo y de la tierra y todo lo que hay en ella… es la fe y es una de las más grave cosas… Ved esto cristianos lectores, de esta gente nueva y [a]prended de ellos…" [N.T.]

173 Neste e em outros termos tomados do autor, utilizo a ortografia moderna em aimará ou quéchua (alfabeto oficial) quando os incorporo em meu texto, mas os deixo como estão quando transcrevo do original. Para o aimará, consultei o dicionário bilíngue de Felix Layme e, para o quéchua, as traduções de Jorge Urioste na edição de Murra e Adorno de *El primer nueva corónica y buen gobierno* (2006).

do Titiqaqa-Desaguadero-Poopó,[174] vê a si mesmo como mais antigo que os Aimará (Barragán, 1993; Ari Chachaki, 2014). Os Uru dizem que são **chullpa puchu**, isto é, restos ou sobras da idade **Chullpa Pacha**, que, no mito das idades do Altiplano, é considerada um tempo anterior ao dos incas (Mamani Condori, 1992).[175]

O MITO DAS IDADES

As quatro idades [épocas, eras] da história índia aparecem no longo preâmbulo que dá início a *El primer nueva corónica y buen gobierno*. Nele, Waman Puma descreve um amplo ciclo cósmico que une a humanidade cristã e a humanidade **jaqi** ou *runa*. A estratégia retórica do autor consiste em propor que os primeiros europeus chegaram a estas terras depois do dilúvio (*Pachakuti* de água), e que deles surgiram as quatro idades subsequentes das sociedades andinas: Wari Wiraqucha Runa, **Wari Runa**, **Purun Runa** e **Awqa Runa**. No decorrer do relato, nota-se, no entanto, a coexistência simultânea de "idades" ou humanidades de diferente antiguidade que entram em tensão e oposição, embora a mais recente se imponha à anterior e, por sua vez, se submeta à seguinte. Assim, em meio à sociedade Awqa Runa, "entram os incas pouco a pouco" e, ao longo do relato da terceira idade, Purun Runa, já começa a viver a

174 Lago Titiqaqa, Rio Desaguadero, Lago Poopó e bacia do Poopó. Os Uru também vivem nas ilhas flutuantes do Titiqaqa, em especial do lado peruano. [N.T.]

175 Mamani Condori (1992, p. 8) conta que alguns produtos consumidos ainda hoje em algumas comunidades vêm desse tempo: "A batata foi antecedida pela **q'apharuma**, a quinoa pela **ajara** e a **qañawa** pelo **illamank'u**", como "restos" da idade Chullpa.

humanidade vindoura: "E começou outra gente, Awqa Runa, a multiplicar". O crescimento demográfico parece ser crucial nessa competição entre gentes de diferentes horizontes históricos — que é também disputa espacial. O que Waman Puma aborda nesse relato mítico é um processo de formação estatal (o Tawantinsuyu [império inca]) por meio de uma sucessão de *pachas* (tempos-espaços) que não são coetâneos e que habitam lugares diferenciados — social ou geograficamente — no aqui e agora. Não existe sucessão estritamente linear, mas, ao mesmo tempo, existem transformações ascendentes na escala de complexidade e plenitude civilizatória.

A sobreposição, às vezes, é completa: a primeira e a segunda idades são ambas *Paqarimuq* Runa [os da aurora, os originários da humanidade] e são, basicamente, grupos agricultores das alturas andinas. As gentes da terceira e da quarta idades contrastam pelo sedentarismo de uma e o nomadismo da outra, que a leva a conflitos com outras populações. Esse antagonismo culmina na quarta idade, Awqa Pacha Runa, que prefigura em todos os seus detalhes a era do Tawantinsuyu. Já existem os quatro *suyus* (*tawa*) formando uma unidade; o Chinchaysuyu já triunfou sobre o Antisuyu; e desenvolveu-se uma cultura estatal e guerreira em escala imperial. Mas, nesse processo de expansão civilizatória, existem permanentes incorporações do passado no futuro. É o caso de rituais da idade mais recente, como o culto aos três raios/Illapa, praticado nas sucessivas idades, até os incas.[176]

176 E que certamente continua até hoje, disfarçado na figura de Tata Santiago/Illapa. Para diferentes leituras do significado atual desse culto, ver *Principio Potosí Reverso* (Rivera Cusicanqui & El Colectivo 2, 2010).

Entre as duas últimas idades, há uma tensão entre sedentarismo e deslocamento: os Purun Runa "começaram a habitar terras baixas e férteis e quentes" e desenvolveram as artes da hidráulica, a tecelagem e a festa. Os Awqa Runa, guerreiros expansionistas, fundaram povoados nos Yungas das terras baixas, mas, em seguida, retornaram para as alturas andinas: "essa gente despovoou suas aldeias e foram habitar o alto das montanhas e penhascos e construíram fortalezas por causa da grande guerra que tiveram".

Na imagem da primeira idade desenhada por Waman Puma (Wari Wiraqucha Runa), o lugar de proeminência (direita pictórica) é ocupado pelo homem, que pisa o suporte de um ***wisu*** (***chakitaqlla***, em quéchua), cavando um buraco para que a mulher enterre a semente. A Wari Wiraqucha Warmi [mulher] ocupa o lugar subordinado (esquerda pictórica) e está de joelhos (Imagem 111). A alusão ao casal Adão e Eva é explícita no texto e na imagem[177] e nos remete a uma humanidade agrícola que vive nas terras altas e não reconhece como antecessoras as sociedades de caçadores e coletores do oriente [leste], a quem considera "índios belicosos, índios da montanha... e outros nus". Estes parecem ser o externo, o que está fora da sociedade andina/inca da altitude. De fato, os Wari Wiraqucha Runa vencem os Antis, e com esse ato parece ser iniciada a história humana. Mas logo os Awqa Runa novamente tentam conquistá-los, e até certo ponto conseguem, com incursões cautelosas a partir de suas ***pukaras*** das margens da floresta, com

177 Aliás, no desenho que realizou sobre a primeira idade da Bíblia — "O primeiro mundo: Adão/Eva" —, Waman Puma apresenta figuras semelhantes, embora com diferenças significativas. Adão pisa o suporte de um *wisu* e ambos estão vestidos com peles de animais, mas Eva não trabalha: amamenta uma criança enquanto segura outra e observa seu companheiro trabalhar.

as quais conseguem obter os poderes simbólicos e materiais da folha de coca, a serpente (*amaru*, *katari*), a onça (*uturunku*) e muitas outras forças, que em seguida usam como arma para "conquistar" outros povos do Altiplano.[178]

Entretanto, a estratégia retórica de Waman Puma obscurece esse fato. Dado que está escrevendo uma carta ao rei, opta por apresentar o triunfo da primeira humanidade agricultora sobre os Antis da montanha como um ato de conquista (linguagem que os europeus entendiam bem): "Que nesta terra primeiro viviam serpentes *amaru*; selvagens, *sacha runa*, *uchuc ullco*, *otorongo*, duendes, *hapi ñuño*, puma, leão; *atoc*, raposa; ursos, *ucumari*; *luychoy*, veados. Esses ditos primeiros índios Wari Wiraqucha os mataram e conquistaram a terra e se tornaram senhores deles e entraram neste reino das Índias por ordem de Deus".[179]

A relação com as florestas do oriente [leste] será retomada na quarta idade, a dos Awqa Runa, da qual falaremos adiante. É necessário tratar, antes, de outra interrupção da episteme andina no mito das idades: a inversão dos papéis sociais de gênero. A representação da segunda idade, a dos Wari Runa, contrasta com o casal quase bíblico da primeira

178 A humanidade antiga nunca chegaria a realizar o objetivo de sedução/incorporação do Awqa próprio, os Antis das terras baixas, que dão nome à Cordilheira dos Andes e à região inteira. Outros Awqas — estrangeiros, forasteiros — interromperam esse processo civilizatório, deixando incompleto o desígnio antecipado pelo mito das idades de Waman Puma.

179 "Que en esta tierra primero vivían serpientes amaro; salvajes, sacha runa, uchuc ullco, tigres otorongo, duendes, hapi ñuño, puma, léon; atoc, zorra; osos, ucumari; luychoy, venados. Estos dichos primeros indios Wari Wira Cocha los mataron e conquistaron la tierra y señorearon ellos y se entraron en este reino de las Indias por mandato de Dios." [N.T.]

idade: agora a mulher está em lugar de destaque (à direita) e o homem, à sua esquerda, de joelhos. Ela está sentada *dentro* de um *pukullu* e ele lhe dá as costas, ajoelhado, fora do abrigo (Imagem 112). A prática religiosa de ambos domina a cena: enquanto o Wari Runa [homem] eleva uma oração a um deus invisível — "Pachakamaq maypim kanki, fazedor do mundo, onde estás?" —, a Wari Warmi [mulher] põe as mãos sobre o peito e parece dirigir seu olhar aos mortos enterrados ou às múmias que habitam o *pukullu*, que Waman Puma descreve como "casa", possivelmente para dar conta das diferenças culturais entre seus leitores.[180]

Na terceira idade, a dos Purun Runa, o avanço cultural se expressa na arte feminina mais sofisticada dos Andes: o *tejido*. A Purun Warmi [mulher] ocupa um lugar de privilégio e está no mesmo nível que o Purun Runa [homem]. Este é mostrado de perfil e parece segui-la com atenção, parado à sua esquerda. Ambos estão fiando lã em suas rocas (Imagem 113). A essas figuras centrais se justapõe, em segundo plano, uma casa quadrangular com janelas e porta, ao lado de casas circulares, como se essa justaposição quisesse equiparar os estilos andinos de arquitetura com aqueles que vieram da Europa. O contraste entre o gesto e a posição dessa mulher (Purun Warmi) com os da primeira idade (Wari Wiraqucha Warmi) não poderia ser mais eloquente, como se a evolução da sociedade humana se expressasse na elevação do poder social e simbólico das mulheres.

180 Nas sucessivas menções ao *pukullu*, o autor reitera que se trata de uma construção funerária, cujos vestígios são ainda hoje visíveis em muitos lugares do Altiplano. São os *chullpares* pré-incaicos estudados por Gisbert (1999, p. 7-11).

No entanto, na quarta idade (Awqa Runa), a humanidade belicosa (*awqa* quer dizer "inimigo") é puramente masculina, e não sobra rastro do equilíbrio de gênero que se vê nas duas idades anteriores (Imagem 114). As mulheres desapareceram e os ameríndios parecem estar praticando um modo desigual de guerra: a guerra de conquista. Na cena, predominam os guerreiros Chinchaysuyu (direita pictórica), do alto de uma *pukara*, atacando um exército de Antisuyus que se defende na planície. Ambos usam o mesmo tipo de arma, mas a elevação da *pukara* acelera a derrota das gentes da floresta.

Arnold, Yapita e Espejo desenvolveram, a partir de pesquisa em Qaqachaka, sul de Oruro, outros significados possíveis para o paralelismo entre *tejido* e guerra como marcas de humanidade civilizada (Arnold & Yapita, 2000; Arnold, Yapita & Espejo Aica, 2007). De acordo com essa interpretação, a civilidade predatória da guerra se baseia em um mundo de fraternidades masculinas, enquanto a civilidade pedagógica das mulheres domestica a matéria animal e a própria violência masculina por meio do *tejido*; ambas, porém, fornecem simbolicamente aquilo de que a terra necessita para gerar o alimento que sustenta a vida. Os guerreiros trazem a cabeça dos inimigos mortos, com cujos cabelos as mulheres tecem poderosos *taris*, *wak'as* e *q'urawas*, para integrá-los a seu universo simbólico e para se defender deles. Ainda mais importante, essas cabeças são concebidas como sementes férteis, e essa associação expressa uma modalidade contenciosa, embora complementar, de articulação masculino/feminina na episteme andina. Poderíamos sugerir que nesse antagonismo e suas mediações residiria o mandato cósmico do casal humano, que se apresentaria na oposição simétrica entre terras altas e terras baixas.

A sequência de idades desses quatro desenhos se assemelha, à primeira vista, a uma progressão linear da história antiga dos Andes. Já vimos algumas "interferências" andinas na leitura do tempo histórico/mítico. Assim, apesar das reiteradas alusões de que os antigos tinham vislumbres de uma concepção religiosa monoteísta, na segunda idade se apresentam veladamente duas esferas paralelas do sagrado: Pachacamac no alto, o exterior e o oriente [leste] (invocado pelo homem), e os ancestrais terrenos no baixo, no interior e no poente, invocados pela mulher. Essa polaridade rompe o discurso monoteísta do catolicismo, assim como, na terceira idade, a elevação do têxtil feminino a uma arte da alta cultura contrasta com o culto androcêntrico à escrita no discurso europeu dominante.

Mas, por outro lado, no relato de Waman Puma não existe menção alguma ao diálogo entre o mundo humano e o mundo animal, traço recorrente na tradição oral do mito das idades. Segundo a versão recolhida por Carlos Mamani Condori (1992), viveu no Ch'amak Pacha (tempo da escuridão) uma humanidade primordial, em estado de completa indiferenciação com as demais espécies. Nas idades seguintes, o Qhinay Pacha e o Chullpa Pacha (equivalentes à segunda e à terceira idades de Waman Puma), os seres humanos já se distinguem dos animais, mas falam com eles e recebem seus dons/presentes, ensinamentos e travessuras; em contraste, em Waman Puma, a relação humana com o mundo animal assume um tom belicoso. Como vimos, o "domínio" dos Wari Wiraqucha Runa foi igualmente exercido sobre serpentes, povos da floresta (*sacha runa*) e seres míticos. Mais adiante, os Awqa Runa voltam a derrotar os Antis, obtendo, assim, seus cultígenos,[181] seus

181 Espécies de plantas domesticadas cuja origem é desconhecida, por não haver registro de ocorrência de seu ancestral silvestre. [N.T.]

conhecimentos e seus símbolos de poder.[182] Seria essa versão do "domínio do homem sobre a natureza" de Waman Puma um sinal de aceitação do relato bíblico? Ou uma característica interna, uma formulação etnocêntrica própria do mundo andino das terras altas? Seria a ligação entre os habitantes do Altiplano com as terras baixas do oriente [leste] uma relação de conquista? Ou existirá algum argumento oculto (*hidden transcript*)[183] nesse relato aparentemente evolutivo?

Ao que parece, na medida em que o Tawantinsuyu se convertia em estado, essas populações antigas, mas ainda vivas (os Wari Wiraqucha Runa), foram deixadas de lado na semântica civilizatória da sociedade andina de altitude, e esse descuido foi aproveitado pelos conquistadores. Com a chegada dos Awqas estrangeiros, essas sociedades "arcaicas", que coexistiam "em paz" com as mais recentes, foram banidas do universo social (re)conhecido e, a partir de então, se converteram em "selvagens".

> Ainda assim, o rei e senhor dos Antisuyus *continua* desde o tempo de Wari Wiraqucha Runa e de Wari Runa, de Purun Runa e de Awqa Runa, Yncap Runa [o povo que existiu no período inca], Wiraqucha Cristianopi Runa [os senhores da era cristã] *e seguirá adiante* a serviço de Deus e de sua Majestade [...]. Até chegar a esse tempo em que estamos, os quais são infiéis, embora com o Inca tivessem paz e amizade. E depois aqui são índios belicosos,

182 Está claro que os incas ou bem perderam as capacidades interculturais que tinham desenvolvido os Awqa Runa, ou se esqueceram do mandamento cósmico de *compreender* e introjetar as dimensões culturais das florestas do oriente [leste].

183 Termo cunhado por James Scott (2000) em seus estudos sobre a resistência dos dominados. A tradução costumeira é "discurso oculto", mas me parece insuficiente.

Imagem 111 – “Primeira geração índios / Wari Wiraqucha Runa, primeiro índio deste reino / Wari Wiraqucha Warmi / neste reino das Índias.” [“Primer de generacion indios / Wari Wira Cocha Runa, primer indio deste reino / Wari Wira Cocha Warmi / en este reino de las Indias.”]

Imagem 112 — “Segunda idade de índios / Wari Runa / pucullo / Wari Warmi / Wari Runa / Pacha Camac, maypim canqui? [fazedor do mundo, onde estás?] / neste reino das Índias.” [“Segunda edad de indios / Wari Runa / pucullo / Wari Warmi / Wari Runa / Pacha Camac, maypim canqui? / en este reino de las Indias.”]

Imagem 113 – "Terceira idade de índios / Purun runa / Purun warmi / Purun runa / neste reino das Índias." ["Tercera edad de indios / Purun Runa / Puron Warmi / Purun Runa / en este reino de las Indias."]

Imagem 114 – "A quarta idade de índios / Awqa Runa / Awqa Pacha Runa / fortaleza / neste reino das Índias." ["El quarto edad de indios / Auca Runa / Auca Pacha Runa / pucara / en este reino de las Indias."]

> índios da montanha, comem carne humana. E em sua terra existem animais, serpentes e tigres e leões e cobras venenosas e selvagens e lagartos, vacas [e] asnos montanheses [...]. Todos são índios de guerra que não se pode vencer de pura montanha e ferozes animais e caudaloso rio e nele muitos peixes e patos e em partes existem lagartos. *Mas com farsa pode tornar-se cristão.* Não se pode com a ganância por prata como aqui, é estragar-se e morrer de uma vez. (grifos meus)[184]

Se nos tempos dos Awqa Pacha Runa e nos inícios do Tawantinsuyu os governantes das terras altas tinham tentado seduzir e se deixar seduzir pelas populações antigas, agora, vivendo nas terras baixas, nos tempos coloniais, esses índios apenas poderiam ser vencidos (incorporados à pólis cristã/estatal) por meio da violência e da mentira. A história de longa duração dos Moxeño, Chané, Guarani e de muitos outros grupos indígenas nos brinda com exemplos suficientes sobre a continuidade desses métodos de "redução" da diferença, no que

184 "Asimismo el rey e señor de los Ande Suyuos prosigue desde el tiempo de Wari Wira Cocha Runa y de Wari Runa, de Puron Runa y de Auka Runa, Yncap Runa [la gente que existió en el período Inka], Wira Cocha Cristianopi runa [los señores de la era cristiana] y proseguirá adelante en el servicio de Dios e de su Majestad [...] Hasta llegar a este tiempo en que estamos, los cuales son infieles, aunque con el Inga tuvieron paz y amistad. Y después acá son indios belicosos, indios de la montaña, comen carne humana. Y en su tierra hay animales, serpientes y tigres y leones y culebras ponzoñosas y salvajes y lagartos, vacas [y] asnos montecinos [...]. Todo son indios de guerra que no se puede vencerse de puro montaña y feroz animales y caudaloso río y en ella muchos peces y patos y en partes hay lagartos. Pero con engaño puede hacerse cristiano. No se puede con la codicia de la plata como aquí, es echarse a perder y morir de una vez." [N.T.]

hoje é a Amazônia, o Chaco e as Planícies Orientais da Bolívia (Combès, 2005; Saignes, 2007; Canedo Vásquez, 2011).

Consideremos, porém, outros aspectos das idades antigas para ver quais marcas restam desse projeto de convivência/contenção. Novamente, é preciso ler as entrelinhas no emaranhado de fragmentos retóricos cristãos. Assim, da idade mais antiga parecem surgir paralelamente os Wari Runa e os Purun Runa. O autor insiste em atribuir a essas duas humanidades intermediárias um indício da santíssima trindade cristã na figura dos três raios, que se desdobram de Illapa. A retórica de Waman Puma, aqui, parece ser mais atrevida: nomeia esses três raios como Yayan Illapa, Chaupi Churin Illapa e Sullca Churin Illapa (raio pai, raio filho do meio e raio filho mais novo), tentando associá-los ao deus pai, ao deus filho e ao deus espírito santo do cristianismo. Nas versões orais recolhidas para o livro *Principio Potosí Reverso* (Rivera Cusicanqui & El Colectivo 2, 2010, p. 67), essa leitura genealógica dá lugar a outra, mais cósmica, que atribuiria ao raio poderes paralelos e capacidade de criação e destruição. Assim, o *yatiri* Roberto Guerrero, em suas oferendas de agosto, invoca os três raios: o raio maior Qhuntiki,[185] que se desdobra em dois, o Ñanqha Rayo destruidor e o Pacha Rayo benfeitor (Rivera Cusicanqui & El Colectivo 2, 2010, p. 67).

A quarta idade, a guerreira, contém interferências semelhantes. Os Awqa Pacha Runa são conquistadores, possuem exércitos organizados e lideranças poderosas. Dividem entre si terras, mulheres e pedras de moer. Comem e bebem em abundância, e celebram um complexo calendário ritual. Entre eles, existem filósofos, poetas e conhecedores da ordem dos

185 Segundo diversas fontes, Kon Ticsi Wiracocha [*sic*] teria sido o deus fazedor da humanidade andina mais antiga.

cultivos. Nesse ponto, a retórica de Waman Puma se apoia em personagens da antiguidade latina e grega e em seus contemporâneos europeus, os quais compara, de maneira notável, com os poetas/filósofos andinos: aqueles também filosofavam para "saber semear", em um surpreendente paralelismo entre agricultura e escrita (letra e *kipu*):

> E assim os filósofos Pompílio, e Julio César, e Marcos Flavio, e Glavio, Aristóteles, Tulis e os ditos gregos, e flamengos, e galegos, como os poetas o declararam e o escreveram tempos e anos *para saber semear*. Essa dita gente, se souberam ler, e semear, e escrever suas curiosidades, engenhosidades e habilidades, o souberam por *kipus*, cordões e sinais, habilidade de índio. (grifos meus)[186]

Tema recorrente em *El primer nueva corónica y buen gobierno*, o fundamento alimentar/agrícola do conhecimento e da filosofia apela a uma visão de mundo centrada no trabalho produtivo e sedentário próprio das terras altas. Se no Awqa Pacha os Antis já eram um dos quatro *suyus* do império, com o passar do tempo os Antis/Andes se convertem em um conceito ou ideal integrador do espaço que se estende a ambos os lados da cordilheira, até os dois oceanos [Pacífico e Atlântico].[187]

186 "Y así los filósofos Pompilio y Julio César y Marcos Flavio y Glavio, Aristóteles, Tulis y los dichos griegos y flamencos y gallegos como los poetas lo declararon y lo escribieron tiempos y años para saber sembrar. Esta dicha gente, si lo supieron ler y sembrara y lo escribiera sus curiosidad, ingenio y habilidad, lo supieron por quipos, cordeles y señas, habilidad de indio." [N.T.]

187 De Waman Puma (1615) a Jaime Mendoza (1935), passando por Melchor María Mercado (1841-1869), a visão da Cordilheira dos Andes como eixo integrador das terras baixas será um discurso recorrente e paradoxal na cultura *circunlacustre* andina e boliviana.

Tudo isso aponta a hipótese de que as populações da altitude quiseram conhecer e compreender as populações das terras baixas para delas assimilar outras forças, mais complexas, de cultura e civilização. Embora, como já mencionamos, no mito das idades de Waman Puma os humanos não falem com os animais, no tempo dos Awqa Pacha Runa os guerreiros se transformam em animais selvagens e adotam seus nomes como marcas de poder simbólico.[188] A inculturação (*inculturación*) em outra espécie parece ser uma maneira ameríndia de diálogo com a densa realidade do mundo animal, especialmente nas terras baixas, embora esse seja um mundo inteiramente mediado por outras populações humanas. Contudo, Waman Puma descreve esses intercâmbios como atos de guerra:

> E se tornaram grandes capitães e valorosos príncipes de pura valentia. Dizem que, na batalha, eles se tornavam leões e tigres, e raposas, e abutres, gaviões e gatos selvagens. E, assim, seus descendentes até hoje se chamam *poma* [leão], *otorongo* [onça], *atoc* [raposa], condor, *anca* [gavião], *usco* [gato selvagem] e vento, *acapana* [nuvens], pássaro, *uayanay* [papagaio]; cobra, *machacuay*; serpente, *amaru*.[189]

188 Isso equivaleria a reconhecer uma filiação animal e, em alguns casos, amazônica para as linhagens andinas, entre elas a do próprio Waman Puma (falcão puma). A arqueologia confirmou um antiquíssimo processo de "ocupação das alturas" por parte de populações da Amazônia, do Chaco e das planícies do oriente [leste], que teriam acedido, assim, a meios ecológicos mais apropriados para a agricultura e a criação de gado intensivas. Tanto no nível mítico quanto no arqueológico, essa relação teria de ser repensada à luz do discurso de Waman Puma.

189 "Y se hicieron grandes capitanes y valerosos príncipes de puro valiente. Dicen que ellos se tornaban en la batalla leones y tigres y zorras y buitres, gavilanes y gatos de monte. Y así sus descendientes

Alimentação, têxteis, apropriações simbólicas do mundo animal, relações contenciosas e complementares entre terras altas e terras baixas: tudo isso conduz a uma leitura de *El primer nueva corónica y buen gobierno* em vários registros paralelos, os quais é necessário desalinhavar para encontrar os sintagmas que contrastem mais radicalmente com os conteúdos formulados e autorizados pela doutrina religiosa, a organização social e as formas de guerra trazidas pelos invasores.

O OUTRO OUTRO

Como Waman Puma representa o *awqa* estrangeiro, os espanhóis da conquista? Existe uma alegoria que os representa com traços animais: no desenho "Coitados dos índios" (Imagem 115), entre os "seis animais" que os índios temem, o *corregidor* é a serpente, os espanhóis do *tambo* são tigres e o padre doutrinador é uma raposa. Essa imagem parece ter relação com a tradição alegórica cristã. Por sua vez, existe outro desenho que mostra o que supostamente aconteceu no primeiro encontro entre um inca e um espanhol (capítulo 5, Imagem 97).[190]

É necessário comparar a representação do mês de fevereiro (capítulo 5, Imagem 82) com a imagem do Inka encontrando pela primeira vez esses seres estranhos. Como vimos no capítulo 5 (imagens 81-92), o calendário ritual mostra um

hasta hoy se llaman poma [león], otorongo [jaguar], atoc [zorro], condor, anca [gavilán], usco [gato montés] y viento, acapana [celajes], pájaro, uayanay [papagayo]; culebra, machacuay; serpiente, amaro." [N.T.]

190 No capítulo 5, referi-me ao "erro" histórico que Waman Puma teria cometido ao atribuir ao *adelantado* Pedro de Candia esse primeiro encontro com Wayna Qhapaq, que, na verdade, nunca aconteceu.

ciclo de meses em que os incas entregam diferentes oferendas, tangíveis ou intangíveis, às forças sobrenaturais: a partir do próprio corpo, por meio de jejum, caminhada ou lágrimas (meses de janeiro, maio e outubro), até o sacrifício animal ou a queima de insumos rituais (meses de março e julho). A imagem do mês de fevereiro retrata um pires com pepitas de ouro, que o oficiante entrega, junto com outras oferendas, a uma *wak'a* ou "ídolo". Fevereiro é o mês de maior precipitação de chuvas, quando as plantações estão plenamente maduras; é um momento de perigo (os rios podem transbordar e inundar as terras de cultivo comunais), mas é também promessa de abundância. Por isso, é preciso vestir roupa elegante (***Pawqar Waray Qilla***) e entregar às deidades coisas valiosas: ouro, *mullu*, porquinhos ***k'uysi***. Na representação do *adelantado* Pedro de Candia (capítulo 5, Imagem 97), podemos observar o mesmo pires com ouro, oferecido ao invasor pelo Inka. A posição do par índio/espanhol é exatamente inversa à posição do par *wak'a*/índio de fevereiro, o que já indica uma anomalia. Mas é a interação verbal que produz dúvida e grande surpresa: não pode ser sinal de humanidade o fato de que os recém-chegados "comam" ouro, que o desejem com avidez em qualquer momento e a todo tempo, sem organização de calendário, sem ciclo, sem uma noção de regulação das relações humanas com o cosmos por meio dos objetos. É esse traço, entre outros, o que provoca nos índios uma espécie de "horror epistêmico", que os faz duvidar da condição ontológica dos recém-chegados. Escreve o autor mais à frente:

> Ao terem notícias sobre a vida dos espanhóis, Atawallpa Inka e os senhores principais e capitães e os demais índios espantaram-se de que os cristãos não dormissem. É o que se dizia, porque passavam a noite em claro e comiam prata e ouro, eles e seus cavalos. E que

Imagem 115 — "Coitados dos índios. Seis animais que os coitados dos índios deste reino temem." ["Pobres de los indios. De seis animales que como que temen los pobres de los índios em este reyno."]

> usavam sandálias de prata, falavam dos freios e ferraduras e das armas de ferro e chapéus vermelhos. E que de dia e de noite falavam cada um com seus papéis, *quilca*. E que todos eram amortalhados, todo o rosto coberto de lã, e com apenas os olhos aparecendo. [...] E que tinham os pênis presos atrás, longuíssimos, falavam das espadas, e que estavam vestidos inteiros de fina prata. E que não existia um líder, que todos pareciam irmãos no traje, e no falar e conversar, comer e vestir. E uma cara apenas lhe pareceu que tinha [liderança], um senhor de uma cara preta, e dentes, e olho branco, que este apenas falava muito com todos.

Para Waman Puma, o *adelantado* Candia não é percebido como gente (quem come ouro não pode ser gente) e não pertence a uma sociedade humana organizada (quem "fala muito com todos" não pode ser uma figura de autoridade). E, no entanto, tampouco é animal. Na realidade, o mais assustador é que o espanhol parece ser gente. A humildade de seu gesto, retratada no desenho, consolida a farsa: há um simulacro de horizontalidade e de conversação entre iguais. O Inka está sentado em um lugar de proeminência (direita pictórica), e o estrangeiro, ajoelhado à sua esquerda. Os dedos simetricamente levantados nas mãos de ambos (gesto recorrente em vários desenhos de *El primer nueva corónica y buen gobierno*) revelam uma atitude de discurso pedagógico ou retórico, com o qual buscam convencer um ao outro. Mas o diálogo que acompanha esses gestos é um discurso do impensável:

> WAYNA QHAPAQ: Kay quritachu mikhunki? [Este ouro comes?]
> CANDIA: Este oro comemos. [Este ouro comemos.]

A estranheza e a revelação súbita são traços comuns a uma série de relatos sobre seres ambíguos na tradição oral andina.

O *kharisiri*, o *muntijaqi*, o diabo ou o condenado são humanos falsos, que na realidade são malignos (*saxra*): assumem aparência humana e são descobertos por algum detalhe que os delata.[191] O detalhe que permite descobrir a ambiguidade de Candia é a sua palavra. E essa marca de (in)inteligibilidade será determinante na forma do processo colonial, como "mundo ao revés" que revira a realidade e desorganiza a relação entre as palavras e as coisas — e, ao fazê-lo, põe o cosmos de cabeça para baixo. A ideia de um *saxra* que assume forma humana tem ainda outras conotações, pois remete também à preguiça, à indiferença ao esforço laboral, que são associados aos colonizados. A imagem é, então, ao mesmo tempo, metáfora e relato de uma realidade vivencial: a dúvida ou grande surpresa epistêmica que rodeia a apreensão dessa estranha e violenta nova sociedade se confirma cotidianamente na conduta desses novos mandatários. Essa dupla atitude, de incredulidade e indignação, acompanhará muitos dos mais vibrantes momentos de denúncia que se apresentam em *El primer nueva corónica y buen gobierno*.

Existe, porém, outro Outro nessa parte do livro que pode nos ajudar a esclarecer se o texto de Waman Puma justifica a conquista ou, pelo contrário, expõe outras maneiras de "conquistar" e/ou conviver com sociedades diferentes.[192] É a representação do mundo amazônico, do qual um dos maiores emblemas é o *uturunku* (onça, embora aqui o autor o chame

191 Os condenados não comem sal, os diabos costumam ter pés de galo ou cabra, os *kharisiris* vestem batina e carregam um sino, os *muntijaqis* têm os pés ao contrário. Ver Spedding (2005; 2008, p. 112-5), entre outros.

192 Denomino essas formas de relação com o Outro, por ora, de "anticonquista".

de "tigre"), ao contar a história do sexto capitão Otorongo Achachi Apo Camac Inca (Imagem 116):

> Foi filho de Inca Roca. Esse tal capitão Otorongo conquistou Antisuyu, <u>*ch'unch'u*</u>, toda a montanha. Foi senhor que dizem que, para conquistá-lo, tornou-se *otorongo*, tigre; tornaram-se o tal seu pai e seu filho. Esse tal seu filho dizem que morreu nos Andes e dizem que tem um filho nos Andes que pariu uma índia *ch'unch'u*. E, assim, por isso, os incas se chamaram Otorongo Achachi, Amaro Inca, e têm suas armas pintadas. Esses ditos incas trouxeram coca e a comeram, e assim ensinaram aos demais índios deste reino. Porque na serra não se planta coca nem existe, mas se traz da montanha. E assim não deixam o vício e mal costume sem benefício, porque quem o toma apenas o tem na boca, não traga nem come; é como tabaqueiro. Embora não tenha necessidade para o corpo, o toma.[193]

O texto é eloquente na justaposição de juízos condenatórios, junto a lampejos de outro olhar que parece ter surgido da oralidade e do corpo. Neles podemos vislumbrar essas formas de

193 "Fue hijo de Inga Roca. Este dicho capitán Otoronqo conquistó Ande Suyu, Chuncho, toda la montaña. Fue señor que dicen que para haberlo de conquistar, se tornó otorongo, tigre; se tornaron el dicho su padre y su hijo. Este dicho su hijo dicen que murió en los Andes y dicen que tiene hijo en los Andes que parió una india chuncho. Y así por ello los Ingas se llamaron Otorongo Achachi, Amaro Inga y tiene sus armas pintado. Estos dichos Ingas trajeron coca y lo comieron y así se enseñaron los demás indios de este reino. Porque en la sierra no se planta coca ni lo hay, sino que se trae de la montaña. Y así no lo dejan el vicio y mal[a] costumbre sin provecho, porque quien lo toma lo tiene sólo en la boca ni traga ni lo come; es como tabaquero. Aunque no lo ha menester el cuerpo, lo toma." [N.T.]

"conquista" que talvez invertessem a conquista dos europeus. Vejamos alguns detalhes. A satanização da coca não parece apenas uma concessão retórica ao discurso espanhol. Na época em que o autor redige *El primer nueva corónica y buen gobierno*, entre 1612 e 1615, a coca era plenamente aceita pela sociedade colonial, que já no governo de Francisco de Toledo como vice-rei do Peru (1569-1581) tinha compreendido a importância do negócio da coca entre os *hacendados* e sitiantes dos vales subtropicais de Cuzco e La Paz. Seu uso como compensação salarial, estímulo à produtividade laboral dos *mit'ayos* e consumo urbano desregulado estava plenamente consolidado. Não há dúvida de que Waman Puma conhecia outros usos, ainda que só os mencione de passagem em seu relato histórico, talvez para não misturar sua argumentação com assuntos polêmicos e secundários. Suas referências à coca surgem do momento presente e são análogas às do álcool, do tabaco, da preguiça e da altivez que observa em seus contemporâneos índios. Sua intenção é formular uma crítica mais ampla à desordem e ao "mundo ao revés" instaurado pelos colonizadores, e por isso não menciona a coca em sua história das humanidades antigas [as quatro idades]. Tal qual o ouro, a coca fazia parte de uma vasta rede de intercâmbios simbólicos com outros povos andinos e com a esfera do sagrado. Seu uso previsto no calendário, ritualizado e cuidadoso antes da chegada dos estrangeiros, tinha sido eclipsado por usos mais instrumentais que visavam produtividade e domínio. A reprovação da coca por Waman Puma surge então da situação contemporânea de desordem. Por isso é que o autor evita mencionar outros usos possíveis em sua descrição da diferença andina.

É sua narração (de fonte oral) sobre a forma como a coca foi levada da Amazônia aos vales subtropicais andinos que nos abre outro possível caminho de análise. A etnobotânica e a etno-história confirmam que essa planta se originou na Amazônia e se adaptou aos vales interandinos subtropicais, em um processo que durou milhares de anos (Plowman, 1981). Durante o período conhecido como Intermedio Tardío (pré--incaico), converteu-se em um cultivo-chave do sistema de "controle vertical do máximo de pisos ecológicos" descrito por Murra com a metáfora do "arquipélago".[194] No mito das idades de Waman Puma, não existem referências a essa planta nas humanidades primevas; a coca só aparece com os Awqa Pacha Runa e os primeiros incas. Na verdade, Waman Puma nos conta outra história ao condensar ambos os horizontes civilizatórios em um só. O que sugere é que a coca foi um recurso incorporado no processo de "conquista" simbólica e territorial que culminará na expansão estatal inca. Mais que a veracidade de uma cronologia etnobotânica, a versão de Waman Puma propõe uma história política e estatal dessa planta sagrada, oriunda da floresta amazônica. Se ele omite o ritualismo em torno da coca e reprova as formas desordenadas — e talvez excessivas — de seu consumo contemporâneo, é porque, em sua crença, a cristandade deve ser consistente com sua pregação. Sua exortação é clara: envolver-se em assuntos de fé é "coisa séria". Teríamos de recorrer aos narradores orais dos quais o autor colheu essa história para compreender melhor, em sua própria língua, esses outros significados. Como isso não é possível, vejamos a sua transcrição/tradução.

194 Segundo esse modelo andino de autossuficiência, os senhores étnicos do Altiplano tinham terras descontínuas, separadas por distâncias entre dois dias e três semanas de viagem, para obter produtos de diversos "pisos ecológicos" por meio de um sistema de reciprocidade e parentesco que ocultava a formação de um "mercado" (Murra, 1972).

Conforme lhe contaram, levar a coca das terras baixas para as terras temperadas próximas à cabeceira do império teve um custo muito alto para o capitão Otorongo Achachi Apocamac Inca: a morte de seu filho. Contudo, nasceu outra criança de suas relações com uma mulher *ch'unch'u*, índia da montanha.[195] Esse intercâmbio teria permitido realizar temporariamente uma "conquista" dos Antis, isto é, estabelecer relações políticas fundadas na chegada de um novo ser, que era a mistura materializada das duas sociedades: o filho (ou filha) de um inca com uma *ch'unch'u*. Isso talvez tenha possibilitado um espaço de troca, convivência e contenção entre as populações das alturas e os índios "da montanha"; um espaço *ch'ixi*, manchado, pintado, como a onça (*uturunku*). Gostaria de acrescentar que um *taypi* (espaço de mediação) dessa natureza teria construído uma forma de "bom governo", capaz de integrar habitantes das alturas e das terras baixas em uma só formação social Andes/Antis.

Mas a coca não foi o único ganho nesse processo de aproximação às sociedades amazônicas. Os povos da altitude andina também incorporaram outras figuras de poder ao seu *éthos* e ao seu ritualismo, como o já citado *uturunku*, o puma e o *amaru/katari*. As forças encarnadas por essas figuras estão documentadas na etno-história e em relatos míticos atuais. Fazem parte de uma memória de longa duração da sociedade, que nutriu o desenvolvimento dos *kataris*, *amarus* e *uturunkus*,

195 A estratégia do casamento interétnico nas artes da "conquista" indígena pode ser vista em relação a outros grupos, como os Cayambe, os Qulla e os Cañari. Era o eixo de uma rede de trocas muito ampla e diversa, que tinha permitido aos incas um tipo de expansão imperial "negociada" com as populações que "conquistavam". Salvo no caso — efêmero — do "sexto capitão", não conseguiram isso com os Antis.

convertidos em forças insurgentes *qhipnayra* da história.[196] Para mim, também são alegorias de uma futura inscrição amazônica na ideia de um "bom governo" indígena: resquícios não apagados de um passado remoto, que nos mostram como poderia ter se construído uma forma estatal "anticonquista" a partir das terras altas.[197] O desenho do "sexto capitão" pode nos dar alguns elementos de apoio para esta hipótese.

O *uturunku* ocupa lugar de proeminência (direita pictórica), e quase todo o quadro está preenchido com sua presença, no meio das árvores. Sua pele é *ch'ixi*, manchada, pintada, e essa qualidade indeterminada é algo que a onça teria em comum com outros animais: a serpente, o lagarto, o sapo.[198] Um Anti nu, quase fora do quadro, ocupa o lugar subordinado (esquerda pictórica) e, talvez por se ver mais alto, tenta matar o animal com uma flecha. Na primeira vez que apresentei essas ideias em um evento público, pensei que o "sexto capitão" era esse personagem, embora tenha me parecido estranho que estivesse tão marginalizado pela imponente presença da onça. Como estava enganada! Simplesmente, não me tinha dado conta (pelo meu habitus antropocêntrico) de que o "sexto capitão" era, na

196 A insurgência das serpentes *katari* e *amaru* em 1781 e o katarismo como movimento político dos anos 1970 e 1980 na Bolívia são exemplos disso. *Uturunkus* também existiram, mas tenho apenas referências imprecisas, como a que me relatou *don* José Clavijo, da FOL.

197 Refiro-me a uma forma de inscrição do Outro em um projeto político próprio, que teria sido (ou poderia ter sido) capaz de incorporar sem obliterar, "conquistar" sem extirpar, as diferenças epistêmicas e culturais.

198 De acordo com o escultor aimará Victor Zapana, os animais *ch'ixi* são pintados, malhados e ásperos. Pertencem ao mundo de baixo e ao mundo de cima. Por isso são poderosos, indeterminados. Ajudam a "resistir à maldade do inimigo". Entre eles estão o *katari*, o *jararankhu*, o *jamp'atu* e a *kusi kusi* (ver Rivera Cusicanqui, 2015).

verdade, o *uturunku* — o que é confirmado pela representação de seu rosto humanizado, embora selvagem e agressivo.

Ao que parece, essa não é uma representação alegórica: a intenção do desenho é realista, pois o autor desenha uma história que lhe contaram e pinta o personagem central como certamente lhe foi descrito. Que tipo de transformação pode ter permitido ao inca tornar-se onça? Minha hipótese é de que a relação com os Antis levou os Awqa Runas e os primeiros incas ao encontro de outras plantas sagradas da Amazônia, além da coca. A tradição xamânica de muitos desses povos se refere à onça como uma poderosa força antagonista/aliada dos índios no manejo das coisas da floresta. Esse (re)conhecimento se inscreve no corpo de xamãs e especialistas rituais, que durante as sessões noturnas de consumo de *yagé* ou *ayawaska* (Taussig, 2002) encarnam a onça e outros animais selvagens para curar diversos males — do corpo e da alma — daqueles que participam do ritual. A "cura" parece funcionar nos incas com um efeito de sedução ao contrário. Ao participar da condição ontológica de outra espécie animal, os incas teriam aprendido a escutar os ensinamentos das pessoas *ch'unch'u* da montanha, cujas relações com essas forças, ao mesmo tempo perigosas e protetoras, os dotaram de recursos culturais e cognitivos próprios para uma vida "culta" na floresta. Seu filho *ch'ixi*, *uturunku* como ele, teria sido um ator fundamental nesse processo. Podemos imaginar até mesmo que os incas teriam aprendido a falar com os animais e a ver os humanos com olhos de animal.[199] Uma mediação desse tipo poderia explicar a

199 Diferentemente dos mitos que Eduardo Viveiros de Castro (2013 [2008]) colheu na Amazônia brasileira, onde são as onças que veem a si mesmas como gente.

Imagem 116 – "O Sexto Capitão / Otorongo Achachi / Apo Camac Inga."
["El Sesto Capitán / Otorongo Achachi / Apo Camac Inga."]

autoridade cósmica inscrita no processo de expansão civilizatória das sociedades andinas em direção às terras baixas do oriente [leste] — autoridade interrompida pela invasão colonial e abandonada por muitos descendentes de seus criadores, mas nem por isso menos relevante.

EPÍLOGO: PARA ALÉM DA DOR E DO FOLCLORE

A história colonial e pós-colonial das populações indígenas que habitam as planícies e os bosques da vertente oriental da cordilheira é demasiadamente longa, sangrenta e acidentada para que possamos recapitulá-la aqui. Contudo, talvez algumas palavras-chave nos ajudem a sintetizar seu significado. De 1532 até os nossos dias, essas palavras foram meios de conhecimento/poder destinadas a produzir as realidades que pretendem designar, porque sua enunciação se apoia na força coerciva ou paternalista do estado, nos jogos de palavras de seu aparato legal e no trabalho mimético e verbal de seus intelectuais. Conversão e redução[200] foram práticas e conceitos privilegiados no período colonial das Missões, junto com o "selvagem" e o "neófito" [recém-convertido], termos que ainda hoje podemos ouvir em público. Colonização, trabalho forçado e limpeza foram a marca genocida da era liberal republicana àqueles que, redefinidos como bárbaros, deveriam ser submetidos pela missão civilizatória de criollos e mestizos. Já na era do populismo desenvolvimentista e da captura do estado por interesses estrangeiros, os termos substitutos foram "desenvolvimento", "integração"

200 Povoados de indígenas convertidos ao cristianismo, como as reduções jesuíticas que também existiram no Brasil. [N.T.]

e "identidade boliviana" — vigentes desde 1952 até a Bolívia "plurinacional" de nossos dias (García Linera, 2014) —, que ornamentaram o estado com as manifestações culturais indígenas ou as isolaram em museus e arquivos de folclore, redefinindo a população majoritária desta terra com termos como "pobreza" e "atraso", que continuam sendo ferramentas de intervenção missionária.

Nas décadas recentes, as estratégias de uso das palavras têm sido um aspecto central na "semântica da dominação" (Guerrero, 1991) das elites bolivianas. Desde os anos 1950, foram batizados como "colonizadores" os contingentes migratórios que se deslocam do Altiplano e dos vales para povoar as terras supostamente férteis e despovoadas das planícies e florestas do oriente [leste]. As "zonas de colonização" se converteram em uma mancha expansiva de destruição, áreas de cultivo comercial e redes rodoviárias. Inicialmente, um órgão chamado Instituto de Colonización se encarregou de administrar projetos — financiados pela Usaid — de "colonização dirigida", mas a abertura de estradas e as condições do mercado favoreceram o estabelecimento de ondas de "colonização espontânea" nesses territórios, dedicadas a cultivos comerciais. Algumas regiões — como o Chapare cochabambino e os Yungas pacenhos — se especializaram no cultivo de coca.[201] Lá se formaram fortes sindicatos cocaleiros para resistir à erradicação

201 Nas "zonas de colonização", a coca foi um cultivo de estabilização, pois, diferentemente de cultivos anuais que esgotam os solos e obrigam a seguir destruindo a floresta, ela produz, por várias décadas, mais de duas colheitas ao ano, inclusive em solos esgotados. No entanto, as políticas de erradicação da coca impediram que se estabilizassem os assentamentos cocaleiros e estimularam o desmatamento em zonas cada vez mais densas e inacessíveis. Ver Laserna (1996) e Rivera Cusicanqui (2003a).

forçada que os sucessivos governos bolivianos executaram em nome da política antidrogas dos Estados Unidos. Lá também se formou a liderança política de Evo Morales, cuja meteórica ascensão capitalizou as demandas indígenas e populares surgidas ao longo de duas décadas de resistência ao neoliberalismo. Foi durante seu governo [2006-2019] que os sindicatos de colonizadores se renomearam como "comunidades interculturais" e se integraram à política estatal como parte dos Territorios Indígena-Originario-Campesinos (TIOC).[202] Essas mudanças de nome procuram apagar da memória os conflitos de alta e baixa intensidades característicos desse processo de ampliação da fronteira agrícola (perseguição aos habitantes, desmatamento, saque seletivo de espécies) chamado de "colonização" do oriente [leste]. O espaço emblemático desses conflitos foi o avanço cocaleiro no Chapare tropical, em cuja fronteira nordeste se encontra o Território Indígena e Parque Nacional Isiboro-Sécure (Tipnis).

Um contexto particularmente revelador da distância entre discursos e atos no governo de Evo Morales foi a Conferência Mundial dos Povos sobre Mudança Climática e os Direitos da Mãe Terra, realizada em Tiquipaya, Cochabamba, em abril de 2010. O que se produziu nesse grande evento — além de um monte de lixo plástico e dejetos orgânicos — foi uma torrente de palavras retumbantes que encobria um fato mais prosaico:

202 A nova autodenominação foi decisiva para legitimar as demandas da Confederación Indígena del Sur del Tipnis (Conisur), que se considerava indígena e membro da Terra Comunitária de Origem, ainda que, anos atrás, tenha se separado desse território e se afiliado às centrais cocaleiras do Chapare. O uso estratégico do termo "indígena" encobre essa contradição — genuína — entre o modo mercantil da produção cocaleira e o uso compartilhado e regulado do território pelos Moxeño, Tsimane e Yuracaré.

o rechaço à demanda da organização indígena das terras altas de abrir uma mesa de debate sobre a contaminação mineira e a Iniciativa para a Integração da Infraestrutura Regional Sul-Americana (IIRSA). A saturação da atmosfera discursiva em Tiquipaya jogou uma cortina de fumaça sobre esses assuntos cruciais, além de ter disfarçado as agressões e trapaças que o governo vinha realizando contra as mais urgentes demandas autônomas das organizações indígenas, o Conamaq e a Central Indígena del Oriente Boliviano (Cidob). Como em muitos eventos do tipo, a Cúpula de Cochabamba foi ornamentada com músicas e danças de diferentes povos originários do país. Mas essa presença emblemática escondia duras realidades: dois anos antes, em 11 de abril de 2008, havia sido aprovada a construção da estrada entre San Ignacio de Moxos (Beni) e a capital cocaleira do país, Villa Tunari (Cochabamba), atravessando o coração do Tipnis. Às vésperas da grande reunião ambientalista de 2010, o governo promulgou a Lei n. 5, que consolidava o protocolo de financiamento entre Brasil e Bolívia e a concessão da obra à empreiteira brasileira OAS, tudo isso sem consulta prévia e informada aos habitantes do parque (Ortíz Echazú, 2011). Na verdade, a execução da dispendiosa rodovia já estava em andamento e, apesar da ausência de licença ambiental e das evidências do grau de destruição ecológica e humana que resultariam da obra, a agressão ao território e às comunidades ali instaladas parecia iminente. As ameaças se intensificaram depois do fracasso das negociações com a Cidob em relação à autonomia indígena e à paralisação das obras no Tipnis, demandas centrais da VII Marcha por el Territorio y la Dignidad, que partiu de Trinidad em 21 de junho de 2010. Nesse mesmo mês, o governo inaugurou a construção dos dois trechos terminais da rodovia, em direção à área central do parque. Perante os fatos consumados, e com profunda indignação, a Cidob e a Subcentral del Tipnis iniciaram, em 15 de agosto de 2011, a VIII Marcha por el Territorio y la Dignidad.[203]

As declarações de Evo Morales nas semanas que antecederam essa mobilização nos dão outros indícios autoritários e patriarcais na política estatal para as terras baixas. Em fins de junho, o presidente afirmava que a estrada seria construída "queiram ou não queiram" os seus habitantes,[204] ignorando o que é estipulado pela Convenção 169 da OIT e pela própria Constituição do Estado Plurinacional da Bolívia. Em 31 de julho, quando já se tinha anunciado que os manifestantes partiriam de Trinidad em 15 de agosto, o presidente se dirigiu a um grupo cocaleiro com estas palavras: "Se eu tivesse tempo, iria conquistar as companheiras Yuracaré e convencê-las a não se oporem à estrada que passará sobre o Tipnis".[205]

O chamado do presidente para a "conquista" tem a dupla virtude de nos lembrar da prática de conjugalidade interétnica do Sexto Capitão Orotongo Achachi e de evidenciar o "mundo ao revés" em que ainda vivemos. No lugar do espaço de trocas *ch'ixi* inaugurado pelo inca ao ter um filho com uma mulher pertencente à sociedade do *awqa* próprio, as palavras de Evo Morales expressam uma genuflexão frente ao *awqa* forâneo (as empresas transnacionais interessadas em construir estradas, explorar petróleo, desmatar parques nacionais e submeter seus habitantes), que se disfarça aqui como sedução sexual

203 Para uma análise das marchas indígenas das terras baixas entre 1990 e 2012, e em particular a do Tipnis, ver Fundación Tierra (2012), Soto (2013), Torrez, Quiñones e Becerra (2013), Rivera Cusicanqui *et al.* (2013) e Rivera Cusicanqui (2015).

204 "Evo: Quieran o no, vamos a construir la carretera Villa Tunari-San Ignacio de Moxos", *Los Tiempos*, 29 jun. 2011.

205 "Evo Morales: De la apología del delito y la discriminación de género", *Click Género*, 21 nov. 2011.

e conquista amorosa — palavras ao mesmo tempo ofensivas e enganosas, pois o assédio à marcha em defesa do Tipnis se traduziu em uma tentativa de conquista mais literal e maior: o bloqueio dos colonizadores de Yucumo e a repressão policial e militar em Chaparina, em 25 de setembro. Diante da resistência dos manifestantes (em particular das mulheres indignadas), a operação foi abortada, ganhando enorme apoio da opinião pública. Finalmente, a marcha pôde chegar a La Paz em 19 de outubro, onde foi acolhida por uma multidão. Na convergência andino-amazônica que testemunhamos nesses momentos épicos, podemos perceber diversas motivações e sensibilidades: a preocupação com os efeitos ambientais do desmatamento; a celebração da obstinação indígena; a consciência da existência de uma dupla moral estatal; e a ideia — compartilhada por grupos anarquistas, ecologistas e feministas — de que outra relação com a floresta é possível.

Essas demonstrações de dor e de folclore permanecem em nossas retinas como emblemas da contradição que envolve a presença histórica dos povos indígenas do oriente [leste] na esfera pública e na consciência cidadã da Bolívia. Sua reatualização no acidentado trajeto da marcha do Tipnis evoca sentimentos mistos. Nós, que habitamos as cidades e os centros de poder, não podemos realmente entrar em contato com a experiência de dor que emana dessas cenas (Imagem 117). E os que não presenciaram a experiência da tortura e a repressão ditatorial — por terem crescido na democracia, ou por viverem longe de Amayapampa, Huanuni, Mallku Quta, Caranavi ou outros espaços de violência estatal recente — também estão privados de uma memória emotiva capaz de atualizar no próprio corpo a violência desferida sobre esses outros corpos. Embora a sociedade nos irmane em sentimento, devemos reconhecer que a imagem que prevalece, que nos consola e reafirma, é a da dança, que, visual e corporalmente, é mais próxima da experiência da população urbana (Imagem 118).

A imagem do indígena ancorada na noção de folclore foi inscrita no estado boliviano desde os anos 1940 (Céspedes, 2010)[206] e se consolidou depois da Revolução de 1952 como prática de uma "antropologia de resgate", que permitiria armazenar a informação e os artefatos culturais desses povos para torná-los patrimônio da nação boliviana, antes que se extinguissem sob o impulso da modernidade e do progresso. A marca estrutural dessas práticas nos nossos dias se transformou em uma série de gestos, reiterativos e grandiloquentes, que autorizam a expropriação da mais-valia simbólica[207] encarnada na presença, nas lutas e nos bens culturais indígenas. Essa marca, a que nos referimos como contradição não resolvida entre a dor e o folclore, não deixa de nos causar um profundo mal-estar.

A ideia de um *taypi* poderia se manifestar, em castelhano, como uma zona de mal-estar e incerteza. Existe um incômodo epistêmico, uma confusão nebulosa entre orgulho e vergonha quando realizamos essas danças, essas expressões do "próprio" que nos aproximam pela indumentária a seus criadores e criadoras: músicos e dançarinos das comunidades índias da Bolívia. Tanto na dor quanto no folclore sentimos uma

206 Depois da Revolução de 1952, foi criado o Departamento de Antropología y Folklore no Instituto Boliviano de Cultura, sob responsabilidade de Julia Elena Fortún, que, com seu cônjuge, Carlos Ponce Sanjinés, será artífice dessa duradoura episteme museológica do passado e presente dos povos indígenas.

207 Refiro-me ao trabalho gratuito de índias e índios que, em sua aproximação ao poder, se envolvem em trocas desiguais que dotam o estado de uma enorme reserva de legitimidade, sem que isso signifique um reconhecimento genuíno das coletividades das quais são oriundos.

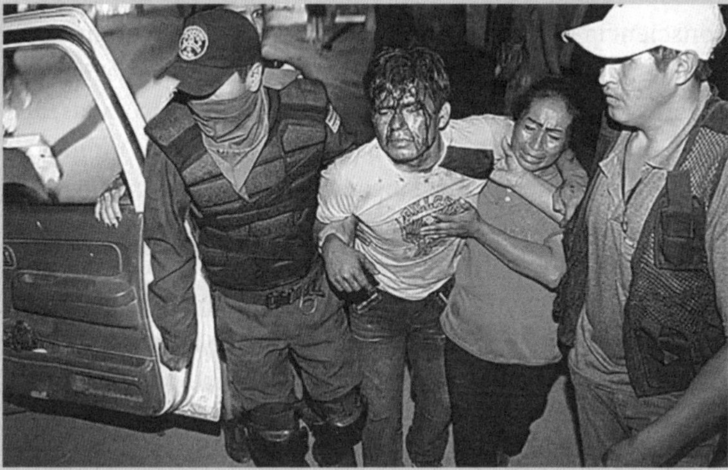

Imagem 117 — A dor pela agressão do governo em Chaparina, 25 de setembro de 2011 (Foto: Autoria desconhecida).

Imagem 118 — A dança de *macheteros* de Moxos na entrada triunfal da marcha pelo Tipnis em La Paz, 19 de outubro de 2011 (Foto: Autoria desconhecida).

consciência incômoda que quer nos fazer esquecer, mas que insistentemente nos remete à ideia de que as populações portadoras de uma episteme índia são entidades derrotadas, apequenadas e subordinadas. No aqui e agora desses tempos de "*cambio*" [mudança],[208] esse incômodo encobre a dificuldade de nos reconhecermos nessa derrota — que é nossa. Talvez tenhamos de despertar reflexivamente o olhar para conseguir habitar essa zona de mal-estar de uma maneira mais conveniente.

Ao observar a imagem dos *macheteros* de Moxos entrando pela avenida principal de La Paz, vemos uma figura sugestiva: a associação entre a neve de nosso *achachila* maior, o Illimani, e as plumas de araras da floresta amazônica no cocar dos Moxeño. Essa associação toca o ponto nevrálgico do assunto não resolvido que apresentamos ao longo deste ensaio. Em algumas sequências da obra de Waman Puma, vimos que essa polaridade vem do passado e nos remete a mundos opostos que se (re)conhecem, trocam, se opõem e se transformam no processo. Talvez o autor tenha vislumbrado uma saída para a dualidade contenciosa entre terras altas e terras baixas na figura *ch'ixi* do *uturunku*, em cuja pele pintada se dá a justaposição reverberante de cores contrárias que não tendem à unidade, mas que se perpetuam e se recriam contenciosamente. Com efeito, desde a antiguidade civilizatória andina, a relação de oposição e complementaridade entre as terras altas do ocidente [oeste] e as planícies e florestas do oriente [leste] tinha seguido um rumo autônomo, que foi interrompido pela invasão colonial e pela depredação estatal boliviana (oligárquica, nacionalista ou "plurinacional").

208 Referência ao *proceso de cambio*, slogan do governo de Evo Morales. [N.T.]

Nesses tempos de caricatura ecologista e pró-indígena, poderíamos parafrasear Waman Puma para descrever o olhar colonial do estado para com os habitantes dos parques e territórios indígenas ameaçados: "Mas com farsa pode tornar-se cristão"[209] (leia-se "boliviano plurinacional", "militante do *proceso de cambio*"). Só será possível superar essa dupla moral se transformarmos o mal-estar que nos invade em um gesto de reapropriação *ch'ixi* do legado histórico profundo que essas relações — antagônicas e dinâmicas — imprimem em nossa contemporaneidade. Assim, talvez consigamos confrontar as aporias do presente com as *armas propias* de uma retórica anticonquista. Porque, como escreveu Waman Puma, "não se pode com a ganância por prata como agora; é se deixar perder e morrer de uma vez".[210]

209 "Pero con engaño puede hacerce cristiano." [N.T.]

210 "Porque no se puede con la codicia de la plata como ahora; es echarse a perder y morir de una vez." [N.T.]

Terceira parte

Notas metodológicas e entrevistas

Experiências de montagem criativa: da história oral à imagem em movimento[211]

QUEM ESCREVE A HISTÓRIA ORAL?

Faz algum tempo, adquiri o costume de expressar em público o repúdio por minha obra anterior, para não me enredar em debates sobre um pensamento que, afinal, é cambiante, submetido a permanente revisão. Mas este é um encontro sobre escrita e mulheres, e minha trajetória é uma em meio a outras trajetórias femininas que nos mostram um percurso irregular, cheio de negações e recomeços. Acredito que um exemplo eloquente é o de *doña* Teresa Gisbert, cujo ponto de partida foi uma leitura hispanista e oficial da história boliviana — compartilhada com seu cônjuge e colega, José de Mesa —, que ela logo abandonou para transitar por caminhos que a levaram a um ponto diametralmente oposto. Sua curiosidade e

211 Palestra apresentada em 1997 no Encuentro Diálogos sobre Escritura de Mujeres, publicado em Ayllón Soria e Prada (1999).

nobreza lhe abriram as portas da etno-história, da semiótica, da arqueologia e da análise iconográfica, para, por meio desses novos enfoques, descobrir a matriz civilizatória indígena, que sobrevive e, ao mesmo tempo, se transforma nos interstícios das formas culturais impostas. Identifico-me com essa atitude iconoclasta de Teresa Gisbert perante sua própria história intelectual, que lhe permite descer de seu pedestal de consagrada especialista em arte *virreinal* para adentrar terrenos ainda não trilhados, em busca de realidades mais contundentes e profundas. Talvez isso nos revele, como dizia Adriana Bravo, a vantagem de nossa desvantagem, o lado afirmativo de nossa autodesvalorização.

Meu caso ilustra rupturas e questionamentos similares, em um trânsito imprevisível por vários gêneros da escrita historiográfica e sociológica, logo passando para a imagem documental e, finalmente, para o roteiro e a produção de ficção audiovisual. Meus primeiros trabalhos em vídeo surgiram diretamente da história oral e de suas necessidades de comunicação. Mas a imagem permite plasmar outros tipos de expressividade, mais pessoais, que afloram o inconsciente em tramas de morte, inveja, amor e profecias. Essa experiência me confirmou que fluidez e mobilidade são condições básicas em meu fazer criativo, e me sinto privilegiada por viver no sul, onde posso sair com tranquilidade das prisões disciplinares para expressar minha continuidade vital. Porque, no fundo, por meio de formatos muito diferentes, sigo me fazendo as mesmas perguntas básicas sobre a realidade, embora seguindo um rumo ziguezagueante e descontínuo. Os roteiros de ficção ou docuficção se tornaram assim uma tentativa, ao mesmo tempo expressiva e racional, de seguir investigando o tecido do social, mas por meio de personagens construídos na singularidade de seus dramas cotidianos.

A sociologia da imagem (que é o que acredito ter feito em meus trabalhos em vídeo) não é nova na Bolívia. No século XIX, antes mesmo da existência dessa disciplina, Melchor María Mercado desenhava a paisagem social e cultural dos mais distantes rincões e estradas do país, construindo um dos textos interpretativos mais sagazes sobre o *abigarramiento*, o mestizaje, o mercado interno e os paradoxos do poder político nacional. Um século depois, o cineasta Jorge Sanjinés foi pioneiro — embora Fausto Reinaga o tenha antecedido — em tirar o véu nacionalista que recaíra sobre o tema indígena na Bolívia em 1952. Seus filmes nos revelaram subitamente que aqui não existiam apenas índios como também racismo, violência e negação cultural; mostraram a falácia da democratização *movimientista*, empenhada em abolir da linguagem oficial os termos raciais, que circulavam e se multiplicavam exuberantes no discurso privado e nas articulações da negociação política. Assim, enquanto o trabalho indígena sustentava a estrutura produtiva do país, o poder era construído sobre uma cidadania ilusória, que se limitava a encobrir novas formas de racismo e exclusão. Pois bem: todos esses processos podem ser vistos com eloquência na obra de Sanjinés, corporificados em personagens inesquecíveis, como os representados por Vicente Berneros em *Ukamau* (1966), Marcelino Yanahuaya em *Yawar Mallku — O Sangue do Condor* (1969) ou Reynaldo Yucra e Orlando Huanca em *A Nação Clandestina* (1989). Essas individualidades traçam os arquétipos de condutas coletivas e mostram, com maior vigor e precisão que qualquer texto de sociologia, a tessitura social íntima deste país, atravessado por tantas distâncias e silêncios culturais.

O desnudamento da trama étnica da dominação, a partir de uma matriz colonial que perpassa a contemporaneidade da sociedade boliviana, foi algo que, para mim, teve muito a ver com o cinema de Sanjinés e o *Álbum de paisajes, tipos humanos y costumbres de Bolivia (1841-1869)*, com desenhos de Melchor María Mercado. Eles me confirmavam essa vaga sensação que me acometia de viver em um país onde as temporalidades são diferentes e "as idades [épocas, eras] dão as mãos", como quando, por exemplo, durante o trabalho com membros aimará do THOA, a transcrição de entrevistas nos fazia escutar as vozes há tanto tempo silenciadas dos sobreviventes das lutas antioligárquicas dos anos 1920, que se referiam aos criollos latifundiários como "espanhóis".

O horizonte colonial de nosso inconsciente coletivo surgiu também com força em outra ocasião, por volta de 1984, quando um ***utawawa*** de Chulumani, nos Yungas, me perguntou, inquieto, sobre o bloqueio de estradas que, naquele momento, acontecia no Altiplano. Quando lhe confirmei que de fato estava acontecendo uma grande mobilização camponesa, ele me disse seriamente: "Será que em La Paz já terão começado a carnear espanhóis?". Nesse momento, pensei estar falando com um homem do século XVIII, pronto para se unir ao cerco comandado por Tupaq Katari. De algum modo, vi confirmadas as ideias de René Zavaleta Mercado sobre a crise social como um momento de disponibilidade cognitiva, que nos permite ver "as feridas mais antigas", aquelas que, como diz Octavio Paz, "ainda sangram". Um passado remoto emerge vivo, imagens atávicas afloram, a fúria dos tempos é despertada. Esse é o tipo de conhecimento — arriscado e abissal — que me foi apresentado pela história oral. Com ele também encontrei, paradoxalmente, os limites da escrita.

A relação de escuta envolve, no mínimo, duas pessoas, portadoras de suas próprias peculiaridades sociais e históricas. Suas localizações no diagrama social podem ser, inclusive, opostas. Na experiência com relatos, frequentemente tive a sensação de me mover através de estereótipos, que durante a conversa começavam a ser desmontados. Lentamente, o diálogo vai tecendo pontes sobre distâncias de classe, de habitus cultural e de geração. As percepções de entrevistadores e entrevistados se transformam, em um longo processo que faz surgir um "nós" cognoscente e intersubjetivo. Mas qual o papel da nossa voz nesse processo? Que efeitos provoca a nossa escuta? Quanto ela pode alterar, a partir de sua localização diferente, a voz que está escutando? E quanto esse sujeito que fala não invade, por sua vez, a pessoa que escuta?

Há quem pense que o exercício da história oral é passivo, como se consistisse apenas em ligar o gravador e transcrever os relatos, para ilustrar assuntos frequentemente elaborados no gabinete. Essa vulgarização da prática da história oral é moeda corrente em muitas ONGs que praticam uma espécie de "populismo retrospectivo", em que a memória de velhas submissões é canalizada em um discurso de lamento. Desse modo, a passividade encobre manipulações mais sutis, que reforçam novos diagramas de poder. A contrapelo dessa tendência, o nosso trabalho de história oral tem sido, ao mesmo tempo, mais humilde e ambicioso. Zulema Lehm e eu registramos a experiência de cinco anos de escuta ativa, densa, cheia de meandros e de altos e baixos — também de traumas e dores revividos — em um único livro, confrontando-nos com a possibilidade de sermos interpeladas, questionadas e transformadas, não só em nossa compreensão teórica das coisas, mas também no sentido vital da experiência subjetiva. Para isso, tivemos de descobrir as pontes para um tempo que não é o nosso e para experiências de vida marcadas diferentemente por sua conexão com o trabalho manual. Essa "ética do trabalho" foi se internalizando em nossa prática através da montagem artesanal, da qual tratarei adiante, dando lugar a um livro que é quase um epitáfio. Acompanhar os enterros desses velhos lutadores anarquistas foi um trauma que me revelou a inutilidade das palavras e os limites da escrita para capturar, mesmo que efemeramente, o brilho genuíno dessas vidas.

CRIAR É DESCOBRIR

Los artesanos libertarios y la ética del trabajo é, como destaquei, a única obra de história oral assinada em que trabalhei, em parceria com Zulema Lehm. O próprio fato de registrarmos nossa autoria, que parece se apropriar de um trabalho coletivo, resultou de um debate interno do grupo, do qual eu e Zulema saímos derrotadas. Propúnhamos a autoria coletiva, em conjunto com os cinco principais protagonistas do livro. A dinâmica de tertúlias e a apropriação coletiva dos materiais, transcritos à medida que eram gravados, nos faziam ver como natural e lógica a opção pela autoria coletiva, que também tinha sido comum em nosso trabalho anterior com o THOA. No entanto, os argumentos de nossos interlocutores foram contundentes.

O esquema geral de montagem desses textos, a seleção de temas e sua organização foram, sem dúvida, resultado de discussões e escolhas conjuntas. Mas o encadeamento delicado, o jogo impressionista, a justaposição, eram parte de nosso fazer artesanal. Esse encadeamento delicado se tornou visível ao se debater a autoria. Os companheiros nos mostraram que a montagem tinha sido uma construção nossa, baseada em nossas afinidades e sensibilidades, nossas filias e fobias. Fazíamos uma leitura peculiar do anarquismo, marcada por experiências geracionais que iam das revoluções universitárias do final dos anos 1960 à marca katarista-indianista da década de 1980. Essa leitura geracional era vista por eles como a consequência lógica de todo o trabalho: "Vejam, temos sido anarquistas ao nosso estilo, em nossa época, e o que vocês têm feito é um anarquismo diferente. Tudo bem, esse é o anarquismo de vocês, que cabe a vocês, nós já vamos morrer, vocês são as que vão continuar". Estavam nos dizendo que tivéssemos coragem de assumir nossos vieses, para nos responsabilizarmos pela leitura interpretativa que tínhamos feito ao longo de todo o processo, e também na montagem.

Porque o anarquismo tinha sido um movimento muito diverso, muito heterogêneo, e eles nunca tinham sido algo parecido com um "grupo" antes de iniciar esse trabalho. Eram uma coletividade aleatória, nutrida pelas possibilidades da morte. A morte os deixou viver, e esse destino como sobreviventes os deixava em uma posição muito especial. Não eram propriamente um coletivo constituído, e entre eles existiam diversos tipos de problemas e confrontações que, ao remexerem o passado, voltavam à tona, fazendo estourar uma série de discussões, às vezes bastante conflituosas. No entanto, o diálogo estabeleceu pontes ao longo desses anos de tertúlia semanal; algumas vozes se destacavam mais que outras, surgiam assuntos que provocavam a nossa inquietação e outros que já nos pareciam banais, gastos. Também existiam estilos narrativos, formas de contar as coisas que nos pareciam sugestivas, umas mais e outras menos. Lisandro Rodas, por exemplo, carpinteiro trilíngue que nunca foi dirigente da FOL, tinha uma visão do anarquismo a qual considerávamos mais interessante que a percepção de José Clavijo ou Teodoro Peñaloza — respectivamente, alfaiate e professor, ambos com trajetória como dirigentes —, que propunham uma clássica utopia industrialista do século XIX. Lisandro, por sua vez, depois de muitos exílios e prisões, chegou à conclusão de que os índios Mosetene [Tsimane], com os quais terminou vivendo em um desses períodos, eram a ilustração perfeita da utopia anarquista: uma sociedade sem deus, sem lei nem rei, na qual não existe casamento nem propriedade privada. Certamente, na época da FOL, teriam considerado essas ideias anedóticas, ou talvez as tivessem contestado com base na visão ilustrada e industrialista dominante. Mas, para nós, que tínhamos sofrido influências do ecologismo, do feminismo e do indianismo, a posição de Lisandro era encantadora, porque parecia conter, *na prática*, traços de um anarquismo mais afinado com o nosso tempo. Desse modo, a narrativa dessa prática se transformou, por meio da montagem, na reabertura do debate sobre as utopias anarquistas, produto de nossa intervenção direta. Acredito que seja preciso reconhecer a intervenção que a montagem produz na narrativa oral, transformando-a radicalmente em sua passagem para a escrita. "Criar é descobrir", disse Susan Sontag em algum ensaio, e não há dúvida de que o exercício de montagem de relatos, tal como o realizamos, ilustra muito bem essa conexão. O diálogo e a montagem são como um alambique nosso, produto de nossa personalidade criativa e teórica, mas também de nossa experiência vivida, que trabalha com materiais heterogêneos e faz combinações estranhas, descobre uma espécie de padrão secreto, um diagrama subjacente, no qual a história passada encontra novos significados ao ser confrontada com os dilemas e as vivências do presente.

O CINEMA E A INUTILIDADE DA ESCRITA

Não mostrarei meu último vídeo, feito em 1996, mas relatarei alguns aspectos de meu trabalho docuficcional que, acredito, ilustrarão bem essa ideia de montagem criativa surgida com a minha experiência com a história oral. Em *Wut Walanti — Lo Irreparable* (1993), de dezoito minutos, optei por um tipo de montagem paralela, com base em dois eixos narrativos, unidos por uma metáfora. O trabalho em pedra, pelas mãos do escultor Víctor Zapana, se entrelaça com os relatos dos parentes dos mortos na encenação do Massacre de Todos os Santos, ocorrido em 1º novembro de 1979. Nas condições de realização desse vídeo, não era factível a representação realista desse evento, e eu achava mais sedutora a ideia de metaforizar o massacre, ou melhor, de buscar uma metonímia que sintetizasse a ideia complexa da violência. Então, trabalhei com dois símbolos: a pedra e o pão. Mediada pela violência criadora do cinzel e do martelo, a pedra se transformava em *katari* nas mãos de Víctor Zapana, enquanto o pão era o corpo violado das vítimas, dilacerado pela violência destrutiva dos soldados que pisoteiam pães em meio aos túmulos. Em minha opinião, a montagem e a encenação são recursos que podem ser usados não para hipnotizar o espectador, mas para lhe abrir possibilidades reflexivas. Em *Wut Walanti*, tentei produzir contrastes e oposições entre texto e imagem para obter exatamente essa abertura reflexiva. Assim, quando Víctor Zapana fala dos "lobos disfarçados de ovelhas", sua imagem se funde com um pan[212] sobre o edifício do parlamento, antes de aproximar a câmera do grupo de parentes de falecidos e sobreviventes do massacre que, de tempos em tempos, se reúnem na Praça Murillo para gritar e protestar pelos seus mortos. O choro de uma senhora explode ao descrever a imagem

212 Pan é um movimento de câmera pelo qual esta não se desloca, apenas gira sobre o próprio eixo, horizontal ou vertical. [N.T.]

do filho ensanguentado, como que concretizando brutalmente o ataque dos lobos.

A realidade pode ser reconstruída pelas mútuas ressonâncias que a montagem produz entre imagens diferentes, das quais se extraem novos significados por uma espécie de tratamento de choque. Nada disso é novo. O cineasta letão Serguei Eisenstein (1898-1948) já o havia proposto como uma metalinguagem da montagem, extremamente conceitual, mas cuja força e eficiência só podem ser medidas na prática, pelo impacto sensorial, emotivo e intelectual que provocam nos espectadores. A arquitetura da montagem pode se basear em todo o conceitual que se deseje, mas é uma estrutura que não se vê, não se nota, e é disso que gosto no cinema: daquilo que não é explícito, mas perturba, comove, atinge e transforma o espectador.

No documentário, a gama de possibilidades de montagem é muitíssimo maior do que na ficção. A montagem criativa trabalha aqui como na história oral, selecionando eixos temáticos a partir de um abundante registro livre. No caso de *Wut Walanti*, intercalei essa reunião livre de informações com encenações e registros mais controlados, baseados em entrevistas dirigidas. E então me dei conta de que a diferença entre documento e encenação é muito sutil. As pessoas entrevistadas, de uma maneira ou de outra, olham para a câmera encenando seu relato, desorganizando e reorganizando o roteiro da entrevista com saídas e mudanças imprevistas. Foi isso o que aconteceu com Víctor Zapana quando criou, de improviso, a metáfora que dá título ao vídeo. Nas entrevistas preparatórias, essa frase nem tinha sido mencionada — muito menos fora dita em um aimará antigo, que poucos hoje usam e compreendem. A misteriosa conexão entre o relato de *don* Víctor e as encenações do Massacre de Todos os Santos surgiu no último dia de filmagem, quando ele nos surpreendeu com a noção de *wut walanti*, explicando seu sentido. Como uma pedra quebrada, as pessoas mortas injustamente, os inocentes massacrados, nos falam a partir das fissuras do tempo sobre o dano irreparável que a coletividade sofre pela impunidade desses crimes, e da ferida mortal que o cinismo dos poderosos nos inflige.

A inutilidade das palavras e das denúncias foi o que me levou a captar de outra forma a indignação moral coletiva e a fixá-la por meio da montagem criativa em um documento, no final das contas inócuo — porque o vídeo não é exibido em nosso país e, em geral, nem sequer discutido —, mas mais livre dos riscos de manipulação que a escrita. Um dos motivos mais fortes de meu distanciamento da escrita sociológica foi exatamente a facilidade com que o conhecimento racional é enxertado nas legitimações do poder. O que aconteceu com meu livro *Oprimidos pero no vencidos* — a apropriação reformista que uma geração de intelectuais do "pluri-multi" fez dele — me convenceu das capacidades retóricas das elites e de sua enorme flexibilidade para converter a culpa coletiva em retoques e maquiagem de uma matriz de dominação que, dessa maneira, se renova em sua dimensão colonial.

Minha passagem para a imagem em movimento procura escapar dessa fórmula de cooptação, por meio de um diálogo direto com um público amplo e heterogêneo, cujas identificações, filias e fobias espero provocar. Acredito que a atitude pessoal de romper com os esquemas de percepção estabelecidos, com as fórmulas narrativas consagradas, já superou essa fase de amargura que me levou à docuficção de denúncia. Em meu novo curta-metragem, *Sueño en el Cuarto Rojo* [que seria lançado em 2000], estou tentando, desta vez em celuloide, fazer uma exploração diferente, por meio da dança e das máscaras, que transferem aos personagens sua carga de transgressões e desdobramentos, em meio a um clima carregado de amor e ciúmes. Aqui poderia parecer que o social passa completamente para o segundo plano, pelo tom intimista e onírico do drama. A verdade é que só depois da exibição do filme poderei saber se a aposta em uma narrativa desse tipo é capaz de interpelar o público em suas identificações coletivas. Essa é a beleza e o risco da obra cinematográfica: sempre estará inconclusa enquanto não realizar o percurso que a devolve às massas.

卌

O olho intruso como pedagogia

O SURREALISMO

Em um ensaio clássico, Susan Sontag propõe que a experiência de observar uma fotografia provoca uma sensação surrealista, porque nos confronta de supetão com o paradoxo do tempo. O vivido, o decorrido, o irrecuperável se tornam marca tangível e material de uma presença: volta a nós aquele momento passado em que a luz foi refletida no corpo da pessoa ou na paisagem que enquadramos e que magicamente se imprimiu sobre uma superfície banhada com certa emulsão química. É uma marca viva, diríamos, tangível. Daí a emoção — dor, nostalgia, surpresa — suscitada pela observação da fotografia do pai ou da mãe falecidos, da menina que éramos, livre e isenta de problemas, ou do vazio que evoca alguma paixão não dita.

Aprendemos com Armando Silva que a fascinação pela fotografia se alimenta de pulsões narcisistas, que nos impelem à identificação com outra pessoa, a quem vemos como modelo de nossas condutas ou aparência. Por meio dessas identificações, projetamos em outrem o desejo de sermos nós mesmas. Outra pulsão sempre presente na "sociedade do espetáculo" é o voyeurismo, fundamento do olhar obsceno proposto pela publicidade e que amplifica o melodrama de Hollywood. Ainda bem que, graças a Hitchcock, podemos pensar nas implicações desse tipo de imagem em termos cognitivos e emocionais. Em *Janela Indiscreta* (1954), tais processos são amarrados em uma trama para mostrar o sentido fatal do desejo irresistível de viver outras vidas. Ao entrarmos como intrusos — através de uma janela, de uma câmera — na intimidade alheia, sentimos o "inferno dos outros", cuja realidade irremediável nos atinge.

Vistos destas montanhas andinas, essas obras e esses pensamentos nos obrigam, no entanto, a propor certos matizes. Para o nosso olhar, o inferno dos outros é uma das tantas formas em que a energia do *manqhapacha* se manifesta, exercendo seu fascínio irresistível e lúdico. Os *diablos* dançam e celebram, habitam os *socavones* [entradas das minas] como donos dos veios minerais e produzem, a partir da caótica escuridão da terra, o milagre da fertilidade. Os ancestrais e os *diablos* habitam um mesmo espaço, não são mais que personificações de uma força maior, de uma energia destrutiva e criadora que alimenta as comunidades indígenas rurais e as neocomunidades de comerciantes urbanos bem-sucedidos. Cholas elegantes e ricas, dançarinos que descem de carros modelo do ano deixam uma marca imaginária paradoxal, cheia de mensagens escondidas e provocações lúcidas: tudo visível através da fotografia, e cada vez mais, da imagem digital em movimento.

Essas comunidades compartilham um espaço e uma sociabilidade — laboral, festiva, ritual — cujas lógicas e sentidos práticos se enraízam em um passado muito remoto. Por meio de técnicas do corpo e saberes milenares, continuam produzindo uma altíssima porcentagem dos alimentos consumidos na dieta urbana na Bolívia. Mas não só isso. Na medida em que são comunidades de sentido, também produzem a maior parte dos códigos simbólicos, das retóricas e das estéticas que regem a sociabilidade da maioria de *urbandinos* bolivianos. Então, como não problematizar o surrealismo, a individualidade solitária, a alienação que se produz desde a (e a partir da) imagem? Teriam conseguido as "fotografias da agonia" individualizar o nosso olhar a tal ponto que só podemos olhar para nós mesmos "olhando a dor dos outros"?

A consciência *ch'ixi* de nosso olhar *urbandino* é uma articulação possível desses paradoxos.[213] É também uma ponte reflexiva entre a modernidade alienada e a comunidade potencialmente emancipada. Nisso reside seu próprio surrealismo, longe da nostalgia do "tempo das coisas perdidas". Nossa ação reflexiva, por meio do olhar, trabalha sobre o palimpsesto do presente, sobre as múltiplas e não resolvidas camadas de passado não digerido, que surgem como "fúria acumulada", nas palavras de Bloch, mas também como bricolagem barroca e subversiva. O *q'ipi* do carregador aimará nos mercados pacenhos é uma **khumunta** de passado não digerido, furioso e caótico. Fatias de índio, de selvagem, marcas de heterodoxia e heresia coexistem com o significado mais comum da

213 *Ch'ixi* literalmente se refere ao cinza-mesclado, formado por uma infinidade de pontos pretos e brancos que se unificam para a percepção, mas permanecem puros, separados. É um modo de pensar, de falar e de compreender que se baseia no múltiplo e no contraditório, não como um estado transitório que se deve superar (como na dialética), mas como uma força explosiva e contenciosa, que potencializa a nossa capacidade de pensamento e ação. Assim, opõe-se às ideias de sincretismo e hibridismo e à dialética da síntese, que sempre buscam o uno, a superação das contradições por meio de um terceiro elemento, harmonioso e completo em si mesmo.

caminhada cotidiana: como no *aparapita* saenziano[214] ou na milagrosa Sara Chura, de Piñeiro.[215] Por nossas ruas, ao lado das meninas plastificadas e dos meninos entorpecidos, perambulam, poderosos e ferozes, muitos desses personagens surreais. Nós também o somos, e isso só pode ser comprovado quando estamos em meio a um delírio coletivo, em rituais noturnos para celebrar a vida, em diálogos insólitos nas festas de rua ou em mobilizações populares.

A SOCIOLOGIA DA IMAGEM

Com os estudantes de sociologia da imagem da universidade pública de La Paz, consegui explorar essas subjetividades *ch'ixi*, que são "surrealistas como se não fosse nada de mais". No trabalho metodológico e epistemológico do seminário, construímos aos poucos um cenário *taypi* no qual a teoria dialoga com a prática, o norte com o sul, a realidade pensada e vivida com aquela enjaulada nos livros.[216] No entanto, o mais importante que fizemos foi o trabalho de reflexão sobre (e a partir de)

214 O escritor pacenho Jaime Saenz (1921-1986) traduz *aparapita* como "o que carrega". Trata-se de alguém que transporta nas costas diferentes artigos comerciais pelos mercados da Bolívia, em geral homens de origem aimará que migraram para as cidades. [N.T.]

215 Referência ao romance *Cuando Sara Chura despierte* (2003), de Juan Pablo Piñeiro. [N.T.]

216 A maioria dos estudantes da faculdade de sociologia tem sua origem no mundo do trabalho. Mas há também uma minoria de gente abastada, jovens privilegiados da zona sul [região onde vivem as pessoas ricas de La Paz] que compartilham muitas das inquietações políticas e culturais da maioria. Devido à crescente acessibilidade de meios materiais para a reprodutibilidade técnica, quase todos agora contam com algum tipo de câmera: das mais práticas do olhar. Ver e olhar, olhar e representar, são trajetos que devem ser percorridos com uma consciência do *self* — o eu do próprio pesquisador —, da qual a maioria das matérias acadêmicas desvia.

Essa consciência de si mesmo começa por distinguir o olhar focalizado do olhar periférico, e por praticá-los através de perambulações etnográficas pelas ruas, as quais são registradas em anotações. As formas de registro vão variando desde a descrição escrita até a busca de diálogos horizontais com as pessoas que serão fotografadas. Nessa etapa, é aguda a consciência da câmera como um olho intruso, irritante e incômodo, que nos coloca em evidência e nos faz baixar o olhar. No processo de levantar a cabeça e assumir o nosso desconhecimento sobre o mundo do "outro" ou da "outra", começamos a olhar para nós mesmos no ato de olhar as outras pessoas. Pois as distâncias ou são superadas, ou se tornam intransponíveis; daí a cautela metodológica. Quando a barreira pode ser cruzada em ambas as direções, entre o fotógrafo e a pessoa fotografada, a representação e a autorrepresentação são tensionadas. O desconhecimento dá lugar a uma espécie de inteligência corporal, uma linguagem gestual que permite construir pontes e esclarecer mal-entendidos. As distâncias de cultura, idade ou gênero se suavizam, e as personagens apresentam, em diálogo com a câmera, modos de expressão *abigarrados*, atuações com múltiplos repertórios simbólicos e subentendidos culturais. Com todo esse material, os estudantes constroem um ensaio visual com o qual finalizam o curso.[217]

---

sofisticadas, com lentes cambiáveis, às pequenas câmeras dos celulares mais baratos.

217 A proposta é que as fotos incluídas em um ensaio não podem ser menos de três nem mais de vinte, e que podem ser legendadas

OUTRA VERSÃO DO "MERCADO DA IMAGEM"

Uma série de exercícios realizados ao longo do seminário se baseia em imagens, mas não implica tirar fotografias. Em La Paz, como em todos os lugares, existe um mercado de imagens para a elite, que podem ser compradas pela internet em agências famosas, como a Magnum. Mas há também um heteróclito mercado popular que serve a outros múltiplos usos. Nos estúdios de fotógrafos populares, as imagens podem ser adquiridas por preço muito baixo, por razões de espaço: de cada cinco fotos tiradas em um evento, uma será vendida, quando muito. No aglomerado de imagens descartadas ou esquecidas, essas fotos estão apenas identificadas e datadas, e a maioria foi tirada em celebrações públicas ou privadas. Meus alunos foram clientes assíduos, durante muitos anos, desses pequenos estúdios de fotógrafos populares, que ganham a vida procurando clientes em *entradas folclóricas*, casamentos, ***presteríos*** e bailes. Em poucas horas, tais fotógrafos retornam à festa com as fotos impressas e começam a oferecê-las às pessoas fotografadas. Em geral, a pose não é negociável, capta-se instantaneamente o movimento. Contudo, os momentos de descanso e brinde, a ***ch'alla*** das ***apxatas*** que os convidados vão trazendo e uma infinidade de performances rituais mais formais vão salpicando os momentos liminares, o ápice lento e a degradação vagarosa da festa em bebedeira, briga ou no conhecido "yo te estimo" [eu gosto de você]. A essa altura, os fotógrafos já terão ido embora, de maneira que a fotografia acaba sendo o registro da "história oficial" do evento, na qual as personagens representam a si

---

ou narradas de algum modo, com um máximo de cem palavras. A eloquência se concentra na estrutura: daí o nome "ensaio visual".

mesmas com autocontrole, manejando com desenvoltura sua aparência e as maneiras de impressionar futuros observadores.

A descoberta de uma banca de comércio de fotos na feira vespertina da Rua Tiwanaku, na cidade de El Alto, dedicada exclusivamente à venda de fotografias resgatadas dos estúdios, abriu espaço para outro tipo de questionamento em torno da representação e do mercado. De fato, quem poderia se interessar por comprar uma imagem alheia, produzida em uma ocasião na qual está ausente, não podendo interpelar o fotógrafo com a promessa de uma história a ser narrada? A primeira hipótese surgida nas discussões do seminário foi de que um potencial comprador poderia disfarçar a sua identidade — dizer, por exemplo, que esses cholos abastados, com trajes ostentosos e rodeados de cerveja são seus pais —, para conquistar aquela cholita desdenhosa que acha que ele é um pobre-diabo. Mas na banca da Tiwanaku havia também uma pilha de fotos de casas de tijolos, de um ou dois andares, novas e com telhado de zinco, ou com terraços de cimento e estrutura à mostra, que anunciavam o desejo de uma futura ampliação vertical. O mercado dessas fotos poderia ainda ser um ato de projeção: mostrar a foto de uma dessas casas e alardear sobre sua propriedade talvez pudesse contribuir para as estratégias de conquista ou de prestígio de seu possuidor. Aí se encontra, portanto, uma espécie de valor agregado: a atribuição de um significado conotativo, a partir da materialidade denotada na foto. Era isso que valorizava a foto e lhe permitia compor um mercado, e foi isso que possibilitou a elaboração de uma narrativa para as fotos encontradas, escolhidas e pensadas segundo uma possível história.

Esse exercício era um esforço de distinguir as mensagens denotadas das mensagens conotadas, e manipular estas últimas com um sentido diegético,[218] capaz de propor um dilema, uma pincelada, um olhar sobre o universo social representado. Com uma seleção de três a cinco fotografias, era preciso construir uma história que permitisse entrelaçar a percepção de gestos, a *micromímica* de olhares e os signos inadvertidos que "pontuavam" a imagem do sujeito fotografado. O tecido narrativo devia conectar a imagem com as ideias do social que se ancoravam no senso comum dos alunos e em seu diálogo com a teoria sociológica clássica. Assim surgiam extraordinários erros perceptivos, objeto de duras críticas, mas também de reflexões profundas. O saber acadêmico se retorcia e se enchia de fissuras. Começava a habitar o *manqhapacha* do inconsciente coletivo, do conflito cultural in-corporado no habitus desses dançarinos, desses bacharéis, desses recrutas jurando a bandeira, desses universitários de origem popular que deviam observar e decifrar esses signos. As relações assimétricas, os olhares de desprezo e o *llunk'erío*[219] servil que se desmancha em elogios eram agora evidências desses mundos que são mais silenciados quanto mais são verbalizados. Pudemos nos deslocar da posição de clientes à de fotógrafos, de sociólogos à de indignados, como gente das ruas refletindo sobre nossas próprias tarefas.

Uma espécie de efeito colateral desse processo nos mostrou outro paradoxo da fotografia. Tentando explicar o florescente negócio de vendas de fotos na feira da Rua Tiwanaku, ocorreu-nos uma segunda hipótese: o uso das imagens como *illas*, que representam a essência do objeto, aquela que pode

218 Relativo simultaneamente ao espaço e ao tempo de uma narrativa ou trama audiovisual. [N.T.]

219 *Llunk'erío* é caracterizado pela autora como um "pacto de mediocridade". O termo provém do aimará *llunk'u*, bajulador. [N.T.]

ser transferida ao seu possuidor como retribuição aos seus gestos de desejo e invocação.[220] Na área rural, a *illa* é um objeto procurado no campo no dia 31 de julho ou ao amanhecer do dia 1º de agosto, e representa pequenas ovelhas, espigas de milho, batatas ou lhamas, em torno das quais se dá o ritual da *ch'alla*, para possibilitar que as *illas* se desdobrem na materialização do objeto de verdade. Não se trata de um talismã, que encarna a força abstrata da "sorte" ou do "conjuro", mas sim de um pedaço ou marca do objeto real, que se energiza com a *ch'alla* e se personaliza, deixando de ser um objeto qualquer em uma série para se tornar a representação *única* e intransferível do que é desejado. No contexto urbano, já não são buscadas pedrinhas em forma de animais ou frutos, mas pequenos micro-ônibus, casinhas, malas, notinhas de dinheiro e passagens aéreas, representações de uma infinidade de "projeções de desejo" que nem por isso são ideais menos tangíveis. Na festa de Alasitas,[221] é possível comprar miniaturas de diplomas de graduação, mestrado ou doutorado, e até de certidões de divórcio ou casamento. Todas essas miniaturas entram no mercado com uma carga de valor simbólico, conotada pelo desejo e pelos gestos rituais daqueles que as adquirem. Será, então, que as fotografias na feira da Tiwanaku poderiam ser adquiridas como *illas*, expressão do desejo de materializar essa casa, esse casamento ou esse *preste*, a graduação da filha projetada na filha alheia?

220 Aqui nos baseamos na interessante análise de Nico Tassi, em seu estudo sobre a Fiesta del Gran Poder.

221 Festa tradicional em que se cultua uma deidade andina denominada Ekeko, o "deus da abundância", ao qual é pedido tudo que se deseja alcançar. Na ocasião, são compradas miniaturas com a finalidade ritual de que se tornem realidade. [N.T.]

Uma derivação desses experimentos pedagógicos foi a criação, em fins de 2008, de um grupo cultural que primeiro se chamou El Colectivo 2 e, agora, Colectiva Ch'ixi. Junto com uma dúzia de estudantes que tinham se destacado por suas contribuições à reflexão teórica e à realização prática da sociologia da imagem, formamos um grupo que nos permitiu prosseguir com a pedagogia da imagem a partir de um ângulo mais corporal e, ao mesmo tempo, mais político, pensado como intervenção no cenário cultural de nossa cidade.

FOTOGRAFIAS DO FAZER

Depois de ter produzido um livro dissidente, que reterritorializava as imagens inscritas em uma exposição de arte vanguardista europeia,[222] foi-nos dada a oportunidade de trabalhar em um espaço urbano cedido ao grupo em comodato pela etnomusicóloga Gilka Wara Céspedes, e lá começamos a improvável tarefa de reconstruir uma casa semidestruída, recuperar hortas e plantações no que até aquele momento tinha sido uma lixeira no meio das ruínas. Essa experiência nos sugeriu que a fotografia poderia abandonar o desconforto do "olhar intruso" para se tornar uma acompanhante cotidiana e quase ritual de nosso trabalho por outros meios. O que apresento a seguir é uma tentativa de inscrever essa prática entre as percepções e os conceitos que fomos produzindo como grupo.

222 Trata-se do catálogo dissidente *Principio Potosí Reverso*, produzido como resposta e contextualização crítica à exposição de arte *Principio Potosí*, com curadoria de Alice Creischer, Andreas Siekman e Max Hinderer.

Um ponto de partida para entender o nosso enfoque sobre a fotografia é retomar a ideia da relação com o passado, que esboçávamos ao comparar o norte com o sul, particularmente com o sul andino da região *circunlacustre*, onde se localiza a nossa prática, ao pé da montanha mais sagrada do mundo aimará: o Illimani. Nesse espaço, não cabe a nostalgia do "tempo das coisas perdidas", mas a ideia contida no provérbio "Qhipnayra uñtasis sarnaqapxañani" [Olhando para trás e adiante (ao futuro-passado), podemos caminhar no presente-futuro]: esse passado que poderia ser futuro, o que vive em nossos sonhos do presente. Em vez de nostalgia, há um gesto coletivo de atualização celebradora com relação ao passado, de reapropriação paródica. A festa, o ritual, a caminhada por territórios vastos e acidentados trazem até nós o passado vivo, atuante e sensível. Longe de nos fazerem sofrer, essas imagens nos energizam e emocionam: estimulam-nos a explorar e a atualizar nossas potencialidades utópicas.

Mas o outro polo também existe em nosso olhar. Há uma cumplicidade crítica entre o que fazemos e pensamos e a percepção de Sontag, Sartre ou Barthes, para mencionar apenas os mais ilustres. Tanto Paris quanto Nova York foram mecas da experimentação fotográfica e dos debates teóricos e políticos sobre fotografia. Ali, como em outros lugares, também as coletividades são algo efêmero, que acontece em ondas ou ciclos. São "zonas autônomas temporárias", como diria Hakim Bey, que às vezes devem sobreviver submersas, clandestinas. Quando o clímax arrefece e a curva desce para a aridez do plano, voltamos a sofrer os males da modernidade e devemos nos mimetizar para aguentá-la. Além de solidários, tornamo-nos solitários e aprendemos a usufruir e a viver essa individualidade irredutível. Além disso, o "momento comunitário" de nossa existência nos permite manter a integridade e singularizar a nossa consciência individual, exercendo assim um olhar crítico, discreto, como obstinada resistência às mensagens e aos códigos da modernidade alienada. Ao fecharmos os olhos e ouvidos para a balbúrdia audiovisual, fomos capazes de decifrar — lendo *Sobre fotografia* (Sontag, 1977 [2004]) ou *O óbvio e o obtuso* (Barthes, 1995 [1990]) — os poderes escondidos do surrealismo e da reprodução mecânica. E, ao digerirmos essas leituras pausadamente e em silêncio, e trabalharmos com elas, pudemos redescobrir sua capacidade de subverter e atualizar os conteúdos/formas *ch'ixis*, manchados e *abigarrados* da prática, que constituem a nossa memória e o nosso presente.

A EPISTEMOLOGIA COMO ÉTICA

Nossa fascinação pela comunidade, pelo trabalho manual, pelo movimento e pela fotografia nos permitiu criar um espaço *taypi* no qual se contradizem, dinâmica e permanentemente, os dois polos do posicionamento epistemológico e ético proposto pelo surrealismo, o existencialismo e a semiótica: a pólis e a comunidade. De um lado, por meio da escrita, se consolidaria o discurso sobre a esfera liberal dos direitos cidadãos, que são a metade *kupi* (direita), branca e masculina da pólis. De outro lado, por meio da imagem e do trabalho corporal, se colocaria em ação a metade *ch'iqa* (esquerda), feminina e escura, no espaço do *chuyma* e do passado, que abriga o modo de pensar comunitário. A primeira se desenvolve no *alaxpacha* — o diurno e exterior, o visual — e a segunda, no *manqhapacha*, o auditivo e sinestésico, o "dentro abaixo", associado com o inferno, com a terra e com o submundo do escuro.

A epistemologia *ch'ixi* consistiria em abrir e alargar esse terceiro espaço, entrelaçando os dois mundos opostos em uma trama dinâmica e contenciosa, na qual ambos se interpenetram sem se fundir nem nunca hibridizar. Esse *taypi* ou zona de contato é o espaço *ch'ixi* de uma estrutura de opostos complementares. Aí se entrelaçam a teoria e a prática, e é realizada e pensada a comunidade autopoiética, ao mesmo tempo desejada e fugidia, já operada na própria energia do desejo.

No plano político, procuramos reinscrever, no microespaço social em que vivemos, uma arena comum para praticar formas de "bom governo" e "bem viver" como gestos micropolíticos de conhecimento corporal e intersubjetivo. Para nós, a ética do trabalho significa o fazer aprendendo, o aprender com o corpo, o ato de nos autoconstruirmos por meio de um diálogo com a matéria — a madeira, o cimento, a terra — e das conversas e *akhullis*[223] de discussão e reflexão. Pretendemos criar uma prática baseada no silêncio, e não apenas na palavra. Almejamos temperar a palavra com o silêncio e com o ritmo das cordas do tear ou do violão. Geramos, assim, um esboço de normatividade tácita, em diálogo com e entre as criações de nossas mãos, de nossos corpos. Assim, a ética se transforma em estética, uma materialização de atos e pensamentos em objetos: livros, sacolas, *tejidos*, revistas, plantas, refeições... e fotografias.

223 Ritual em que se *akhullika* folha de coca em conjunto. [N.T.]

Métodos heterodoxos: entrevista para a revista *Jícara* (Bogotá)

[REVISTA JÍCARA (RJ)] Queremos falar um pouco sobre os debates propostos pelo livro *Ch'ixinakax utxiwa: uma reflexão sobre práticas e discursos descolonizadores* no plano da investigação social e sobre as críticas que você faz ao pensamento decolonial do grupo Modernidade/Colonialidade.[224] Como ponto de partida, gostaríamos de abordar esse aspecto que você chamou de "pirâmides acadêmicas sem base", em relação a sua leitura da geopolítica do conhecimento.

[SILVIA RIVERA CUSICANQUI (SRC)] Em primeiro lugar, minha reação se deve à distância que há entre discursos e práticas, e essa é uma das primeiras posições que podem ser notadas nesse texto [*Ch'ixinakax utxiwa*]. No meu caso, trata-se de uma posição muito antiga. Ontem mesmo estive revisando

224 Formado no início do século XXI por pensadores latino-americanos, muitos deles ligados a universidades do Norte global, que convergiram em torno da perspectiva decolonial. Seus principais representantes são o peruano Aníbal Quijano (1928-2018) e os argentinos Enrique Dussel (1934-2023) e Walter Mignolo (1941-). [N.E.]

um trabalhinho que escrevi em 1986, chamado "El potencial epistemológico y teórico de la historia oral". Esse texto é produto de uma militância e de um enraizamento político: naquela época, e desde meados da década de 1970, estive vinculada ao movimento katarista-indianista boliviano, primeiro na clandestinidade, durante as ditaduras de Hugo Banzer (1971-1978) e Juan Pereda (1978), depois no exílio, a partir do golpe militar de 1980, e, finalmente, com o retorno à democracia e a minha participação no segundo congresso da Confederación Sindical Única de Trabajadores Campesinos de Bolivia (CSUTCB), em 1983, e na nova Lei Agrária, proposta pelos kataristas. O prolongado diálogo com vários irmãos e irmãs desse movimento e as experiências com história oral que realizamos no THOA são o pano de fundo de *Ch'ixinakax utxiwa*, mas nada desse contexto, digamos, "geopolítico" interessa aos acadêmicos do norte. Parece que eles só veem a ponta do iceberg quando uma experiência intensa e prolongada se plasma em escritos. Conforme a leitura deles, esses escritos passam ao mercado de ideias, que é um mercado caótico, em que proliferam os interesses corporativos e as panelinhas. E, assim, o que foi um processo complexo de elaboração se torna matéria-prima para que eles reelaborem as ideias e as devolvam para nós, desprovidas de toda a sua potência crítica e política, e, ainda pior, embrulhadas em papel brilhante e modas acadêmicas efêmeras.

Com base nisso, pergunto: matéria-prima para quê? Bom, se fosse para eles, nos Estados Unidos, se juntarem às lutas de rua do movimento Occupy ou às demandas dos povos indígenas da América do Norte, tudo bem, tudo bom. Eu gostaria de ver esses doutores cinco estrelas sentados nas ruas e se conectando com a força vital dos "movimentos sociais" de que tanto falam. Mas não: eles usam essas ideias para ascender na carreira acadêmica, para ter poder de recrutamento, para decidir quem obtém empregos ou recebe bolsas de pesquisa, para formar clientela em nossos países. Isso é o que chamo de "economia política do conhecimento", e Bourdieu chamou de "objetificação participante", que consiste em revelar o que se esconde atrás dessa conversa tão bonita sobre a "geopolítica do conhecimento" e qual é a agenda de interesses pessoais, poderes acadêmicos e estilos de trabalho que se consolida nessas torres de marfim que são as universidades privadas do norte, em particular nos Estados Unidos.

Com referência ao triângulo sem base, retomei uma ideia esboçada há muitos anos pelo sociólogo peruano Julio Cotler, que a propôs para compreender as táticas da dominação *gamonal* na região andina. O *gamonal* é o patrão pequeninho, o *mandón* de povoado, muito bem descrito nos romances de José María Arguedas, que personaliza suas relações verticais com os servos ou colonos e consegue que estes desenvolvam e mantenham uma profunda desconfiança entre si, isto é, que rompam toda relação de cumplicidade ou aliança horizontal. Assim, forma-se um triângulo sem base, com várias linhas verticais que convergem em direção ao ponto focal do poder *gamonal*. Essas panelinhas acadêmicas do norte tentam fazer a mesma coisa: cooptar intelectuais do sul para que se tornem seus seguidores, intérpretes ou amplificadores. Ultimamente, essa estratégia se amplia para intelectuais indígenas e afrodescendentes, que terminam em alianças verticais, privilegiando as ideias dos mestres ou "gurus" e negligenciando as alianças e os debates horizontais em sua própria região ou país, inclusive em seu próprio idioma.

O interessante das ciências sociais na América Latina é que, por uma série de fatores, somos menos provincianos que muitos acadêmicos — como os europeus, por exemplo —, graças à salada de traduções das mais variadas que nos chega pelas editoras do México, do Equador, da Colômbia ou da Argentina. Vivemos realidades *abigarradas*, complexas e múltiplas, cenários de identidades *ch'ixis* e manchadas. Por isso, não precisamos ser fiéis a nenhuma escola — seja francesa, gringa ou de qualquer outro centro intelectual do norte — nem ser ovelhas de nenhum rebanho. Mas, obviamente, isso só pode ser feito tendo os pés bem firmes em nossa terra. Nossa posição como sujeitos pensantes está marcada por nossa própria história, pela geografia de nossas montanhas e pela nossa própria genealogia intelectual, e isso nos permite fazer um bom uso da multiplicidade de ideias que nos chegam de fora.

Então, não se trata de estarmos atualizados das últimas novidades, buscando ler tipos deprimentes, como Giorgio Agamben, Gilles Lipovetsky e outros que estão na moda agora. Não: aqui temos outros horizontes de esperança, isso é o que nos distingue. Não trabalhamos para ter condecorações acadêmicas; se as recebemos, é um complemento, como no meu caso. Não trilhei uma trajetória pensante para ascender a nenhuma posição de grande senhora, porque o nosso horizonte de esperança é a transformação da sociedade, a restituição da justiça, a reversão dos traumas históricos que nossos povos sofreram — essa diferença nos permite ter um ponto focal no qual enxertar, como sugeria José Martí, o "mundo" em nosso tronco e raízes ancestrais.

Para isso, uma das tarefas fundamentais é não ficarmos no localismo: está bem claro que é necessário estruturar alianças horizontais em nível continental e planetário. Por exemplo, em toda Abya Yala estão ocorrendo lutas indígenas importantes, de bairro, juvenis, contra a degradação da democracia, contra o despojo da mineração, contra as estradas e os megaprojetos hidrelétricos com os quais ainda sonha a velha esquerda desenvolvimentista — enfim, lutas contra os efeitos perversos do capitalismo e da globalização, que ameaçam nos converter em peças descartáveis de um sistema monstruoso. A esse processo predatório e desumano temos de opor uma visão planetária, que nos conecte com migrantes da diáspora do sul no norte, com povos sem estado que veem seus espaços de vida reduzidos, com mulheres e crianças recrutados para alimentar as *maquilas* e os centros de diversão administrados pelas culturas e pelas empresas da crueldade. Tudo isso nos comunica com um mundo inteiro de problemas comuns, ocasionados por esse capitalismo do esbanjamento e da morte.

Enquanto no norte as pirâmides acadêmicas sem base se enfrentam e se mordem entre elas — com os teóricos da subalternidade se opondo aos pós-coloniais e estes, aos estudos culturais, por exemplo —, eu digo: como pensar o colonial sem pensar nem na subalternidade, nem na cultura? É que eles necessitam criar capelas acadêmicas, enquanto nós, com nossas universidades modestas e nossas bibliotecas paupérrimas, temos de ver tudo de bom que podemos absorver dos autores que lemos, inclusive precisando intervir e modificá-los para lhes tirar o supérfluo e inserir o que lhes falta. A heterodoxia sempre foi um traço do nosso fazer cultural. É parte do "*éthos* barroco" de que nos fala o pensador equatoriano Bolívar Echeverría.

[RJ] Silvia, nesse sentido, até agora o que evidenciamos claramente é que a academia sempre esteve partida: não existe a práxis; existe a teorização meramente abstrata, no contexto do capital acadêmico fundamentalmente oriundo do norte.

No entanto, entendemos que na América Latina se deram experiências bem importantes, e conhecemos pessoas como você mesma, Orlando Fals Borda ou Víctor Avila, que tentam reposicionar a academia, tendo uma relação muito mais profunda, muito mais sinérgica com os movimentos sociais e de resistência na América Latina, e especificamente em seu lugar, digamos, natal, de origem. Por isso, acreditamos que o debate sobre método é fundamental para recapitular a experiência gnosiológica e epistemológica, propondo novas práticas de construção de conhecimento no contexto da práxis. É nesse sentido que nos interessa compreender a proposta metodológica apresentada em *Ch'ixinakax utxiwa*, que você chama de sociologia da imagem, a qual, segundo entendemos, integra a pesquisa-ação com um olhar histórico-hermenêutico. Concretamente, lhe perguntamos: em que consiste a sociologia da imagem como proposta metodológica de pesquisa?

[SRC] Começarei fazendo uma digressão para completar umas ideias que estava pensando em dizer por causa da pergunta anterior. Ao falar sobre estarmos em nosso espaço, estarmos enraizados em nosso lugar, em nossa geografia, falei da necessidade de reconhecermos uma genealogia própria.

Pois bem, na América Latina existiram, entre as décadas de 1920 e 1960, movimentos culturais que reivindicavam uma conexão com o mundo indígena, em um contexto de transgressão dos cânones acadêmicos e literários vigentes: Oswald de Andrade e os antropofágicos no Brasil, os tzántzicos[225] no Equador e, duas décadas antes, a Gesta Bár-

225 Movimento cultural fundado em Quito em 1962, com o objetivo de buscar "um falar verdadeiro" e uma "poética equatorial". No idioma

bara[226] na Bolívia. Isso não diz algo sobre as aproximações descolonizadoras que se plasmaram em épocas anteriores (ainda mais em plena guerra fria)?

Hoje em dia está na moda o debate sobre a colonialidade do poder, proposto por Aníbal Quijano, mas, na realidade, essa é uma discussão com uma longa história: no século XIX, o pintor chuquisaquenho Melchor María Mercado produziu um álbum de aquarelas que é uma admirável peça de crítica social. Em suas sequências sobre os caminhos comerciais e as igrejas, mostra uma espécie de interculturalidade prática no plano do mercado e uma sociedade profundamente autoritária no plano do estado, um "mundo ao revés", como intitula uma de suas alegorias. A alegoria é um gênero de crítica social bastante próprio de sociedades poliglotas, cujos idiomas nativos fazem um sofisticado uso da metáfora. Eu reivindico Melchor María Mercado como um sociólogo da imagem. Mas, retrocedendo ainda mais na história, aos séculos XVI e XVII, encontramos uma personagem andina, Felipe Guamán Poma de Ayala (Waman Puma), que, do meu ponto de vista, constrói, por meio do desenho, uma autêntica teoria da dominação colonial: é o desenho como teoria, como interpretação e reflexão, não apenas como representação ou mimese.

Um aspecto da metodologia que proponho é a noção de *qhipnayra*, inspirada em um aforismo aimará divulgado pelo THOA, que se refere à permanente reatualização do passado como futuro por meio das ações do presente. Desse modo, ao

---

do povo Shuar, da Amazônia equatoriana, *tzántzico* significa "redutor de cabeças". [N.T.]

226 Movimento cultural iniciado em Potosí em 1918, que publicou uma revista homônima até 1930. [N.T.]

observarmos as aquarelas de Melchor María Mercado e os desenhos de Waman Puma, reconhecemos que há aspectos da realidade colonial ali denunciados que ainda estão vigentes, e podemos ver as marcas do passado não como sobrevivências anacrônicas, mas como forças que reemergem à superfície em "momentos de perigo", como dizia Walter Benjamin, ou em situações de crise.

Portanto, temos uma reflexão sobre o colonialismo com raízes profundas, que Gamaliel Churata (membro do grupo Gesta Bárbara) apresenta em um debate sobre Waman Puma e Garcilaso de la Vega.[227] Em *El pez de oro*, de 1957, Churata afirma que Garcilaso de la Vega é um arrivista e aculturado que busca, por meio de sua escrita, um reconhecimento da condição ilustrada de sua genealogia inca. Churata o compara a Waman Puma, tomado como um exemplo de "língua com pátria", uma nova forma de expressão do que é próprio, em que se misturam permanentemente ideias e palavras do aimará e do quéchua, mantendo uma condição manchada, contaminada, na linguagem. Esse modo de ver as coisas me remete à ideia de *ch'ixi*, que literalmente se refere ao cinza-mesclado, formado de uma infinidade de pontos pretos e brancos que percebemos como unidos, mas permanecem separados. É um modo de pensar, de falar e de compreender que se baseia no múltiplo e no contraditório; não como um estado transitório que se deve superar (como na dialética), mas como uma força explosiva e contenciosa, que potencializa a nossa capacidade de pensamento e ação. Assim, opõe-se às ideias de sincretismo, hibridez, e à dialética da

227 Garcilaso de la Vega (1539-1616), também conhecido como Inca Garcilaso, escritor peruano de ascendência espanhola e inca, conhecido como "príncipe dos escritores do Novo Mundo". [N.T.]

síntese, que sempre buscam o uno, a superação das contradições por meio de um terceiro elemento, harmonioso e completo em si mesmo.

Por que não podemos admitir que temos em nossa subjetividade uma luta permanente entre o índio e o europeu? Essas são questões de colonialismo interno, e não de colonialidade, pois falar de colonialidade é falar de uma estrutura vaga, ubíqua, que descreve um ente externo a nós (o estado, o poder). Por sua vez, o colonialismo interno (ideia formulada pelos kataristas bolivianos nos anos 1970 e por González Casanova no México em 1969) localiza o fenômeno em dois níveis: de um lado, nas repúblicas que surgiram depois das guerras contra o colonialismo externo, e, de outro, na subjetividade das pessoas. Interessa-me trabalhar, por meio da sociologia da imagem, com os processos de internalização do colonial e com as tarefas libertadoras que essa situação nos apresenta, aqui e agora, não em alguma futura revolução social em escala macro. No curso que dou na UMSA há muitos anos, tento fazer da sociologia da imagem uma estratégia de descolonização do conhecimento, que leva você a se responsabilizar por sua subjetividade e seu processo de conhecimento por meio da percepção, da emoção, do hemisfério esquerdo subalternizado por nosso treinamento racional. Através das práticas etnográficas, das anotações e das trocas horizontais com as pessoas que entrevistam e com as quais negociam para tirar retratos, e também por meio da autorrepresentação, os estudantes tomam consciência de seus próprios vieses, preconceitos e situações hierárquicas. Tornar-se um intruso consciente de sua intrusão (com a câmera, por exemplo) permite desenvolver aproximações horizontais e aceitar que quando se observa também se é observado, avaliado no gesto, na aparência e nas maneiras, de modo que é possível corrigir vieses e obter uma aproximação humanamente significativa — e não apenas metodologicamente correta, como diria Franco Ferrarotti. A observação é capaz de perceber as sutilezas do gesto; por exemplo, o racismo do gestual. Não é necessário gritar "Índio de merda!" para fazer um gesto depreciativo, como o olhar de cima para baixo. Não é necessário explicitar a condição subalternizada; basta abaixar a cabeça. Observar é um modo de entender o não dito da sociedade. A dominação, particularmente a dominação colonial, por ter atravessado os tempos e ser coetânea da modernidade, tende a se disfarçar. Os discursos formais de igualdade e pluralismo cultural são máscaras para encobrir relações profundas de assimetria colonial: isso foi visto com muita clareza no conflito pelo Tipnis. Existe, então, nesses espaços do não dito, um conjunto de sons, gestos, movimentos, que carrega as marcas vivas do colonialismo e é resistente à racionalização, porque sua racionalização incomoda, faz você despertar do sonho confortável da sociedade liberal.

Também existem as ações coletivas centradas no corpo: a caminhada como prática política, os recursos e a realização das mobilizações, que fazem uso de música, teatro e de mensagens sinestésicas. A *minga*[228] colombiana é um exemplo bem evidente, que não pode ser reduzida às declarações ou aos documentos. A caminhada é uma estratégia antiga nos Andes, desde a viagem que fez o cacique Tomás Katari a pé, de Macha (Potosí) a Buenos Aires, até

228 Na Colômbia, *minga* se refere a uma unidade indígena social e popular que se reúne para realizar marchas e protestos nos departamentos de Cauca e Santiago de Cali. [N.T.]

os bloqueios de estrada coloniais no Altiplano, durante a rebelião de Tupaq Katari. Esses fenômenos históricos nem sempre são reconhecidos como parte do presente; são uma memória inconsciente que foi reeditada nos bloqueios de estradas em 1979, 2000, 2003, no "cerco a La Paz" reiterado em muitos momentos críticos da história recente. Existe neles uma espécie de memória do corpo, o índio que carregamos dentro de nós se levanta, nos faz dançar, nos impele a caminhar, a sitiar. O discurso verbal acaba sendo um código empobrecido frente a essas práticas significantes, que atravessam a ação coletiva e a subjetividade das pessoas.

Acredito que seja todo esse universo de práticas significantes que evocamos na sociologia da imagem — e também o trabalho artesanal, manual — como exercício de descolonização. Há diferença entre falar sobre o cultivo de batatas sentado em um escritório e ter semeado, arrancado as ervas daninhas e colhido as batatas. Nesse sentido, a universidade tem grande capacidade de distanciar e depreciar os saberes práticos dos estudantes — em meu curso, a maioria é oriunda de lares de trabalhadores, populares, aimará —, privilegiando uma educação unicamente baseada nos saberes livrescos e nas competências em língua culta, desperdiçando uma enorme quantidade de habilidades e saberes que esses estudantes trazem consigo, de sua memória familiar e comunal. O que tento fazer é apoiar sua construção como sujeitos autônomos, reforçar o reconhecimento do valor das experiências "iletradas" de seu entorno laboral ou familiar, para que possam ter um bom filtro e selecionar o que leem, sem sucumbir ao complexo ou à desorientação.

Finalmente, vivemos um bombardeio tão grande de imagens que condicionam a percepção e moldam as avaliações estéticas e éticas que é obrigatório nos apetrechar de ferramentas críticas para desmontar suas mensagens e nos defendermos delas. A banalização da imagem e da fotografia por meio das redes sociais e seu uso indiscriminado podem chegar a se tornar um atentado contra a memória visual, contra a atenção cuidadosa e a consciência crítica. Em meu curso, ainda trabalhamos com câmera analógica, ou usamos câmera digital com um senso de economia que a aproxima do estilo analógico, de quando era preciso olhar antes de acionar o obturador da câmera. Fazer da imagem um objeto de análise, usar a imagem como prática de comunicação horizontal, sentir que o nosso "olhar intruso" pode se tornar um aliado na produção de conhecimento com nossos interlocutores no trabalho de campo, são todas ações práticas de uma sociologia que vai desmantelando os supostos da razão ilustrada, colonial. Ao mesmo tempo, construímos um espaço de reflexão metodológica no qual minha própria "autoridade pedagógica" desmorona, uma vez que cada estudante vai acrescentando giros conceituais, estilos e formas de trabalho criativo a partir de sua própria experiência e subjetividade. Isso é uma heresia no contexto da endurecida sociologia acadêmica, centrada na cátedra magistral, no império da razão e no *éthos* moderno, mas acredito que já era hora de quebrar suas rigidezes disciplinares e suas arrogâncias verborrágicas.

Glossário

Este glossário apresenta as palavras em aimará e quéchua cuja primeira ocorrência neste livro foi **sublinhada**. Na maioria dos casos, trata-se de palavras em aimará, escritas no alfabeto único vigente. Foram usados poucos termos em inglês, para precisar alguns dados históricos ou ampliar o conteúdo de certos conceitos. Palavras em quéchua estão indicadas com "(Q)", e os neologismos e castelhanizações estão indicados com "(N)". Quando não há menção a nenhum idioma entre parênteses, trata-se de palavra em aimará.

As fontes utilizadas para consulta estão indicadas no fim de cada definição e correspondem a:

- FLP: Félix Layme Pairumani, *Diccionario aymara-castellano* (2004);
- JLU: Jorge L. Urioste, "Glosario", em Guaman Poma de Ayala (2006);
- PPR: Silvia Rivera Cusicanqui & El Colectivo 2, *Principio Potosí Reverso* (2010);
- TLA: Teófilo Layme Ajacopa, *Diccionario quechua-castellano* (2007).

Quando não há indicação de fonte, as definições são de minha própria autoria.

Os alfabetos aimará e quéchua reconhecem como distintas algumas letras que são escritas da mesma forma em castelhano (por exemplo, *k* é distinto de *kh* e de *k'*). Por isso, a ordem alfabética deste glossário as inclui como três consoantes distintas (também é o caso das letras *ch*, *p*, *k* e *t*).

achachilas: bisavó, tataravô, antepassado (FLP). Utiliza-se em referência às montanhas sagradas, deidades tutelares de uma região.

aimará: antes da conquista, língua franca de uma vasta área que hoje corresponde a Peru, Bolívia e norte do Chile. Seu uso foi se reduzindo com a expansão inca e com o esforço de catequização colonial. Segundo Víctor Zapana, a palavra designa não apenas a língua, mas também as pessoas que vêm "de tempos longínquos (**jayamara**), de tempos escuros".

ajara: quinoa silvestre (FLP).

ajayu: espírito, alma. Nas orações de **yatiris**, o *ajayu* é invocado ao **alaxpacha**, espírito relacionado com o exterior e o alto.

akhullikar (N): castelhanização de *akhulliña*. Não é "mascar" a coca (triturá-la), mas sim manter as folhas inteiras entre os dentes e os tecidos da bochecha, para absorver o sumo da coca em combinação com a *llujt'a*, substância alcalina preparada com cinza vegetal (FLP).

akhulliku: cerimônia ou ato ritualizado de *akhullikar*.

alaxpacha: céu, espaço infinito no alto.

aliq qura: erva comum que cresce em meio aos campos de plantações.

amaru (Q): serpente.

amawt'a: filósofo, pensador, sábio. Reuniam-se regularmente com os *principales*[229] e em assembleias comunais. Eram consultados sobre os assuntos de relevância coletiva, como o cuidado da terra.

amuya: capacidade de pensar, refletir ou julgar (FLP).

amuyaña: pensar, formar uma opinião. Imaginar, representar idealmente uma coisa, conceber. Consertar, examinar com atenção (FLP).

229 O *principal* é indicativo do exercício de um cargo, espécie de chefia (o cargo é temporário, porque é rotativo). Todo *mallku* principal é acompanhado de uma *t'alla* principal, sua esposa. [N.T.]

amuyt'awi: pensamento. Potência intelectual. Deriva de **amuyaña** e de **amuyu** ou **amuya.**

amuyt'aña: pensar, formar conceitos na mente. Idealizar ou imaginar (FLP).

amuyu: ideia, representação de uma coisa real ou imaginária. Mente (FLP).

apachita: cadeia de montanhas. O ponto mais alto do caminho, onde é feito o descanso e se realiza um pequeno ritual para "espantar o cansaço".

apthapi: refeição comunitária na qual cada pessoa contribui com produtos de sua colheita/cozinha.

apxata: sobreposto [espécie de presente]. O que é recebido por reciprocidade (FLP).

awasca (Q: *awasqa*): tecido comum e grosso.

awayu: grande peça têxtil usada para carregar crianças ou coisas pesadas nas costas. (Em castelhano, *aguayo*.)

awki: pai, ancião.

Awkiwaman: falcão ancião ou mais velho.

awqa: hostil, contrário, inimigo, adversário (FLP).

Awqa Runa ou **Awqa Pacha Runa** (Q): gente do tempo-espaço da hostilidade ou inimizade. Coincide com o tempo inca nas versões orais.

ayawaska (Q): bebida enteógena preparada em rituais por especialistas, utilizada por muitas populações indígenas amazônicas, e agora também urbanas e cosmopolitas. A preparação é administrada aos participantes em sessões coletivas em que o xamã canta, sopra e fala com as pessoas durante a noite toda. No processo, são diagnosticadas suas dores (individuais ou sociais) e é encaminhado um processo de cura. Os cientistas se perguntam: como foi que esses índios descobriram, sem ter laboratórios, quais plantas deveriam ser combinadas com cipó-mariri (*Banisteriopsis caapi*) para este liberar seus alcaloides?

ayllu: casta, linhagem. Unidade de escala territorial e demográfica ampla, que reúne várias linhagens e redes unidas por laços de consanguinidade, afinidade e território, além de uma série de referências simbólicas. É a célula básica da organização social andina, composta de vários níveis segmentados. De acordo com Tristan Platt, esses níveis iam desde a *estancia* ou *cabildo* (*ayllu* mínimo), ao *ayllu* (*ayllu* menor), à parcialidade (*ayllu* maior) e ao **suyu** (*ayllu* máximo). Em castelhano falado no contexto urbano, a palavra *ayllu* é usada como comutável com a noção de comunidade indígena.

buffer stock: reserva de regulação. As reservas de estanho que os Estados Unidos acumularam ao comprar a produção boliviana, pelo "preço da democracia", durante a Segunda Guerra europeia, foram a base de um mecanismo financeiro e "regulatório" do mercado internacional de estanho, que permitiu aos Estados Unidos controlar os preços em benefício próprio, e em detrimento dos países produtores (Bolívia e Malásia). Vale notar que o dicionário chama de "regulação" esse uso político do "livre mercado".

cañahua (N): castelhanização de **qañawa**.

cumbe: ver **qumpi**.

cuui: ver **quwi** (Q) ou **k'uysi**.

chakana: cruz do sul. É baseada na raiz *chaka*, que significa ponte ou dique de contenção de águas (FLP).

chakitaqlla ou **chakitaklla** (Q): arado de pé.

chillka: planta medicinal (*Baccharis latifolia*).

chullpa: múmia. Cadáver conservado em construções funerárias antigas.

Chullpa Pacha: tempo das pessoas que eram enterradas em **chullpas** ou **pukullus** (Q). Coincide com o **Qhinay Pacha** nas versões orais.

chullpa puchu: sobra ou resíduo do tempo **chullpa**.

chullpar (N): lugar onde construções funerárias pré-incaicas são abundantes.

chuyma: entranhas superiores, inclui o coração, os pulmões e o fígado.

ch'akhi: sede depois de uma bebedeira. Ressaca.

ch'alla: ato ritual cotidiano de aspergir bebida alcoólica sobre a terra para pedir prosperidade, iniciar um ciclo de libações etc.

ch'amancht'aña: revigorar, dar impulso, fazer força.

ch'enko (N): bolivianismo que alude a *enredo* [enrascada] e confusão, talvez derivado do quéchua *ch'ipay*, enredar.

ch'iqa: esquerda. O que está à esquerda.

ch'ixi: cor cinza formada por pequenas manchas de branco e preto (FLP). Ver também **ch'ixchi**.

ch'ixchi: coisa ou pele com pequenas manchas (FLP).

ch'unch'u: nome genérico dos habitantes originários das terras muito quentes que não falam as línguas andinas (FLP).

ch'ujlla: cabana, choupana temporária feita para proteger plantações (FLP).

ch'uñu: gélido. Fécula de batata (FLP). Batata desidratada, resultante da exposição sucessiva ao sol intenso e às geadas de inverno (junho/julho).

double bind: termo cunhado pelo antropólogo Gregory Bateson para se referir a uma situação insustentável que chama de "dupla obrigação" ou "mandatos antagônicos". Isso ocorre quando há dois imperativos em conflito, nenhum dos quais pode ser ignorado, o que deixa a vítima frente a uma disjuntiva insolúvel, pois qualquer uma das duas demandas a que queira atender anula a possibilidade de atender à outra. Aqui usamos a tradução aimará ***pä chuyma*** para nos referirmos a uma "alma dividida", ou literalmente "dupla entranha" (***chuyma***).[230] Se retirarmos os tons moralizantes dessa expressão, teríamos exatamente uma situação de *double bind*. Denominamos o reconhecimento dessa "duplicidade" e a capacidade de vivê-la criativamente de "epistemologia ***ch'ixi***", que incentiva habitar a contradição sem sucumbir à esquizofrenia coletiva.[231] É justamente como Gayatri Spivak define *double bind*: "Um ir e vir elíptico entre duas posições de sujeito em que geralmente ambas — ou ao menos uma delas — se contradizem e, ao mesmo tempo, se constroem entre si". Segundo

230 Foi assim que traduzi para Gayatri Spivak quando ela mencionou o termo em uma conferência que fez em La Paz em 2008, convidada para o ciclo "Pensando el mundo desde Bolivia", organizado pela vice-presidência do estado plurinacional.

231 O dicionário on-line Liguee o traduz como "duplo fio", "duplo rechaço", situação psicológica que — compartilhada por muitos em um contexto cultural dado — imporia uma espécie de esquizofrenia coletiva. Ver em: http://www.linguee.es/ingles-espanol/traduccion/double+bind.htm.

Spivak, reconhecer o *double bind* nos permitiria "aprender a viver em meio a mandatos contraditórios".[232]

dumping: esvaziamento ou inundação de reservas de algum produto valioso (em geral, minérios ou alimentos) no mercado internacional, para derrubar os preços.

erke: trompete transversal de tamanho grande, fabricado com um tipo grosso de cana, cujo uso se estende pelo sul da Bolívia e o norte da Argentina. A imagem do "camponês *chapaco*" ou *tarijeño* em geral é associada a esse instrumento.

guardatojo: nome que os mineiros dão ao capacete que utilizam para se proteger de *tojos* ou fragmentos de minérios que costumam cair sobre eles nos túneis e galerias no interior das minas.

illa: pequenos objetos (pedras ou miniaturas artesanais) utilizados para invocar a materialização do objeto real que representam.

illamank'u: variedade de *qañawa* selvagem.

jamp'atu: nome genérico de batráquios (FLP).

jaqi: gente. Humanidade. Gênero humano. Pessoa. Indivíduo da espécie humana, homem e/ou mulher. Sujeito. Pessoa não nominada (FLP).

jararankhu: lagarto. Réptil terrestre (FLP).

jayamara: tempos (anos) longínquos. O escultor Víctor Zampana considera que essa seria a etimologia do termo ***aimará***.

jaylli: canto de vitória. Hino triunfal (FLP).

jisk'achaña: diminuir, desmerecer. Depreciar, desdenhar. Aviltar, fazer pouco caso. Desdém, desprezo, menosprezo (FLP).

katari: serpente.

kipu: sistema mnemotécnico e de registro usado pelos povos antigos dos Andes, vinculado à arte têxtil e aos significados abstratos de nós e

232 Retirei esse parágrafo da introdução feita por Rahul K. Gairola à sua entrevista com Spivak em 25 de setembro de 2012 ("Occupy Education: An Interview with Gayatri Chakravorty Spivak", *Politics and Culture*, set. 2012). A última citação é de seu livro *An Aesthetic Education in the Era of Globalization* (Spivak, 2012).

cores. A maior coleção de *kipus* pré-hispânicos se encontra no Museu Etnológico de Berlim, mas pouco se avançou no conhecimento de sua linguagem, embora fosse usado em vários lugares dos Andes até pouco tempo. Os rastros de seu uso revelam que não somente eram registros numéricos, mas também inscrições propiciatórias de natureza ritual, que permitiam organizar o cosmos ao enumerar as oferendas às ***wak'as*** ou lugares sagrados de culto aos antepassados. A leitura acadêmica sobre os *kipus* arqueológicos, obcecada em conhecer suas lógicas numéricas, acabou por convertê-los no inverso do que é a fotografia para Barthes, isto é, em "códigos sem mensagem" (PPR).

kupi: direita. O que está à direita.

kusi kusi: aranha.

khä: encurtamento oracional da palavra *khaya*, aquele, aquilo, aquela.

kharisiri: vem da palavra *khariña*, "cortar carne" ou "separar por meio de um instrumento afiado" (FLP). Personagem da narrativa aimará que é descrito como absolutamente real e que corta a gordura de suas vítimas para fazer pomadas ou outro tipo de preparados. É considerado maligno e mortífero, pois a maioria dos doentes morre em pouco tempo, embora alguns poucos se curem com remédios fitoterápicos e rituais indicados/realizados por especialistas.

khumunta (N): castelhanização de carga (*khumu*), carregamento, costuma ser levado nas costas ou como carga de animal.

k'usillu: literalmente, macaco; no sentido figurado, personagem fantasiado e com máscara que toca tambor e brinca com o público nas festas (FLP).

k'uysi: porquinho-da-índia (FLP).

luraña: fazer, agir, executar. Efetuar, consumar. Realizar, elaborar. Construir (FLP).

lluch'u: gorro de lã pontudo, com tapa orelhas. Era normalmente feito de lã de ovelha ou alpaca pelos homens, que o teciam com quatro agulhas [longas como as de tricô]. Hoje em dia o mercado está cheio de versões produzidas mecanicamente, fabricadas nas oficinas de El Alto, em geral empresas familiares de migrantes aimará.

makukina: moeda antiga estampada a marteladas. Do quéchua, *maki* = mão.

mallku: condor. Cume da cordilheira. Autoridade em nível de ***ayllu***, ***marka*** ou ***suyu***.

mañazo: nome de um ***ayllu*** da paróquia de San Pedro (La Paz), segundo Rossana Barragán. O termo se transformou em designação do ofício e do *gremio* dos açougueiros. Seu sindicato de afiliou à Federación Obrera Local (anarquista) e a assinatura de seu dirigente Celedonio Luna, entre outros do mesmo *gremio*, aparece na documentação consultada pelo THOA sobre a rede de *caciques apoderados* encabeçados por Santos Marka T'ula.

manqhapacha: tempo e espaço da profundidade, debaixo da terra (FLP).

marka: comunidade das duas parcialidades aimará; uma parcialidade pode ter de quatro a vinte comunidades atualmente. Povo, cidade. Nação. Comunidade humana, estabelecida no mesmo território, unida por laços históricos, linguísticos, religiosos, econômicos, em grau maior ou menor (FLP).

mit'ayo (N): castelhanização de *mit'ayuq* (Q). Trabalhador mineiro de Potosí ou outros lugares que, durante o domínio colonial espanhol, era recrutado na *mita* ou turno laboral, para trabalhar por um ano em troca de um salário que era entregue diretamente ao *encomendero*, que depois de pagar o quinto real e outros custos, podia desfrutar como "renda da *encomienda*". A *mita* foi abolida no início do século XIX.

mullu: pedras vermelhas usadas antigamente para fazer colares. Ídolo diminuto de um tipo de pedra fina e branca (FLP). Ingrediente das oferendas rituais, concha ou caracol (*Spondylus* sp.) altamente valorizado pelas sociedades andinas pré-coloniais.

muntijaqi: Pessoas do monte, habitantes da montanha. Personagem da dança dos *loco pallapallas*, encenada em várias comunidades dos Yungas.

nayra: olho, órgão da visão. Antes, anterior.

nayrapacha: outrora, tempo antigo (FLP). Refere-se a um passado remoto. Literalmente, tempo-espaço anterior.

ñanqha: pessoa ou força prejudicial, perniciosa.

otorongo: tigre (FLP). Onça. Ver ***uturunku***.

pacha: espaço-tempo. Época (FLP).

pachakuti: *pacha* = espaço-tempo. *Kuti* = regresso, volta. Regresso do tempo, mudança do tempo. Revolução. Ciclo (FLP). Comoção/reversão do cosmos, que é, ao mesmo tempo, catástrofe e renovação.

Pachamama: mãe natureza. Cosmos que nos rodeia (FLP).

pä chuyma: *pä*, apócope de *paya* = dois; ***chuyma*** = entranhas/órgãos superiores. Pessoa indecisa, que duvida entre duas ações ou mandatos divergentes (ver ***double bind***).

paqarimuq (Q): originário (JLU).

pasante (N): pessoa ou casal que patrocina ou "passa" uma festa. Alferes.

Pawqar Waray Qilla (Q): mês de vestir roupas preciosas (tradução corrigida de JLU).

pongo (N): vem de *punku* = porta. Pessoa que realizava serviços laborais gratuitos nas casas de fazenda. *Pongueaje*: sistema de exploração laboral indígena nas fazendas antes da reforma agrária.

preste, ***presterío*** (N): ***pasante***, pessoa ou casal que patrocina e cobre os custos de uma festa local. Coloquialmente, essa festividade é chamada de *presterío*.

Purun Runa (Q): terceira idade ou humanidade andina. Do quéchua *puruma* = terreno não cultivado, terra virgem apta para a primeira semeadura de batata. Tempo das pessoas incultas.

pukara (A e Q): fortaleza (JLU).

pukullu (Q): construção funerária (JLU).

phaxsi: Lua. Cada uma das doze partes em que se divide o ano. Uma variedade de quinoa de grãos grandes (FLP).

phaxsima ou ***phaxsimama***: literalmente, mãe lua. Nome ritual das antigas moedas de prata cunhadas em Potosí.

qamaña: passar o dia descansando ou trabalhando. Habitar, viver, morar. Estar ou encontrar-se em um lugar (FLP).

qamasa: coragem, valor, ousadia, ânimo (FLP).

qañawa: *Chenopodium pallidicaule*, grão andino de altitude, mais comum que a quinoa.

qillca ou ***quilca***: letra, símbolo, desenho (FLP).

qillqiri ou **qilqiri**: pessoa que escreve. Diz-se dos *tinterillos* ou escribas não profissionais.

qiñwa: gênero arbóreo nativo dos Andes (*Polylepis* sp.), que tem mais de vinte espécies.

qiñwal (N): castelhanização para floresta ou conjunto de **qiñwas**.

quechumara (N): neologismo proposto pelo linguista Rodolfo Cerrón Palomino para afirmar o parentesco entre os dois principais idiomas andinos, quéchua e aimará, que compartilham cerca de 30% de seu léxico.

qumpi (Q): tecido fino.

quwi (Q): porquinho-da-índia.

qhatera (N): castelhanização para se referir à mulher vendedora num **qhatu** ou mercado popular andino.

qhatu ou **qhathu**: feira. Mercado anual, mensal ou semanal com exposição de diversos produtos (FLP).

Qhinay Pacha: tempo nebuloso, também chamado *Sunsu Pacha*, tempo de pouca clareza ou entendimento, que sucedeu a primeira idade.

qhipnayra: futuro-passado.

qhipha: extremo. Último. Atrás. Depois (FLP).

q'apharuma: batata selvagem.

q'ara: sem vegetação. Pelado. Em sentido figurado, nome que se dá aos criollos e mestizos (FLP).

q'ipi: pacote. Carga ou volume. Bagagem (FLP).

q'urawa: corda. Funda (FLP).

raimi (Q): festa.

runa (Q): gente. Humanidade ou "geração de índios" no mito das idades de Waman Puma. Humanidade (TLA). Natureza do gênero humano (*runa kay*). Também próximo (*runa masi*), qualquer pessoa que se reconheça como gente. Homem.

sacha runa (Q): homem da floresta. Selvagem (JLU).

saraña: andar. Caminhar, ir de um lugar a outro. Viajar. Transitar (FLP).

sarnaqaña: andança. Decorrer da caminhada. Metaforicamente usado como sinônimo de viver.

sarnaqawi: costume. Conjunto de qualidades ou usos que forma o caráter distintivo de um povo ou pessoa (FLP). Vida, trajetória (história).

saxra: perverso. Depravado. Malvado. Vento, redemoinho de vento pequeno. Pessoa má (FLP).

sayaña: paradeiro. Parada. Estar parado. Propriedade que conta com casa e terrenos em seus arredores, onde vive uma família (FLP).

siqi: traço contínuo, visível ou imaginário (FLP).

siwinqa: planta ciperácea (*Cereus pitajaya*).

suma: bonito, formoso, bom, amável (FLP).

suma qamaña: bem-estar; bem viver.

suyu: província. Divisão territorial ou administrativa. É o nível mais alto ou "*ayllu* máximo" da estrutura segmentária andina.

takiy (Q): cantar; *taki*: canto.

tantachawi: tertúlia, reunião. Associação, conglomerado (FLP).

taqikunas pänipuniw akapachanxa: tudo é par, sempre, neste mundo ou espaço-tempo.

tari: peça do vestuário tecida de lã de cores naturais utilizada para guardar ou amarrar carnes curadas. Tecido colorido para guardar e manusear a folha de coca (FLP).

tawaqu: moça feita. Moça. Mulher jovem (FLP). Solteira.

tayka: mãe. Mulher que teve filhos. Idosa (FLP).

taypi: central. Relativo ao centro. Meio. Mediano. Meio-termo entre dois extremos (FLP).

tinku: luta tradicional entre rivais que se golpeiam apenas com os ombros. Encontro entre contrários complementares (FLP).

thakhi: caminho/percurso. Trajetória vital de cargos que as famílias exerceram ou devem exercer por fazer parte do *ayllu*. As pessoas/famílias são escolhidas de acordo com o lugar que seus terrenos ocupam no sistema de rotação comunal.

t'alla: mulher principal, esposa do *mallku* (FLP).

t'ant'awawa: *t'ant'a* = pão; *wawa* = menino ou menina, criança. Pães em formato humano, preparados para receber os mortos no Dia de Todos os Santos (1-2 de novembro).

ulaqa: congresso ou assembleia de *principales* ["chefes", ver nota da tradução no termo ***amawt'a***] (FLP).

uma: água. Líquido. Substância líquida. Bebida ou alimento líquido. Sumo (FLP).

urbandino (N): palavra cunhada pelo escritor pacenho William Camacho para se referir à cara índia e chola das cidades do ocidente boliviano (PPR).

utawawa: pessoa perfilhada. Servos que, tendo servido desde pequenos, são considerados como filhos (FLP).

uturunku: tigre (FLP). Onça.

uturunqu (Q): onça (JLU).

wak'a: lugar sagrado, ao mesmo tempo poderoso e perigoso. Lugar de culto com formações rochosas. Às vezes, é traduzido como "encanto".

wari: vicunha. Camelídeo ruminante de lã muito fina, próprio dos Andes Centrais (FLP).

Wari Runa (Q): segunda idade ou geração de índios no mito das idades de Waman Puma. Coincide com o ***Qhinay Pacha*** dos relatos orais aimará.

Wari Wiraqucha Runa (Q): primeira idade ou geração de índios no mito das idades de Waman Puma. Coincide com o Ch'amak Pacha dos relatos orais aimará.

warmi: feminina. Mulher (FLP).

wayna: rapaz. Homem jovem, alto e corpulento. Solteiro (FLP).

wilancha: manchar com sangue. Tingir de vermelho (FLP). Cerimônia de sacrifício animal que se realiza em determinadas datas do ano (principalmente em agosto) para alimentar a terra e as deidades andinas.

wisu: arado de pé.

yagé: bebida enteógena preparada por especialistas rituais de populações indígenas amazônicas do sul da Colômbia. Ver ***ayawaska***.

yatiri: o que sabe ou costuma saber. Pessoa com poderes, graças à energia do raio, que sabe do espaço-tempo por meio da coca e costuma dar oferendas e oferecer rituais aos deuses (FLP).

Referências

ADORNO, Rolena. *Cronista y príncipe: La obra de don Felipe Guaman Poma de Ayala*. Lima: PUCP, 1992.

ALBÓ, Xavier. *Achacachi, medio siglo de lucha campesina*. La Paz: CIPCA, 1979.

ALMARAZ PAZ, Sergio. *El poder y la caída*. Cochabamba/La Paz: Los Amigos del Libro, 1967.

ALMARAZ PAZ, Sergio. *Réquiem para una república*. La Paz: Universidad Mayor de San Andrés, 1969.

ANDERSON, Benedict. *Imagined Communities: Reflections on the Origin and Spread of Nationalism*. Londres/Nova York: Verso, 1991 [1983]. [Ed. bras.: *Comunidades imaginadas*. Trad. Denise Bottmann. São Paulo: Companhia das Letras, 2008.]

ANTEZANA, Luis H. "Sistema y proceso ideológicos en Bolivia (1935-1979)". *In*: ZAVALETA MERCADO, René (org.). *Bolivia hoy*. Cidade do México: Siglo XXI, 1983, p. 60-84.

ANTEZANA ERGUETA, Luis & ROMERO BEDREGAL, Hugo. *Historia de los sindicatos campesinos: Un proceso de integración nacional en Bolivia*. La Paz: Consejo Nacional de Reforma Agraria, Dpto. de Investigaciones Sociales, 1973.

ARIAS, Juan Félix. *Historia de una esperanza: Los apoderados espiritualistas de Chuquisaca, 1936-1964*. La Paz: Aruwiyiri, 1994.

ARI CHACHAKI, Waskar. *Earth Politics: Religion, Decolonization, and Bolivia's Indigenous Intellectuals*. Durham/Londres: Duke University Press, 2014.

ARNOLD, Denise & ESPEJO AICA, Elvira. *Entre los muertos, los diablos y el desarrollo en los Andes: De campos opuestos a territorios en común*. La Paz: Instituto Superior Ecuménico Andino de Teología, 2008.

ARNOLD, Denise & YAPITA, Juan de Dios. *El rincón de las cabezas: Luchas textuales, educación y tierra en los Andes*. La Paz: ILCA-UMSA, 2000.

ARNOLD, Denise; YAPITA, Juan de Dios & ESPEJO AICA, Elvira. *Hilos sueltos: Los Andes desde el textil*. La Paz: ILCA-Plural, 2007.

AYLLÓN SORIA, Virginia & PRADA, Ana Rebeca (org.). *Diálogos sobre escritura y mujeres: Memoria*. La Paz: Sierpe, 1999.

BARRAGÁN, Rossana. *Espacio urbano y dinámica étnica: La Paz en el siglo XIX*. La Paz: Hisbol, 1990.

BARRAGÁN, Rossana. "Entre polleras, lliqllas y ñañacas: Los mestizos y la emergencia de la tercera república". *In*: ARZE, Silvia *et al.* (org.). *Etnicidad, economía y simbolismo en los Andes: II Congreso Internacional de Etnohistoria, Coroico*. La Paz: HISBOL/EFEA/SBH-ASUR, 1992.

BARRAGÁN, Rossana. *Memorias de un olvido: Testimonios de vida Uru-Muratos*. La Paz: ASUR/HISBOL, 1993.

BARTHES, Roland. *La cámara lúcida: Nota sobre la fotografía*. Barcelona: Paidós, 1990.

BARTHES, Roland. *Lo obvio y lo obtuso: Imágenes, gestos, voces*. Barcelona: Paidós, 1995 [1982]. [Ed. bras.: *O óbvio e o obtuso*. Trad. Léa Novaes. Rio de Janeiro: Nova Fronteira, 1990.]

BARTHES, Roland. *El susurro del lenguaje: Más allá de la palabra y la escritura*. Barcelona: Paidós, 2012 [1984]. [Ed. bras.: *O rumor da língua*. Trad. Mário Laranjeira. São Paulo: WMF Martins Fontes, 2012.]

BATESON, Gregory. *Steps to an Ecology of Mind*. Nova York: Ballantine, 1972.

BENJAMIN, Walter. "El origen del drama barroco alemán", 1916. [Ed. bras.: *A origem do drama barroco alemão*. Trad. Sergio Paulo Rouanet. São Paulo: Brasiliense, 1984.]

BENJAMIN, Walter. "Theses on the Philosophy of History". *In*: BENJAMIN, Walter. *Illuminations*. Nova York: Schocken, 1978a. [Ed. bras.: "Sobre o conceito da História". *In*: BENJAMIN, Walter. *Magia e técnica, arte e política: ensaios sobre literatura e história da cultura*. Trad. Sergio Paulo Rouanet. São Paulo: Brasiliense, 1985.]

BENJAMIN, Walter. "The Work of Art in the Age of Mechanical Reproduction". *In*: BENJAMIN, Walter. *Illuminations*. Nova York: Schocken, 1978b. [Ed. bras.: "A obra de arte na era de sua reprodutibilidade técnica". *In*: BENJAMIN, Walter. *Magia e técnica, arte e política: ensaios sobre literatura e história da cultura*. Trad. Sergio Paulo Rouanet. São Paulo: Brasiliense, 1985.]

BENJAMIN, Walter. "Destino y carácter". *In*: BENJAMIN, Walter. *Obras*, livro II, v. 1. Trad. Alfredo Brotons Muñoz. Madri: Abada, 2007. [Ed. port.: *Destino e carácter*. Trad. João Barrento. Covilhã: Lusofia, 2011.]

BERGER, John. *Modos de ver*. Barcelona: G. Gili, 1975. [Ed. bras.: *Modos de ver*. Trad. Lúcia Olinto. Rio de Janeiro: Rocco, 1999.]

BERGER, John. *About Looking*. Nova York: Pantheon, 1980.

BHABHA, Homi. *Nation and Narration*. Londres: Routledge, 1990.

BLOCH, Ernst. "Efectos políticos del desarrollo desigual". *In*: LENK, Kurt (org.). *El concepto de ideología*. Buenos Aires: Amorrortu, 1971.

BOURDIEU, Pierre & PASSERON, Jean-Claude. *La reproducción: Elementos para una teoría de enseñanza*. Barcelona: Laia, 1981. [Ed. bras.: *A reprodução: elementos para uma teoria do sistema de ensino*. 7. ed. Trad. Reynaldo Bairão. Petrópolis: Vozes, 2014.]

CANEDO VÁSQUEZ, Gabriela. *La Loma Santa: Una utopía cercada. Territorio, cultura y Estado en la Amazonía boliviana*. La Paz: Ibis/Plural, 2011.

CERRÓN PALOMINO, Rodolfo. *Quechumara: Estructuras paralelas de las lenguas quechua y aimara*. La Paz: Centro de Investigación y Promoción del Campesinado, 1994.

CERTEAU, Michel de. *La invención de lo cotidiano*, v. 1, *Artes de hacer*. Cidade do México: Universidad Iberoamericana/Departamento de Historia, 1996. [Ed. bras.: *A invenção do cotidiano*, v. 1, *Artes de fazer*. 22. ed. Trad. Ephraim Ferreira Alves. Petrópolis: Vozes, 2014.]

CÉSPEDES, Augusto. *El presidente colgado*. Cochabamba/La Paz: Los Amigos del Libro, 1960.

CÉSPEDES, Gilka Wara. "Antis Aru — 1949: Un homenaje a Matilde Garvía", *El Colectivo*, La Paz, v. 2, n. 4, 2010.

CHATTERJEE, Partha. *Our Modernity*. Roterdã/Dakar: SEPHIS/ CODESRIA, 1997.

CHOQUE, Roberto. "Sublevación y masacre de Jesús de Machaca de 1921", *Antropología*, v. 1, 1978.

CHOQUE, Roberto *et al*. *Educación indígena: ¿Ciudadanía o Colonización?* La Paz: Aruwiyiri, 1992.

CHURATA, Gamaliel. *El pez de oro: Retablos de laykhakuy*. La Paz: Editorial Canata, 1957.

CIEZA DE LEÓN, Pedro de. *Crónica del Perú: El señorío de los Incas*. Caracas: Fundación Biblioteca Ayacucho, 2005 [1555].

COMBÈS, Isabelle. *Etnohistorias del Isoso: Chané y Chiriguanos en el Chaco boliviano, siglos XVI a XX*. La Paz: IFEA/PIEB, 2005.

COMISIÓN DE JUSTICIA Y PAZ. *La masacre del Valle*. La Paz: Comisión de Justicia y Paz, 1975.

CONDARCO MORALES, Ramiro. *Zárate, el temible Willka: Historia de la rebellión indígena de 1899*. La Paz: [s.e.], 1965.

CONDORI, Leandro & TICONA, Esteban. *El escribano de los caciques apoderados/Kasikinakan purirarunakan qillqiripa*. La Paz: THOA, 1992.

CSTUCB — CONFEDERACIÓN SINDICAL ÚNICA DE TRABAJADORES CAMPESINOS DE BOLIVIA. "Tesis Política, 1983". *In*: RIVERA CUSICANQUI, Silvia. *Oprimidos pero no vencidos: Luchas del campesinado aymara y qhechwa, 1900-1980*. La Paz: HISBOL/CSUTCB, 1984.

DESCOLA, Philippe. *La selva culta: Simbolismo y praxis en la ecología de los Achuar*. Quito: Ediciones Abya-Yala, 1988.

EVANS, Jessica & HALL, Stuart. *Visual Culture: The Reader*. Londres: Sage, 2005.

FELLMAN VELARDE, José. *Álbum de la revolución*. La Paz: Publicaciones de la Subsecretaría de Prensa, Informaciones y Cultura (SPIC), 1954.

FELLMAN VELARDE, José. *Memorándum sobre política exterior boliviana*. La Paz: Juventud, 1967.

FELLMAN VELARDE, José. *Historia de Bolivia*, 3 v. La Paz/Cochabamba: Los Amigos del Libro, 1970.

FOUCAULT, Michel. *Las palabras y las cosas: Una arqueología de las ciencias humanas*. Cidade do México: Siglo XXI, 1968. [Ed. bras.: *As palavras e as coisas: uma arqueologia das ciências humanas*. 10. ed. Trad. Salma Tannus Muchail. São Paulo: Martins Fontes, 2016.]

FOUCAULT, Michel. *El nacimiento de la clínica: una arqueología de la mirada médica*. Cidade do México: Siglo XXI, 1980. [Ed. bras.: *O nascimento da clínica*. 7. ed. Trad. Roberto Machado. São Paulo: Forense Universitária, 2011.]

FOUCAULT, Michel. *Vigilar y castigar: Nacimiento de la prisión*. Madri: Siglo XXI, 1986. [Ed. bras.: *Vigiar e punir: nascimento da prisão*. 20. ed. Trad. Raquel Ramalhete. Petrópolis: Vozes, 1999.]

FUNDACIÓN TIERRA. *Marcha indígena por el Tipnis: La lucha en defensa de los territorios*. La Paz: Fundación Tierra, 2012.

GAGO, Verónica. *La razón neoliberal: Economías barrocas y pragmática popular*. Buenos Aires: Tinta Limón, 2014. [Ed. bras.: *A razão neoliberal: economias barrocas e pragmática popular*. Trad. Igor Peres. São Paulo: Elefante, 2019.]

GARCÍA LINERA, Álvaro. *Identidad boliviana: Nación, mestizaje y plurinacionalidad*. La Paz: Vicepresidencia del Estado Plurinacional de Bolivia, 2014.

GEERTZ, Clifford. *La interpretación de las culturas*. Barcelona: Gedisa, 2003. [Ed. bras.: *A interpretação das culturas*. São Paulo: LTC, 1981.]

GISBERT, Teresa. *El paraíso de los pájaros parlantes: La imagen del otro en la cultura andina*. La Paz: Plural-UNSLP, 1999.

GLAVE, Luis Miguel. *Trajinantes: Caminos indígenas en la sociedad colonial, siglos XVI y XVII*. Lima: Instituto de Apoyo Agrario, 1989.

GONZÁLEZ CASANOVA, Pablo. *Sociología de la explotación*. Cidade do México: Siglo XXI, 1969.

GUAMÁN POMA DE AYALA [WAMAN PUMA], Felipe. *El primer nueva corónica y buen gobierno*. Ed. crítica John V. Murra e Rolena Adorno, trad. do quéchua Jorge L. Urioste. Cidade do México: Siglo XXI, 1988 [1613].

GUAMAN POMA DE AYALA [WAMAN PUMA], Felipe. *El primer nueva corónica y buen gobierno*. Ed. crítica John V. Murra e Rolena Adorno. Cidade do México: Siglo XXI, 2006 [1615].

GUERRERO, Andrés. *La semántica de la dominación: El concertaje de indios*. Quito: Ediciones Libri Mundi/Enrique Grosse-Luemen, 1991.

GUHA, Ranajit. "La prosa de contrainsurgencia". *In*: RIVERA CUSICANQUI, Silvia & BARRAGÁN, Rossana (org.). *Debates postcoloniales: Una introducción a los estudios de la subalternidad*. La Paz: Historias/SEPHIS/Aruwiyiri, 1997, p. 33-72.

GUTIÉRREZ AGUILAR, Raquel. "Pistas reflexivas para orientarnos en una turbulenta época de peligro". *In*: GUTIÉRREZ AGUILAR, Raquel (org.). *Palabras para tejernos, resistir y transformar en la época que estamos viviendo*. Cochabamba: Textos Rebeldes, 2011, p. 31-55.

HALBWACHS, Maurice. *La mémoire collective*. Paris: Albin Michel, 1997 [1950]. [Ed. bras.: *A memória coletiva*. Trad. Beatriz Sidou. São Paulo: Centauro, 2006.]

HALL, Stuart (org.). *Representation: Cultural Representations and Signifying Practices*. Londres: Sage/Open University, 1997.

HEIDDEGER, Martin. "Construir, habitar, pensar", 1951. [Ed. bras.: "Construir, habitar, pensar", trad. Victor Hugo de O. Marques, *Multitemas*, v. 23, n. 53, p. 275-94, 2018.]

KLEIN, Herbert S. *Orígenes de la Revolución Nacional Boliviana: La crisis de la generación del Chaco*. La Paz: Juventud, 1968.

LAIME AJACOPA, Teófilo. *Diccionario bilingüe quechua-castellano, castellano-quechua*. La Paz: Centro Cultural Jayma, 2007.

LARSON, Brooke. *Colonialismo y transformación agraria en Bolivia: Cochabamba, 1550-1900*. Cochabamba/La Paz: CERES-HISBOL, 1992.

LARSON, Brooke. "Capturing Indian Bodies, Hearths and Minds: 'El hogar campesino' and Rural School Reform in Bolivia, 1920s-1940s", manuscrito apresentado na Universidade de Nova York, 2002.

LASERNA, Roberto. *20 juicios y prejuicios sobre coca-cocaína*. La Paz: Clave, 1996.

LAVAUD, Jean-Pierre. *El embrollo boliviano: Turbulencias sociales y desplazamientos políticos 1952-1982*. La Paz: CESU/IFEA/HISBOL, 1998.

LAYME PAIRUMANI, Félix. *Diccionario bilingüe: Aymara castellano, castellano aymara*. El Alto: Consejo Educativo Aymara, 2004.

LEHM, Zulema & RIVERA CUSICANQUI, Silvia. *Los artesanos libertarios y la ética del trabajo*. 2. ed. La Paz: Piedra Rota, 2024.

LÓPEZ-BARALT, Mercedes. *Icono y conquista: Guamán Poma de Ayala*. Madri: Hiperión, 1988.

LORA, Guillermo. *Historia del movimiento obrero boliviano 3*. La Paz: Los Amigos del Libro, 1970.

MALDONADO ROCHA, Marcelo Alberto. *Las guaridas sindicales anarco-labriegas y la repentina eclosión de "Uniones Sindicales" en provincias del Altiplano paceño (1946-1947)*. Trabalho de conclusão de curso. Cochabamba: Universidad Mayor de San Simón, 2014.

MALLOY, James. *La revolución inconclusa*. La Paz: CERES, 1989.

MAMANI CONDORI, Carlos. *Taraqu 1866-1935: Masacre, guerra y renovación en la biografía de Eduardo L. Nina Qhispi*. La Paz: Aruwiyiri, 1991.

MAMANI CONDORI, Carlos. *Los aymaras frente a la historia: Dos ensayos metodológicos*. La Paz: Chukiyawu/Aruwiyiri, 1992.

MAMANI RAMÍREZ, Pablo. *El rugir de las multitudes: La fuerza de los levantamientos indígenas en Bolivia/Qullasuyu*. La Paz: Aruwiyirim, 2004.

MARX, Karl. *El capital: crítica de la economía política*, libro I, *El proceso de producción del capital*. Trad. Wenceslao Roces. Cidade do México: Fondo de Cultura Económica, 1966. [Ed. bras.: *O capital: crítica da economia política*, livro I, *O processo de produção do capital*. Trad. Rubens Enderle. São Paulo: Boitempo, 2011.]

MAUSS, Marcel. *Sociología y antropología*. Trad. Teresa Rubio. Madri: Tecnos, 1979. [Ed. bras.: *Sociologia e antropologia*. Trad. Paulo Neves. São Paulo: Ubu, 2017.]

MENDOZA, Gunnar. "Vocación de arte y drama histórico nacional en Bolivia: El pintor Melchor María Mercado (1816-1871), un precursor. Estudio introductorio a Melchor María Mercado". *In*: MERCADO, Melchor María. *Álbum de paisajes, tipos humanos y costumbres de Bolivia (1841-1869)*. La Paz: Banco Central de Bolivia/ANB/BNB, 1991 [1841-1869], p. 13-72.

MENDOZA NAVA, Jaime. *El macizo boliviano*. La Paz: Arnó Hermanos, 1935.

MERCADO, Melchor María. *Álbum de paisajes, tipos humanos y costumbres de Bolivia (1841-1869)*. La Paz: Banco Central de Bolivia/ANB/BNB, 1991.

MILLS, C. Wright. *La imaginación sociológica*. Cidade do México: Fondo de Cultura Económica, 2003. [Ed. bras.: *A imaginação sociológica*. 6. ed. Trad. Waltensir Dutra. Rio de Janeiro: Zahar, 1982.]

MITRE, Antonio. *El monedero de los Andes: Región económica y moneda boliviana en el siglo XIX*. La Paz: HISBOL, 1986.

MONTELLANO, Violeta. *Auto/representaciones de quienes se/curan: Sistemas terapéuticos en el municipio de Aucapata*. Trabalho de conclusão de curso. La Paz: Universidad Mayor de San Andrés, 2008.

MONTELLANO, Violeta. *La imagen de lo invisible: Fotografía ciega en Quito*. Dissertação de mestrado. Quito: Faculdade Latino-Americana de Ciências Sociais, 2011.

MURILLO, Mario; MONTELLANO, Violeta & BAUTISTA, Ruth. *Paisaje, memoria y nación encarnada: Interacciones ch'ixis en la Isla del Sol*. La Paz: PIEB, 2014.

MURRA, John V. "El control vertical de un máximo de pisos ecológicos en la economía de las sociedades andinas". *In*: ORTIZ DE ZUÑIGA, Iñigo & MURRA, John V. *Visita de la provincia León de Huánuco*, v. 2. Huánuco: UNHV, 1972.

NIEKERK, Nico van. *La cooperación internacional y la persistencia de la pobreza en los Andes bolivianos*. La Paz: UNITAS, 1992.

ORTIZ ECHAZÚ, María V. "El Tipnis, la coca y una carretera acechan la Loma Santa: Territorio indígena en Cochabamba y Beni", *Informe 2010: Territorios indígena originario campesinos en Bolivia. Entre la Loma Santa y la Pachamama*. La Paz: Fundación Tierra, 2011, p. 265-87.

PAZ, Octavio. *El laberinto de la soledad*. Cidade do México: Cuadernos Americanos, 1950. [Ed. bras.: *O labirinto da solidão*. Trad. Ari Roitman e Paulina Wacht. São Paulo: Cosac Naify, 2014.]

PENDERGAST, Mark. *For God, Country and Coca Cola, the Unauthorized History of the Great American Soft Drink and the Company that Makes It*. Nova York: Macmillan, 1993.

PÉREZ, Elizardo. *Warisata: La Escuela Ayllu*. La Paz: Burillo, 1962.

PIÑEIRO, Juan Pablo. *Cuando Sara Chura despierte*. La Paz: OFFAVIM, 2003.

PLATT, Tristán. *Estado boliviano y ayllu andino: Tierra y tributo en el norte de Potosí*. Lima: Instituto de Estudios Peruanos, 1982.

PLOWMAN, Timothy. "Amazonian Coca", *Journal of Ethno-Pharmacology*, v. 3, p. 195-225, 1981.

POOLE, Deborah. *Visión, raza y modernidad: Una economía visual del mundo andino de imágenes*. Lima: Sur Casa de Estudios del Socialismo/Consejería en Proyectos, 2000.

PRATT, Mary Louise. *Ojos imperiales: Literatura de viajes y transculturación*. Cidade do México: Fondo de Cultura Económica, 2010.

PRUDEN, Hernán. *Cruceños into Cambas: Regionalism and Revolutionary Nationalism in Santa Cruz de la Sierra, Bolivia (1935-1959)*. Tese de doutorado. Nova York: State University of New York, 2012.

RANABOLDO, Claudia. *El camino perdido: biografía del dirigente campesino kallawaya Antonio Alvarez Mamani*. La Paz: Semta, 1987.

RANCIÈRE, Jacques. *El maestro ignorante: Cinco lecciones sobre la emancipación intelectual*. Barcelona: Laertes, 2003. [Ed. bras.: *O mestre ignorante: cinco lições sobre a emancipação intelectual*. Trad. Lílian do Valle. Belo Horizonte: Autêntica, 2007.]

REINAGA, Fausto. *La revolución india*. La Paz: Partido Indio de Bolivia, 1970.

RENÉ MORENO, Gabriel. *Catálogo del archivo de Mojos y Chiquitos*. La Paz: Juventud, 1973 [1888].

RIVERA CUSICANQUI, Silvia. "El *mallku* y la sociedad colonial en el siglo XVIII: El caso de Jesús de Machaqa", *Avances*, v. 1, p. 7-19, 1978a.

RIVERA CUSICANQUI, Silvia. "La expansión del latifundio en el Altiplano boliviano: Elementos para la caracterización de una oligarquía regional", *Avances*, v. 2, p. 95-118, 1978b.

RIVERA CUSICANQUI, Silvia. *Política e ideología en el movimiento campesino colombiano: El caso de la Anuc*. Bogotá: CINEP, 1982.

RIVERA CUSICANQUI, Silvia. *Oprimidos pero no vencidos: Luchas del campesinado aymara y qhechwa, 1900-1980*. La Paz: HISBOL/CSUTCB, 1984.

RIVERA CUSICANQUI, Silvia. "Mestizaje colonial andino: una hipótesis de trabajo". *In*: RIVERA CUSICANQUI, Silvia & BARRIOS, Raúl (org.). *Violencias encubiertas en Bolivia*, v. 1, *Cultura y política*. La Paz: CIPCA-Aruwiyiri, 1993a.

RIVERA CUSICANQUI, Silvia. "La raíz, colonizadores y colonizados". *In*: RIVERA CUSICANQUI, Silvia & BARRIOS, Raúl (org.). *Violencias encubiertas en Bolivia*, v. 1, *Cultura y política*. La Paz: CIPCA-Aruwiyiri, 1993b.

RIVERA CUSICANQUI, Silvia. "Secuencias iconográficas en Melchor María Mercado (1841-1869)". *In*: BARRAGÁN, Rossana; QAYUM, Seemin & CAJÍAS, Dora (org.). *El siglo XIX: Bolivia y América Latina*. La Paz: IFEA-Historias, 1997, p. 147-68.

RIVERA CUSICANQUI, Silvia. "Experiencias de montaje creativo: de la historia oral a la imagen en movimiento". *In*: AYLLÓN SORIA, Virgnia & PRADA, Ana Rebeca (org.). *Diálogos sobre escritura y mujeres: Memoria*. La Paz: Sierpe, 1999.

RIVERA CUSICANQUI, Silvia. "El mito de la pertenencia de Bolivia al mundo occidental: Réquiem para un nacionalismo", *Temas Sociales*, v. 24, p. 64-100, 2003a.

RIVERA CUSICANQUI, Silvia. *Las fronteras de la coca: Epistemologías coloniales y circuitos alternativos de la hoja de coca — El caso de la frontera boliviano-argentina*. La Paz: IDIS-Aruwiyiri, 2003b.

RIVERA CUSICANQUI, Silvia. *Oprimidos pero no vencidos: Luchas del campesinado aymara y qhechwa, 1900-1980*. La Paz: Aruwiyiri, 2003c [1984].

RIVERA CUSICANQUI, Silvia. "Democracia liberal y democracia de ayllu". *In*: RIVERA CUSICANQUI, Silvia. *Violencias (re)encubiertas en Bolivia*. La Paz: La Mirada Salvaje, 2010 [1990].

RIVERA CUSICANQUI, Silvia. *Mito y desarrollo en Bolivia: El giro colonial del gobierno del MAS*. La Paz: Plural/Piedra Rota, 2015.

RIVERA CUSICANQUI, Silvia & EL COLECTIVO 2. *Principio Potosí Reverso*. Madri: Museo Reina Sofía, 2010.

RIVERA CUSICANQUI, Silvia & PLATT, Tristan. "El impacto colonial sobre un pueblo pakaxa: La crisis del cacicazgo en Caquingora (Urinsaya), durante el siglo XVI", *Avances*, v. 1, p. 101-9, 1978.

RIVERA CUSICANQUI, Silvia *et al*. *Amazonia en resistencia contra el Estado colonial en Bolivia*. Santander: Otramérica, 2013.

RODRÍGUEZ, Gustavo & SOLARES, Humberto. *Sociedad oligárquica, chicha y cultura popular*. Cochabamba: Serrano, 1990.

SAENZ, Jaime. *El aparapita*. La Paz: Anthropos, 2002.

SAIGNES, Thierry. *Historia del pueblo Chiriguano*. La Paz: IFEA/Plural, 2007.

SARTRE, Jean-Paul. *Teatro 1*. Buenos Aires: Losada, 1968.

SCOTT, James. *Los dominados y el arte de la resistencia: Discursos ocultos*. Cidade do México: Era, 2000.

SILVA, Armando. *Album de familia: La imagen de nosotros mismos*. Bogotá: Grupo Editorial Norma, 1998. [Ed. bras.: *Álbum de família: a imagem de nós mesmos*. São Paulo: Edições Sesc/Senac São Paulo, 2008.]

SIÑANI DE WILLKA, Tomasa. "Breve biografía del fundador de la 'escuela-ayllu' un testimonio escrito sobre Avelino Siñani". *In*: CHOQUE, Roberto *et al*. *Educación indígena: ¿Ciudadanía o colonización?* La Paz: Aruwiyiri, 1992.

SONTAG, Susan. *On Photography*. Nova York: Farrar, Straus and Giroux, 1977. [Ed. bras.: *Sobre fotografia*. Trad. Rubens Figueiredo. São Paulo: Companhia das Letras, 2004.]

SONTAG, Susan. *Regarding the Pain of Others*. Nova York: Farrar, Straus and Giroux, 2003. [Ed. bras.: *Diante da dor dos outros*. Trad. Rubens Figueiredo. São Paulo: Companhia das Letras, 2003.]

SORIA CHOQUE, Vitaliano. "Los caciques apoderados y la lucha por la escuela (1900-1952)". *In*: CHOQUE, Roberto *et al*. *Educación indígena: ¿Ciudadanía o colonización?* La Paz: Aruwiyiri, 1992.

SOTO, Gustavo. "La metáfora del Tipnis". *In*: RIVERA CUSICANQUI, Silvia *et al*. *Tipnis: Amazonia en resistencia contra el Estado colonial en Bolivia*. Santander: Otramérica, 2013, p. 37-84.

SPEDDING, Alison. *Manuel y Fortunato: Una picaresca andina*. La Paz: Aruwiyiri, 1997.

SPEDDING, Alison. *Sueños, kharisiris y curanderos: Dinámicas sociales de las creencias en los Andes contemporáneos*. La Paz: Mama Huaco, 2005.

SPEDDING, Alison. *Religión en los Andes: Extirpación de idolatrías y modernidad de la fe andina*. La Paz: ISEAT, 2008.

SPIVAK, Gayatri Chakravorty. *An Aesthetic Education in the Era of Globalization*. Cambridge: Harvard University Press, 2012.

STEPHENSON, Marcia. *Gender and Modernity in Andean Bolivia*. Austin: The University of Texas Press, 1999.

TANDETER, Enrique. *Coacción y mercado: La minería de la plata en el Potosí colonial, 1692-1826*. Cuzco: Centro Bartolomé de las Casas, 1992.

TAUSSIG, Michael. *Chamanismo, colonialismo y el hombre salvaje: Un estudio del terror y la curación*. Bogotá: Norma, 2002 [1987].

THOA — TALLER DE HISTORIA ORAL ANDINA. *El indio Santos Marka T'ula, cacique principal de los ayllus de Qallapa y apoderado general de las comunidades originarias de la república*. La Paz: THOA/UMSA, 1984.

THOA — TALLER DE HISTORIA ORAL ANDINA. *Boletin Historia Oral*, v. 1, 1986a.

THOA — TALLER DE HISTORIA ORAL ANDINA. *Los constructores de la ciudad: Tradiciones de lucha y de trabajo del Sindicato Central de Constructores y Albañiles*. La Paz: THOA/UMSA, 1986b.

THOA — TALLER DE HISTORIA ORAL ANDINA. "Breve diálogo sobre la relación entre el movimiento anarquista y el movimiento indio", *Boletín Historia Oral*, v. 1, p. 47-9, 1986c.

THOA — TALLER DE HISTORIA ORAL ANDINA. *Boletín Historia Oral*, 1989.

THOMSON, Sinclair. *We Alone Will Rule: Native Andean Politics in the Age of Insurgency*. Madison: University of Wisconsin Press, 2002.

TORREZ, Paloma; QUIÑONES, Patricia; & BECERRA, Marcelo. "Marchando a la Loma Santa: La larga resistencia por el territorio y la vida". *In*: RIVERA CUSICANQUI, Silvia *et al*. *Tipnis: Amazonia en resistencia contra el Estado colonial en Bolivia*. Santander: Otramérica, 2013, p. 85-110.

TROLL, Carl. "Las culturas superiores andinas y el medio geográfico", *Allpanchis*, v. 14, n. 15, p. 3-55, 1980.

URZAGASTI AGUILERA, Jesús. *En el país del silencio*. La Paz: HISBOL, 1987.

VALOIS, Daniel. *Bolivia, realidad y destino*. Bogotá: Antares, 1965.

VIEZZER, Moema & BARRIOS DE CHUNGARA, Domitila. *Si me permiten hablar... Testimonio de Domitila, una mujer de las minas de Bolivia*. Cidade do México: Siglo XXI, 1976.

VIVEIROS DE CASTRO, Eduardo. *La mirada del jaguar: Introducción al perspectivismo amerindio*. Buenos Aires: Tinta Limón, 2013. [Ed. bras.: *Eduardo Viveiros de Castro: encontros*. Rio de Janeiro: Azougue, 2008.]

WAGNLEITNER, Reinhold. *Coca-Colonization and the Cold War the Cultural Mission of the United States in Austria after the Second World War*. Chapel Hill: University of North Carolina Press, 1994.

ZAVALETA MERCADO, René. *Estado nacional o pueblo de pastores (El imperialismo y el desarrollo fisiocrático)*. La Paz: Burillo, 1963.

ZAVALETA MERCADO, René. "Consideraciones generales sobre la historia de Bolivia". *In*: GONZÁLEZ CASANOVA, Pablo (org.). *América Latina: Historia de medio siglo*. Cidade do México: Siglo XXI, 1977.

Documentos audiovisuais

CONDORENO, Cristóbal & THOA — TALLER DE HISTORIA ORAL ANDINA. *El sueño de Waylla Wisa* (vídeo de docuficção), 1992.

QUIROGA, Cecilia & RIVERA CUSICANQUI, Sivia. *A cada noche sigue un alba* (documentário), THOA/Canal 13-UMSA, 1987.

RIVERA CUSICANQUI, Silvia. *Khunuskiw: Recuerdos del porvenir* (curta-metragem), 1989.

RIVERA CUSICANQUI, Silvia. *Wut Walanti: Lo irreparable* (curta-metragem), 1993c.

RIVERA CUSICANQUI, Silvia. *Sueño en el cuarto rojo* (curta-metragem), 2000.

RIVERA CUSICANQUI, Silvia. *Las fronteras de la coca* (série), 2003d.

RIVERA CUSICANQUI, Silvia. *Sumax Qhaniri Chuyma Manqharu: Tú que iluminas el fondo oscuro del corazón* (curta-metragem), 2010b.

ROMERO, Raquel; MEDINACELI, Ximena & RIVERA CUSICANQUI, Silvia. *Voces de libertad* (docufição), CIDEM-THOA, 1989.

SANJINÉS, Jorge. *Ukamau* (longa-metragem), Grupo Ukamau, 1966.

SANJINÉS, Jorge. *Yawar Mallku* (longa-metragem), Grupo Ukamau, 1969.

SANJINÉS, Jorge. *El coraje del Pueblo* (longa-metragem), Grupo Ukamau, 1971.

SANJINÉS, Jorge. *Banderas del amanhecer* (documentário), Grupo Ukamau, 1983.

SANJINÉS, Jorge. *La nación clandestina* (longa-metragem), Grupo Ukamau, 1989.

SANJINÉS, Jorge. *Para recibir el canto de los pájaros* (longa-metragem), Grupos Ukamau, 1995.

THOA — TALLER DE HISTORIA ORAL ANDINA. *El ritual de la Quncha, Umala* (documentário), 1990.

SILVIA RIVERA CUSICANQUI nasceu em La Paz, em 1949. É militante, socióloga e historiadora de origem aimará, professora emérita da Universidad Mayor de San Andrés, em La Paz, Bolívia. Foi professora visitante nas universidades estadunidenses de Columbia e Austin, na Universidad de Jujuy (Argentina) e na Universidad Andina Simón Bolívar de Quito (Equador), onde é também professora emérita da cátedra de direitos humanos. Com outros intelectuais indígenas e mestizos, fundou o Taller de Historia Oral Andina, grupo autogerido que pesquisa temas de oralidade, identidade, movimentos sociais indígenas e populares, sobretudo na região aimará, e é cofundadora da Colectiva Ch'ixi. Entre seus livros, foram publicados no Brasil *Um mundo ch'ixi é possível: ensaios de um presente em crise* (Elefante, 2024) e *Ch'ixinakax utxiwa: uma reflexão sobre práticas e discursos descolonizadores* (n-1, 2021).

Título original:
Sociología de la imagen: miradas ch'ixi desde la historia andina

Primeira edição, julho de 2025
São Paulo, Brasil

Dados Internacionais de Catalogação na Publicação (CIP)
Angélica Ilacqua CRB-8/7057

Rivera Cusicanqui, Silvia
Sociologia da imagem: olhares ch'ixi a partir da história andina / Silvia Rivera Cusicanqui; tradução de Caroline Cotta de Mello Freitas. — São Paulo: Elefante, 2025.
424 p.: il., color.

Bibliografia
ISBN 978-65-6008-104-8

Título original: Sociología de la imagen: miradas ch'ixi desde la historia andina

1. Andes, Cordilheira dos, Região — Civilização 2. Bolívia — Civilização 3. Arte — Aspectos sociais 4. Multiculturalismo 5. Descolonização I. Título II. Freitas, Caroline Cotta de Mello

25-2652 CDD 323.119708

---

1. Andes, Cordilheira dos, Região — Civilização — Arte — Cultura

---

elefante
editoraelefante.com.br
contato@editoraelefante.com.br
fb.com/editoraelefante
@editoraelefante

tipografia Biennale & Andada Pro
papel Cartão 250 g/m² & Pólen Bold 70 g/m²
impressão Margraf